Martin Ahrends:
Allseitig gefestigt
Stichwörter zum Sprachgebrauch der DDR

Deutscher
Taschenbuch
Verlag

Dieses Buch erschien zuerst 1986 unter dem Titel
›Trabbi, Telespargel und Tränenpavillon‹
im Wilhelm Heyne Verlag, München

Vom Autor überarbeitete und aktualisierte Ausgabe
1. Auflage September 1989
© 1989 Deutscher Taschenbuch Verlag GmbH & Co. KG,
München
Umschlaggestaltung: Celestino Piatti
Umschlagabbildung: Brigitte Schneider, Lüftelberg
Gesamtherstellung: C. H. Beck'sche Buchdruckerei,
Nördlingen
Printed in Germany · ISBN 3-423-11126-7
1 2 3 4 5 6 · 94 93 92 91 90 89

Das Buch

Sicherlich gibt es im Sprachgebrauch der DDR etliche Abkürzungen und Wortschöpfungen, die uns Bundesdeutschen inzwischen hinlänglich bekannt sind, wie zum Beispiel VEB, NVA, HO, Goldbroiler, Trabbi und Kaderwelsch. Dem Autor dieses Bandes ist jedoch daran gelegen, DDR-sprachliche Besonderheiten zu erläutern, die über das Vordergründige hinausgehen. Zwar gelten in der Bundesrepublik und in der DDR die gleichen Regeln der Orthographie, der Syntax und Grammatik, doch es gibt Worte und Begriffe, die man in beiden Deutschland gebraucht, deren Inhalt sich aber – entsprechend einer unterschiedlichen Lebenspraxis – allmählich gewandelt hat.
»Allseitig gefestigt« nennt sich die DDR gern in offiziellen Verlautbarungen. Dem liegt ein hoher gesellschaftspolitischer Anspruch zugrunde, der die »sozialistische Persönlichkeit« ebenso meint wie die Stellung der DDR in der »sozialistischen Staatengemeinschaft«. Wie illusorisch dieser Anspruch ist, zeigt sich in der »allseitig gefestigten« Umfriedung des Landes. Hinter eher unauffälligen Spracheigenheiten stecken Gedankengebilde, die sowohl das Ideal als auch die Realität des DDR-Sozialismus widerspiegeln.
In diesem Nachschlagewerk erläutert der Autor die wichtigsten Eigenheiten des DDR-Wortschatzes.

Der Autor

Martin Ahrends, geboren 1951, studierte Musik, Philosophie und Theaterregie in Berlin (DDR). Beiträge in verschiedenen Fachzeitschriften. 1984 übersiedelte er in die Bundesrepublik. Er ist freier Publizist u. a. für die ›Zeit‹ und mehrere Rundfunkanstalten.

Inhalt

Vorwort 7
Stichwortteil 11
Abkürzungsverzeichnis 189
Auswahlbibliographie 197

Vorwort

Immer wieder einmal geistert die Rede von einer deutsch-deutschen Sprachspaltung wie eine Drohung durch die Medien, und ein paar exotische DDR-Wörter müssen als Beweis herhalten. Tatsächlich bestehen jedoch zwischen dem Hochdeutschen, das man in Braunschweig oder Potsdam spricht, weitaus weniger Unterschiede als zwischen den Dialekten innerhalb der beiden Deutschland. In Ost und West gilt dieselbe Orthographie und Grammatik, und der umgangssprachliche Wortschatz differiert nicht einmal um ein Prozent – was dort eine EOS ist, heißt hier Gymnasium, und was man hier ein Brathähnchen nennt, ist dort ein Goldbroiler. Muß man das wissen, wenn man mit einem DDR-Deutschen redet? Braucht man ein DDR-Wörterbuch, wenn man zu Besuch nach drüben fährt? Wohl kaum.

Man spricht dieselbe Sprache und kann sich über alles verständigen, dennoch kommt es leicht zu Irritationen in diesen deutsch-deutschen Gesprächen, auch wenn man versucht, die Politik auszuklammern, um nicht Trennendes, sondern Gemeinsames zu betonen, auch, wenn man, scheinbar unverfänglich, von den Kindern spricht. Diese nämlich gehen zur Schule oder besuchen die Universität unter Verhältnissen, die man hier nicht so genau kennt. Sie waren, erfährt man, im »GST-Lager« oder beim »Pioniermanöver« – müssen sie das? Was lernen sie da? Macht man sie da zu unseren Feinden? Was ist ein »Lehrjahresauftrag«, was ein »FDJ-Studentensommer«? Man wird sich mit Nachfragen zurückhalten, um den Gesprächspartner nicht zu verunsichern, man nickt und mißversteht, oder es bleibt ein Gefühl der Unsicherheit, der Fremdheit. Es ist vielleicht gar nicht die sachliche Definition der neuartigen Wörter, die man da hört – die könnte man sich zur Not selbst zusammenreimen; es fehlt vielmehr die Vorstellung, was das Bezeichnete für eine Rolle im Leben in der DDR spielt. Sie haben sich nicht durchgesetzt. Die hochtrabend euphemistischen Definitionen, wie sie sich in politischen, ökonomischen und philosophischen Wörterbüchern der DDR finden, sind kaum geeignet, die DDR-Lebenswirklichkeit zu erhellen, die sich heute mit diesen Begriffen verbindet: LPG, KWV, FDGB, ABV, MMM, NVA, PGH, TGL, VMI, WAO, ZBO – hinter jedem Kürzel stehen für einen DDR-Bürger Erfahrungen mit einer anderen deutschen Wirklichkeit, mit einem sozialistischen Experiment in Deutschland. Die Neuworte, die man für so ziemlich alle öffentlichen Dinge fand und die der neuen Wirklichkeit, vor allem aber einem neuen Bewußtsein auf die Beine helfen sollten, sie sind im umgangssprachlichen Verständnis nicht selten zu ihrer eigenen Parodie geworden. Doch auch wenn die DDR-Deutschen – zumal im Gespräch mit ihren West-Verwandten – manchmal ein eher ironisches Verhältnis zur Neuen Zeit haben, die mit der Gründung des »ersten Arbeiter-und-Bauernstaates auf deutschem Boden« 1949 anbrach: Es ist ihre Lebenszeit.

Es gibt also mehrere Gründe, sich auf DDR-Verhältnisse gründlicher einzulassen: Weil sie das Leben der Deutschen in der DDR geprägt haben, weil man den anderen Deutschen näher kommt, wenn man die wirklich anderen Lebensverhältnisse verstanden hat. Was ist im DDR-Verständnis zum Beispiel eine »Bürgerinitiative«, wogegen richtet sich »Protest«, wie wird »Rechtssicherheit« offiziell verstanden? Was tut eine »Wohnungskommission« (→ Wohnraumlenkung), welche lebenspraktischen Wirkungen zeitigt die staatliche »Preispolitik«? Was wollen die »Masseninitiativen« im beschaulichen sozialistischen Alltag durchsetzen? Welche »objektiven gesellschaftlichen Interessen« bestehen am »Antifaschistischen Schutzwall«? Was bedeutet es, jemanden auf die »Linie« zu »orientieren« oder jemandes »Bewußtsein« zu »entwickeln«?

Man muß sich solche Fragen natürlich nicht stellen, der West-Besucher braucht von der DDR-Realität nicht mehr als unbedingt nötig wahrzunehmen und kann sich ganz auf Sehenswürdigkeiten und aufs Familiäre konzentrieren. Er wird in Privatgesprächen selten mit derlei offiziellen Begriffen konfrontiert; die Umgangssprache ist gegen die meisten Neologismen so ziemlich resistent geblieben, freilich nicht dort, wo sie realsozialistische Institutionen bezeichnen: ein »Wehrkreiskommando«, ein »Dienstleistungskombinat«, eine »KWV« heißt auch in der Umgangssprache nicht anders. Und auch die Resistenz gegen das M-L-Vokabular (m-l = marxistisch-leninistisch) ist nur relativ. In der DDR hat man während der Schulzeit und im Berufsleben immer wieder mit Begriffen dieses Vokabulars zu tun. In den jeweiligen Schulungsveranstaltungen muß man sich immer wieder mit ihnen auseinandersetzen, in ihnen denken, sich in ihnen ausdrücken. Auch wenn man es widerwillig tut – es hinterläßt Spuren.

»Allseitig gefestigt« – so nennt sich der andere deutsche Staat gern in offiziellen Verlautbarungen. Natürlich steckt totalitäre Anmaßung in der Formulierung, und man findet sich unwillkürlich an jene Beton-Umfriedung erinnert, die diese »Festigung« erst möglich machte. ›Allseitig gefestigt‹ – der Titel des vorliegenden Buches macht darauf aufmerksam, daß gemeinsame Vokabeln unter anderen gesellschaftlichen Verhältnissen ihren Sinn wandeln, daß es beim Besuch im anderen Deutschland zwar keines Übersetzers bedarf, daß man aber mitunter nachfragen muß, um die DDR-Bedeutung bekannter Begriffe zu verstehen.

In der DDR hat sich im Laufe der Jahrzehnte eine eigene Lebensart entwickelt, die sich eben auch im Sprachgebrauch von »Alltagswörtern« widerspiegelt. Auch gemeinsame Wörter wie »Brot«, »Wohnung«, »Beruf«, »Existenz«, »kaufen« unterscheiden sich in Nuancen vom bundesdeutschen Gebrauch: Brot ist in der DDR kein Genußmittel wie im Westen, die Wohnung ist kein Prestigeobjekt, der Beruf ist oft nicht die Hauptsache im Leben, von einer Existenzgründung im bundesrepublikanischen Sinne spricht man in der DDR nicht mehr, und kaufen bedeutet hier und dort zwei recht verschiedene Vorgänge (dort kauft man nach Gelegenheit, hier nach Laune). Wo also liegt die sprachlogische Begrenzung dieser Sammlung?

Es wurden alle mir zugänglichen lexikalischen Besonderheiten aufgenommen, Wörter, die es in dieser Bedeutung nur in der DDR-Sprache gibt. Von den in der DDR und in der Bundesrepublik gleichermaßen üblichen Begriffen wurden diejenigen aufgenommen, deren Bedeutungswandel mir bezeichnend erschien. Zitate aus DDR-offiziellen Quellen stehen in Anführungszeichen.

Die wichtigste Quelle war das verdienstvolle ›Kleine Wörterbuch des DDR-Wortschatzes‹ von Michael Kinne und Birgit Strube-Edelmann; ich habe etwa die Hälfte der Stichwörter meines Buches (mit veränderten Kommentaren) daraus übernehmen können. Andere Quellen waren das ›DDR-Handbuch‹, herausgegeben vom Bundesministerium für Innerdeutsche Beziehungen, und alle in der DDR erschienenen Wörterbücher. Außerdem habe ich Professor Horst D. Schlosser von der Universität Frankfurt, dem amerikanischen DDR-Forscher Jeffrey H. Michel und dem Heidelberger Publizisten Frithjof Heller wichtige Anregungen zu verdanken.

Sommer 1989   Martin Ahrends

A

A Symbol der Ausreisewilligen, auf dessen Anblick die Sicherheitsorgane »allergisch« reagieren.

Abendstudium Aus- und Weiterbildung von Berufstätigen zum Erwerb eines Hoch- oder Fachschulabschlusses. Die Berufstätigkeit wird während der Dauer des A. nicht unterbrochen, allerdings wird Arbeitszeitnachlaß gewährt.

abfassen Umgangssprachl. oft für »etwas abkriegen, abbekommen«; z. B.: eine hohe Jahresendprämie a., 18 Monate Gefängnis a. Das Wort stammt aus der Militär- und Gefängnissprache (»Essen fassen«) und parodiert den »zivilen« DDR-Alltag.

Abgrenzung Von der SED-Führung seit Herbst 1970 verwendeter Begriff, der sich gegen die nationale Zusammengehörigkeit aller Deutschen und die am Ziel der Wiedervereinigung festhaltende Politik der Bundesrepublik Deutschland richtet. Das Verhältnis zwischen den beiden deutschen Staaten wird dabei unter dem Aspekt des weltweiten Gegensatzes von → Kapitalismus und → Sozialismus gesehen. Die A. gilt nicht als Abbruch gemeinsamer Geschichte und Kultur, sondern als gesetzmäßige Konsequenz des bis weit in die Vergangenheit zurückreichenden Klassengegensatzes zwischen → Bourgeoisie und → Proletariat (→ Nation).

abkindern Die Tilgung eines → Familienkredits durch Anschaffung von Kindern. Umgangssprachl.: den Kredit a.

ablachen Umgangssprachl. für eine Art, zu lachen, bei der man sich seiner Fröhlichkeit entledigt wie einer lästigen körperlichen Notdurft.

Abminderungsstunde Im schulischen Bereich die Stunde, die von der Pflichtstundenzahl des Lehrers abgezogen wird als Ausgleich für bestimmte berufliche Verpflichtungen (z. B. bei Schulleitern).

Abprodukte »Exkremente der Produktion und Konsumtion«, die als Abfälle und Rückstände in fester, flüssiger oder gasförmiger Form anfallen und die Umwelt belasten (z. B. Müll, Abwässer, Abgase).

Abschnittsbevollmächtigter (Abk.: ABV) Angehöriger der → Deutschen Volkspolizei, der für ein bestimmtes räumlich begrenztes Gebiet zuständig ist (z. B. → Wohnbezirk, Streckenabschnitt der Bahn).

absichern Sich a. meint im System der »organisierten Verantwortungslosigkeit« (R. Bahro), das letzte Wort über eine zu treffende Entscheidung dem übergeordneten → Organ zu überlassen. Bezeichnend für den → Demokratischen Zentralismus ist zudem, daß »sich nach oben a.« eine stehende Redensart ist, während man dem »sich nach unten a.« kaum begegnet (→ Reniek-Schiebekreis).

Absolventenlenkung Verpflichtende Vermittlung aller DDR-Hochschulabsolventen an einen Arbeitsplatz des »gesellschaftlichen Bedarfs« für drei Jahre nach Abschluß des Studiums. Nach diesen drei Jahren steht es jedem Absolventen frei, den Arbeitsplatz zu wechseln.

Abteilungsgewerkschaftsleitung (Abk.: AGL) Leitungsgremium der Abteilungsgewerkschaftsorganisation des → Freien Deutschen Gewerkschaftsbundes. Die A. leitet die Gewerkschaftsarbeit in einer Abteilung eines Betriebes.

Abteilungsparteiorganisation (Abk.: APO) Unterorganisation der SED in den einzelnen Abteilungen eines Betriebes; ihr übergeordnet ist die Grundorganisation (in diesem Fall die → Betriebsparteiorganisation). Die A. selbst kann sich wiederum in einzelne Parteigruppen gliedern.

Abweichung Begriff zur Kennzeichnung von politischen Ansichten und Aktivitäten, die der herrschenden Interpretation des → Marxismus-Leninismus zuwiderlaufen. A.en können »rechter« (→ Revisionismus; Reformismus; → Sozialdemokratismus) oder »linker« (→ Dogmatismus; Maoismus; Trotzkismus; linkes Sektierertum) Natur sein. Abweichler; Abweichlertum.

Abwerbung 1. Staatsverbrecherischer Tatbestand der »Verleitung zum Verlassen der DDR« mit Strafandrohungen bis zu 15 Jahren Zuchthaus; im Strafgesetzbuch der DDR unter § 105: »Staatsfeindlicher Menschenhandel«. 2. Unberechtigte Werbung berufstätiger Arbeitskräfte innerhalb der DDR. Die öffentliche Arbeitskräftewerbung ist grundsätzlich genehmigungspflichtig und nur in Ausnahmefällen zulässig (Zeitungsannoncen mit Stellenangeboten finden sich daher trotz zahlreicher offener Stellen nur höchst selten). Arbeitsmarktgesetze setzen sich deshalb (wie andere Marktgesetze auch) in der DDR eher auf inoffiziellem Wege durch.

Abzeichen »Für gutes Wissen« Auszeichnung der → Freien Deutschen Jugend (FDJ) für nachgewiesene gute Kenntnisse auf politisch-ideologischem Gebiet; das A. wird durch eine Prüfung im Rahmen des FDJ-Studienjahres bzw. FDJ-Schuljahres erworben und in drei Stufen (Gold, Silber, Bronze) verliehen (→ Studienjahr).

administrieren Etwas bürokratisch anordnen, durchsetzen; als Substantiv (das A.): praxisferne Paragraphentreue, Mißachtung der Interessen der Bevölkerung. A. (auch administrativ) bezeichnet in offizieller Kritik den schlechten Arbeitsstil einzelner Bürokraten, nie jedoch ein generelles Manko des planwirtschaftlichen Systems, weshalb auch »Administration« nur auf politische Systeme westlicher Länder Anwendung findet (z. B. Reagan-Administration).

Aggression Anwendung bewaffneter Gewalt eines Staates gegenüber einem anderen. Nach marx.-len. Auffassung besteht die Gefahr von A. solange, wie der → Imperialismus existent ist, dessen aggressive Grundeigenschaft sich aus dem expansiven Charakter des Monopols herleite. Über die bewaffnete A. hinaus werden auch wirtschaftliche und ideologische A. (→ Diversion) unterschieden. Die psychologische Bedeutung spielt im offiziellen Sprachgebrauch keine Rolle, weil der Begriff ausschließlich im o. g. politisch negativ bewertenden Sinne besetzt ist (Aggressor).

Agitation Bestandteil der politischen Überzeugungs- und Erziehungsarbeit der SED; zusammen mit der → Propaganda hat sie die permanente und systematische Beeinflussung des Denkens und Handelns der Bevölkerung zum Ziel. Im Unterschied zur Propaganda, die sich an einen begrenzten Personenkreis wendet und spezielle Kenntnisse der marx.-len. Theorie vermittelt, zielt die A. auf breite Bevölkerungsschichten. Wichtige Mittel der A. sind neben den Massenmedien die versch. Formen der Sicht-A. wie Plakate, → Transparente, → Wandzeitungen etc. Zur selben Wortfamilie: agitieren, agitatorisch, Agitator.

Agitprop Abk. für → Agitation und → Propaganda; zusammenfassender Ausdruck für die massenpolitische Arbeit einer kommunistischen Partei. In den 20er Jahren wurde A. zum Synonym für linke Agitation mit künstlerischen Mitteln, wie sie vor allem durch die A.-Truppen des Arbeitertheaters betrieben wurde. In der zweiten Hälfte der 50er Jahre lebte die A.-Kunst in der DDR wieder auf und wird heute vor allem in der → Singebewegung fortgeführt.

agra, die Seit 1967 Name der Landwirtschaftsausstellung der DDR. Die a. wird seit 1979 nur noch alle zwei Jahre im Frühsommer in Markkleeberg bei Leipzig veranstaltet. Eine Ausstellung über die SED-Agrarpolitik ist auf dem ca. 100 ha großen agra-Gelände ganzjährig zu besichtigen.

Agrar-Industrie-Komplex → Komplex.
Agrochemisches Zentrum (Abk.: ACZ) Dienstleistungsbetrieb in der soz. Landwirtschaft für Umschlag, Lagerung, Transport und Ausbringung von Dünge- und Pflanzenschutzmitteln.
Agronom Wiss. ausgebildete Fachkraft in der soz. Landwirtschaft mit leitender und beratender Tätigkeit, meist auf einem Spezialgebiet, in den → landwirtschaftlichen Produktionsgenossenschaften; agro-: in versch. Zusammensetzungen wie Agrobiologie, Agrotechnik.
Akademie Neubedeutung neben der üblichen: Institution der Erwachsenenbildung, insbes. zur Weiterbildung von Berufstätigen. Der Besuch dieser A.n setzt keine Hochschulreife voraus (Betriebsa., → Frauena., → Dorfa., Industriezweiga.). *Fernsehakademie:* lehrgangartiges Bildungsprogramm im Fernsehen.
Akademie für Gesellschaftswissenschaften beim ZK der SED (Abk.: AfG) → Gesellschaftswissenschaften.
Aktionseinheit Zusammenwirken verschiedener Organisationen der Arbeiterbewegung in nichtsozialistischen Staaten zur Durchsetzung gemeinsamer Interessen ungeachtet politischer und ideologischer Unterschiede. Die A. wird als Kern eines breiten Bündnisses aller antikapitalistischen Kräfte in besonderen »revolutionären Situationen« verstanden (→ Volksfront). Die SED propagierte bis Ende der 60er Jahre die A. der Arbeiterklasse in der Bundesrepublik als Voraussetzung für eine dortige sozialistische Umgestaltung. Der Begriff der »A. aller Kommunisten« bezieht sich auf die Geschlossenheit der → kommunistischen Weltbewegung.
Aktiv, das Kleine Arbeitsgruppe innerhalb eines größeren → Kollektivs, die auf ihr Umfeld aktivierend im Sinne des sozialistischen Aufbaus wirken soll. A.s (der Plural auf e ist weniger gebräuchlich) sind als → Schrittmacher in allen Bereichen der Industrie, Landwirtschaft, Kultur, in den → Massenorganisationen und im Staatsapparat gedacht. A.s werden meist auf Vorschlag bzw. Anordnung der zuständigen Leitung sowohl ad hoc als auch für langfristige Aufgaben gebildet. FDJ-A., Parteia., Gewerkschaftsa.: Arbeitsgruppe von Funktionären; gesellschaftliches A.: ehrenamtl. Gremium mit Funktionen im kommunalpolitischen Bereich; *Elternaktiv:* gewählte Elternvertretung einer Schulklasse. Außerdem: Lehrera., Neuerera., Filma., Verkehrssicherheitsa. u. v. a. (Wie bei vielen anderen soz. Neuworten ist auch hier der Wunsch Vater des Begriffes, nicht die Wirklichkeit. Mit der erwünschten Mobilisierung der Massen – oft schon mit der eigenen – sind die A.s immer wieder überfordert.)

Aktivist → Werktätiger, der in seinem Arbeitsbereich Vorbildliches für den soz. Aufbau leistet und dafür einen staatlichen Ehrentitel verliehen bekommt. A.en bewähren sich im → sozialistischen Wettbewerb durch → Übererfüllung des Planes, in der → Neuererbewegung oder durch besondere → gesellschaftliche Tätigkeit. »A.« ist Bestandteil verschiedener staatl. Auszeichnungen, die mit einer → materiellen Anerkennung und der Verleihung des A.en-Abzeichens verbunden sind. Dies sind: »A. der sozialistischen Arbeit« (seit 1969 jährl. an mehrere hunderttausend Personen verliehen); »Verdienter A.« (seit 1950 jährlich an ca. 3000 Personen verliehen); »Hervorragender Junga.« (seit 1960 jährl. an ca. 100 Jugendl. verliehen). A.enbewegung: als »schöpferische Massenbewegung« zur Steigerung der Arbeitsproduktivität konzipiert, von den Anfängen 1948 an staatlich initiiert und gelenkt.

Aktivist der ersten Stunde Ehrenbezeichnung für →Veteranen, die sich unmittelbar nach Kriegsende 1945 in der damaligen Sowjetischen Besatzungszone für den Aufbau eines sozialistischen Gesellschaftssystems engagierten.

Alleinvertretungsanmaßung Disqualifizierende Bezeichnung für den von der Bundesrepublik für ganz Deutschland erhobenen Alleinvertretungsanspruch aus dem Umkreis der sog. Hallstein-Doktrin. Die A. galt in offiziellen Verlautbarungen als »direkte und offene Aufforderung zur Mißachtung und Verletzung der territorialen Integrität und sämtlicher Souveränitätsrechte der DDR«. Als propagandistisches Schlagwort wurde »A.« vor allem beim Bemühen der DDR um internationale Anerkennung gebraucht und verschwand nach dem Grundlagenvertrag zwischen der Bundesrepublik und der DDR von 1972 allmählich aus dem offiziellen Vokabular.

allgemeinbildende polytechnische Oberschule (Abk.: POS) Grundlegender Schultyp des → einheitlichen sozialistischen Bildungssystems. Der Besuch der zehnklassigen a. p. O. ist für alle schulpflichtigen Kinder obligatorisch. Er endet mit einer Abschlußprüfung und dem Prädikats-Abschlußzeugnis, auch wenn der Schüler nach der 8. Klasse bereits eine Berufsausbildung angetreten hat (mit begleitendem allgemeinbildenden Unterricht) oder wenn er den Schulbesuch auf der → erweiterten Oberschule (EOS) fortsetzt. Der Unterricht erfolgt ausschließlich anhand verbindlicher Lehrpläne und Unterrichtsmittel einschließlich der Schulbücher, die vom Ministerium für Volksbildung herausgegeben bzw. bestätigt werden. Das Attribut »polytechnisch« geht auf die Forderung von Karl Marx zurück, in der Schule die »allgemeinen Prinzipien aller Produktionsprozesse zu vermitteln« und den Schüler in »die Handhabung der elementaren Instrumente aller Arbeitszweige einzuweihen« (→ polytechnische Bildung und Erziehung). Nach dem Schulgarten- und Werkunterricht in den unteren Klassen beginnen in der 7. Klasse der → »polytechnische Unterricht« und die »Einführung in die sozialistische Produktion« (ESP), die jedoch durch die Bindung an einen bestimmten Betrieb oft sehr speziell ausfallen.

Allgemeiner Deutscher Nachrichtendienst (Abk.: ADN) Zentrale staatliche Nachrichten- und Bildagentur der DDR mit Sitz in Berlin und Nebenstellen in den → Bezirkshauptstädten. ADN-Korrespondenten arbeiten in etwa 90 Ländern; dem ADN angegliedert ist die »Zentralbild« genannte Bildredaktion. ADN hat in der DDR das Nachrichtenmonopol, unterliegt dem Weisungsrecht des Vorsitzenden des → Ministerrates und versteht sich als Instrument der Medienpolitik der SED, das zur »Entwicklung und Festigung des sozialistischen Bewußtseins« beiträgt. Gebräuchlich ist fast ausschließlich die Abkürzung. (→ Panorama DDR.)

allseitig Propagandist. beliebt zur Kennzeichnung sozialistischer Veränderungen (s. auch: → umfassend, → tiefgreifend); z.B. a.e Entwicklung der soz. Gesellschaft, a. entwickelte → soz. Persönlichkeit.

allumfassend → umfassend.

Altstoffe Altmaterialien, die zur Wiederverwertung geeignet sind und deshalb in Altstoffannahmestellen in der gesamten DDR gegen Entgelt aufgekauft werden. A. sind Flaschen und Gläser (kein Bruchglas), gebündeltes Papier, Textilien und Schrott, neuerdings auch → Plaste. Die → Pionierorganisation führt regelmäßige Altstoffsammlungen in den Wohngebieten durch. Aufgrund der angespannten Rohstofflage in der DDR funktioniert das Recycling hier schon lange und bedeutend besser als in den meisten westlichen Industriestaaten.

AMIGA Markenname für Tanz- und Unterhaltungsmusik des »VEB Deutsche Schallplatten«, des einzigen Herstellers von bespielten Tonträgern in der DDR.

Ammonplätzchen Offizielle Bezeichnung für ein Gebäck, dessen herkömmlicher Name »Amerikaner« den Backwaren-Verantwortlichen offenbar untragbar erschien.

Amt für Arbeit Fachorgan bei den Räten der Kreise, das vor allem für die → Arbeitskräftelenkung zuständig ist.

Anarchie der Produktion Nach marx.-len. Verständnis eine gesetzmäßige (→ gesellschaftliche Gesetzmäßigkeiten) Erscheinung der kapitalistischen Produktionsweise, die aus dem Widerspruch von gesellschaftlicher Arbeitsteilung und kapitalistischer Privatproduktion hervorgeht. Die A. wird als Gegenteil der sozialistischen Planwirtschaft verstanden.

Anleitung und Kontrolle Den Organisationsprinzipien des → Demokratischen Zentralismus entsprechende Methode sozialistischer Leitungstätigkeit.

Anreiz, materieller → materielle Interessiertheit.

Anstalt zur Wahrung der Aufführungsrechte (Abk.: AWA) Staatliche Einrichtung, die – entsprechend der GEMA in der Bundesrepublik – die Rechte der Komponisten und Musikverleger aus der DDR für die Aufführung ihrer Werke (auch im Ausland) wahrnimmt.

Antagonismus Sozialer Widerspruch zwischen → Ausbeutern und Ausgebeuteten, der nur durch die revolutionäre Umgestaltung der → Gesellschaftsformation, der er innewohnt, gelöst werden kann. Nach marx.-len. Verständnis sind alle vorsozialistischen Gesellschaftsformationen antagonistisch; der Sozialismus/Kommunismus sei als die erste nichtantagonistische Ordnung nie einer revolutionären Umgestaltung bedürftig.

Antifaschismus Zentraler Begriff im offiziellen politischen Sprachgebrauch. Da sich die Kommunisten als die konsequentesten Antifaschisten betrachten, dient der Begriff seit dem Ende des Zweiten Weltkriegs zur Legitimation ihrer Macht, der → Diktatur des Proletariats. Besonders in den frühen Nachkriegsjahren wurden alle von den Kommunisten geschaffenen politischen Institutionen »antifaschistisch-demokratisch« genannt (z. B. die → Massenorganisationen, die → Bodenreform), die politische Übergangsform bis zur Gründung der DDR nannte sich insgesamt → Antifaschistisch-demokratische Ordnung. Daß ein »Anti-« auf Dauer nicht die Legitimation eines Staates sein kann, sollte sich bald erweisen, um so nötiger aber bedurfte man dieser Legitimation (→ antifaschistischer Schutzwall), um Zwangsmaßnahmen gegen die eigene Bevölkerung zu rechtfertigen. Der Arbeiteraufstand am 17. Juni 1953 wird in offiziellen Verlautbarungen als »faschistischer Putschversuch« bezeichnet.

Antifaschistisch-demokratische Ordnung Bezeichnung für die Etappe gesellschaftlicher und sozialökonomischer Umwälzungen auf dem Gebiet der heutigen DDR zwischen 1945 und 1949. Sie wird als Übergangsform zwischen → Kapitalismus und → Sozialismus verstanden, als eine »revolutionär-demokratische Diktatur der Arbeiter und Bauern«. Als ihre Leistungen gelten in der DDR-Geschichtsschreibung: Zerschlagung der Reste des Faschismus, Aufbau eines neuen Staatsapparates nach sowj. Vorbild, Zusammenschluß von KPD und SPD zur SED, die → Bodenreform sowie Enteignungen und Verstaatlichungen.

antifaschistischer Schutzwall Offizielle Bezeichnung für die Mauer, die zwischen Ost- und West-Berlin errichtete Grenzanlage, die aus einer nahezu durchgängigen Betonmauer sowie u. a. aus mehrfachen Stacheldrahtsperren, aus Stolperdrähten, Warn- und Schußanlagen, Wachtürmen und Spanischen Reitern besteht und insgesamt den Charakter einer militärischen Feldbefestigung hat. Diese seit dem 13. August 1961 errichtete Grenzbefestigung wird von der DDR als Teil ihrer Staatsgrenze bezeichnet (bis 1961: Sektorengrenze); neuerdings ist die Bezeichnung als a. S. rückläufig zugunsten der Bezeichnung als »Staatsgrenze West«, womit dann auch die Grenzbefestigungen zwischen der Bundesrepublik und der DDR gemeint sind.

Antikommunismus Propagandistisches Kraftwort zur Denunzierung aller Kritik am theoretischen oder real existierenden Sozialismus/Kommunismus.

Antisowjetismus Gegen die Sowjetunion gerichtete westliche Propaganda; als → Antikommunismus ist er nach marx.-len. Auffassung ein »grundlegender Wesenszug der bürgerlichen Ideologie und Politik«.

Antragsteller Jmd., der einen → Ausreiseantrag gestellt hat.

Apparat Neubedeutung als Bezeichnung für die mit hauptamtlichen Mitarbeitern besetzten Dienststellen der Parteien, → Massenorganisationen sowie der Staats- und Wirtschaftsleitung. Grundlegendes Organisationsprinzip ist der → Demokratische Zentralismus. »A.« in dieser Bedeutung findet sich im offiziellen Sprachgebrauch ebenso wie in der Umgangssprache, hier allerdings meist mit abwertendem Akzent (Parteia., Staatsa., Wirtschaftsa., FDJ-A.).

Apparatschik, der Eingedeutschte russ. Bezeichnung für einen, der im → Apparat arbeitet. Das Abwertende der Bezeichnung liegt im Bild vom reibungslosen Funktionieren eines Rädchens im Getriebe, oder auch von einem Menschen, der sich nicht selbst bewegt, sondern ausschließlich bewegt wird.

Appell A. meint in der Umgangssprache allgemein die regelmäßigen Fahnen- und Ordnungsappelle an den → allgemeinbildenden polytechnischen Oberschulen.

Arbeiter- In zahlreichen Wortverbindungen, meist im aufwertenden Sinne. *Arbeiterfestspiele:* zweijährlich in wechselnden → Bezirken der DDR stattfindende kulturelle Massenveranstaltung, die die »kulturschöpferischen Kräfte der Arbeiterklasse« demonstrieren sollen. Jeweils im Juni bieten die A.-festspiele mehrere hundert Veranstaltungen mit einigen tausend Berufs- und Laienkünstlern; die besten Darbietungen werden prämiert. *Arbeiterklasse:* Nach marxistisch-leninistischer Auffassung die Hauptklasse in den → Gesellschaftsformationen des → Kapitalismus und des → Sozialismus, die als Träger der sozialistischen Revolution den Übergang vom Kap. zum Soz. herbeiführt und die im Soz. herrschende Klasse ist. Arbeiterkorrespondent: → Volkskorrespondent. Arbeiterpersönlichkeit: Der Arbeiterklasse zugehörige → sozialistische Persönlichkeit. *Arbeitertheater:* Titel, den der → Freie Deutsche Gewerkschaftsbund an die besten Laientheater in den Betrieben verleiht. Die ersten A.-theater entstanden im Zusammenhang mit der kulturpolitischen Konzeption des → Bitterfelder Weges; heute gibt es etwa 100 A.-theater in der DDR, deren beste Inszenierungen ins Programm der Arbeiterfestspiele aufgenommen werden. Arbeiterveteran: → Veteran. *Arbeiterwohnungsbaugenossenschaft* (Abk.: AWG): Zusammenschluß von Wohnungsinteressenten in Betrieben, der den Zweck hat, Wohnungen zu bauen, zu erhalten und zu verwalten. Die Mitglieder erwerben Anteil am genossenschaftlichen Wohnungseigentum durch finanzielle und/oder Arbeitsleistungen. Die AWG nehmen nur so viele Mitglieder auf, wie sie in den folgenden 3 Jahren mit Wohnraum versorgen können; die Wartezeiten auf eine AWG-Wohnung sind zwar in der Praxis oft länger, jedoch immer noch relativ kurz im Verhältnis zu denen bei der → Wohnraumlenkung.

Arbeiter-und-Bauern- Aus dem Russischen übernommene Wortverbindung, die den – besonders für russische Verhältnisse entscheidenden – Bündnischarakter der → Diktatur des Proletariats deutlich machen soll. *Arbeiter-und-Bauern-Fakultät* (Abk.: ABF): Einer Universität oder Hochschule angeschlossene Bildungseinrichtung, in der Arbeiter und Bauern bzw. deren Kinder die Hochschulreife erwerben können. Mit der Entwicklung des → einheitlichen sozialistischen Bildungssystems wurden die ABF überflüssig und seit 1961 schrittweise reduziert. Heute gibt es nur noch die besonders traditionsreiche ABF an der Bergakademie Freiberg. *Arbeiter-und-Bauern-Inspektion* (Abk.: ABI): Wichtigste Einrichtung der Volkskontrolle in staatlichen und gesellschaftlichen Institutionen und → Organen sowie in den soz. Betrieben und → Produktionsgenossenschaften. Die ABI wurde 1963 gegründet und kontrolliert unmittelbar im Auftrag der → Partei und Regierung die Verwirklichung der Beschlüsse und Direktiven. 1984 waren ca. 250 000 Bürger ehrenamtlich in der ABI tätig. Die ABI ist eine der wenigen Möglichkeiten für DDR-Bürger, sich gegen Ungerechtigkeiten und Übergriffe zwischengeordneter Instanzen zur Wehr zu setzen. *Arbeiter-und-Bauern-Macht:* Soz. Staatsform, wie sie u.a. in der DDR realisiert ist. Der Begriff wurde von Lenin geprägt zur Bezeichnung der Staatsmacht, die als »Diktatur des Proletariats von der Arbeiterklasse und ihrer marxistisch-leninistischen Partei« ausgeübt wird. Seit dem VIII. Parteitag der SED wird »Sozialistischer Staat« häufig synonym verwendet (Arbeiter-und-Bauern-Regierung, Arbeiter-und-Bauern-Staat).

Arbeitseinheit (Abk.: AE) Maßeinheit für die Arbeitsleistung der Mitglieder einer landw. Produktionsgenossenschaft. Die AE bietet die Grundlage für die Verteilung der genossenschaftlichen Einkünfte.

Arbeitserziehung Eine nach dem DDR-Strafgesetzbuch vom Gericht verhängte Strafe mit Freiheitsentzug und Arbeitspflicht von 1 bis 5 Jahren.

Arbeitsgesetzbuch → Gesetzbuch der Arbeit.

Arbeitskräftelenkung Staatl. Lenkung der Ausbildung und proportionalen Verteilung von Arbeitskräften entsprechend den Bedürfnissen der soz. Produktion. Die A. umfaßt vielfältige Maßnahmen, um bereits im Arbeitsprozeß Stehende, insbesondere aber Schulabgänger und Lehrlinge für volkswirtschaftlich notwendige Tätigkeiten zu gewinnen bzw. vorzubereiten. Anstelle von »A.« treten im offiziellen Sprachgebrauch jetzt immer häufiger umschreibende Wortverbindungen wie z.B. »planmäßiger Einsatz von Arbeitskräften«.

Arbeitsnorm Notwendiger Zeitaufwand für die Durchführung exakt abgegrenzter Arbeitsgänge, wie er von Spezialisten für → Wissenschaftliche Arbeitsorganisation auf der Grundlage einer bestimmten Qualifikation der → Werktätigen ermittelt wird. Die A. kann zur Grundlage der Berechnung des Leistungslohnes werden.

Arbeitsorganisation, wissenschaftliche → Wissenschaftliche Arbeitsorganisation.

Arbeitsproduktivität Verhältnis der produzierten Menge an Gebrauchswerten zur aufgewendeten gesellschaftlichen Arbeitszeit.

A. ist eine grundlegende Kategorie der soz. Ökonomie und Wirtschaftspropaganda. Beständige Aufrufe zu ihrer Steigerung gehören zum DDR-Arbeitsalltag. Stetiges Wachstum der A. wurde zu einem ökonomischen Gesetz des Soz. erkoren und im Programm der SED als Quelle der »immer besseren Befriedigung der Bedürfnisse der gesamten Gesellschaft« verankert.

Arbeitsuchender Beim → Amt für Arbeit registrierter Arbeitsloser. Da »Arbeitslosigkeit« in der DDR ausschließlich als Erscheinung »kapitalistischer Krisenwirtschaft« gilt, findet »Arbeitsloser« auf DDR-Verhältnisse keine Anwendung. Die Zahl der A. in der DDR ist im Vergleich zu westlichen Industrieländern sehr gering, was unter anderem damit zu tun hat, daß es eine staatl. → Arbeitskräftelenkung gibt, keine Arbeitslosenunterstützung und eine in der Verfassung verankerte Arbeitspflicht, die bei sozialer Auffälligkeit von A. geltend gemacht wird. Durch Rationalisierungsmaßnahmen oder Betriebsstillegungen freigesetzte Arbeitskräfte werden durch bezahlte Umschulungen und → Überleitungsverträge sozial abgesichert.

Armee Umgangssprachl. Kurzform für → Nationale Volksarmee (A.sportklub, Abk.: ASK, A.sportvereinigung, Abk.: ASV, A.filmstudio.) A.general: Höchster militär. Rang der NVA. A.-Rundschau: monatl. erscheinende Illustrierte der NVA (→ Fahne).

Arthur-Becker-Medaille Höchste Auszeichnung der → Freien Deutschen Jugend (FDJ). Die A. wird jährl. in drei Stufen (Bronze, Silber, Gold) vom → Zentralrat der FDJ verliehen. A. Becker (1905–1938) war in der Weimarer Republik führender kommunistischer Funktionär, seit 1930 Reichstagsmitglied; er kam im span. Bürgerkrieg ums Leben.

Ärzteberatungskommission (Abk.: ÄBK) Gruppe von nebenamtlich für diese Aufgabe herangezogenen Ärzten, die über die Arbeitsfähigkeit bzw. -unfähigkeit eines → Werktätigen zu befinden hat. Nach dem 35. Tag der ärztlich attestierten Arbeitsunfähigkeit muß sich der Arbeitsbefreite erstmals der ÄBK vorstellen. Die ÄBK überprüft die Diagnose des behandelnden Arztes und berät im Hinblick auf weitere Behandlungsmaßnahmen oder die Wiedereingliederung in die Arbeitstätigkeit (→ Schonplatz).

A-Schein Ausweis für höhere Leitungskader (→ Kader), der berechtigt, auf DDR-Autobahnen statt der vorgeschriebenen 100 km/h bis zu 160 km/h schnell zu fahren.

Aspirant Akademische Nachwuchskraft an einer Hochschule oder Universität, die sich auf den Erwerb eines höheren wiss.

Grades vorbereitet. Der A. besitzt eine abgeschlossene Hochschulausbildung und wird aufgrund herausragender Befähigung in die → Aspirantur aufgenommen. Der A. (auch die weibl. Form ist gebräuchlich: Aspirantin) kann auch als Forschungsstudent bezeichnet werden.

Aspirantur Form der Weiterbildung des wissenschaftlichen Nachwuchses an Universitäten und Hochschulen. Die A. (auch als Forschungsstudium bezeichnet) dauert drei bis vier Jahre und endet mit der Promotion des Aspiranten. Dieser ist während seiner A. zu zwei Wochenstunden Lehrtätigkeit verpflichtet.

Aufgebot Staatl. organisierter Massenwettbewerb der Jugend zur Erfüllung vorrangiger wirtschaftlicher oder Lernaufgaben im Hinblick auf bedeutende gesellschaftspolitische Ereignisse (Parteitage, Jahrestage), die dem A. seinen Titel geben (z. B. »FDJ-A. DDR 30« – in Vorbereitung des 30. Jahrestages der DDR-Gründg.). A.e werden zumeist von der → Freien Deutschen Jugend und/oder der → Pionierorganisation initiiert und dauern häufig mehrere Jahre, so daß zwischen ihnen nie längere Pausen entstehen und die DDR-Jugend stets in irgendeine Massenkampagne involviert ist, was ihren Alltag jedoch kaum berührt.

Aufhebungsvertrag Vereinbarung zwischen einem → Werktätigen und einem Betrieb über die Beendigung des bestehenden Arbeitsrechtsverhältnisses. Die Initiative zum A. kann vom Betrieb oder vom Werktätigen ausgehen; beide können auch den A. ablehnen. Kommt es zu keiner einvernehmlichen Beendigung des Arbeitsverhältnisses, kann der Betrieb bzw. der Werktätige kündigen, womit der Werktätige nach DDR-Arbeitsrecht immer, der Betrieb fast nie Erfolg hat. Eine andere Möglichkeit, aus einem Betrieb auszuscheiden, ist der → Überleitungsvertrag.

Aufklärung Offiziell meist im Sinne von politischer Überzeugungsarbeit, → Agitation gebraucht. A.sarbeit wird vor allem von SED-Mitgliedern und hauptberufl. Agitatoren und Propagandisten geleistet und spielt zumeist bei der Durchsetzung wenig populärer → Beschlüsse eine Rolle.

aufkohlen Umgangssprachl. für: sich während des Dienstes bei der → Nationalen Volksarmee für eine Dienstverlängerung verpflichten. »A.« wird abschätzig gebraucht; es bezeichnet wohl nicht zufällig in seiner ursprünglichen Bedeutung den Vorgang metallurgischer Umschmelzungs- und Härtungsprozesse.

Auflage Bindende Weisung staatlicher Instanzen gegenüber Betrieben, Genossenschaften, Institutionen oder Einzelpersonen, die insbesondere die Erfüllung bestimmter Planaufgaben oder gesetzlicher Pflichten betrifft. Die Nichterfüllung staatlicher A.n kann mit Ordnungsstrafen od. Disziplinarmaßnahmen geahndet werden (beauflagen, Beauflagung, Jahresa., Liefera., Plana., Produktionsa.).

Aufnäher Stoffabzeichen zum Aufnähen auf Bekleidungsstücke, die von der DDR-Jugend meist auf den beliebten Kutten oder Parkas getragen werden und Symbole der internationalen Friedensbewegung darstellen, wie z. B. einen gewehrzerbrechenden Mann vor einem Globus oder das von der Sowjetunion an die UNO gestiftete Monument → »Schwerter zu Pflugscharen!«. Ihres pazifistischen Inhalts wegen und weil die A. im Rahmen der kirchlichen → Friedensbewegung hergestellt und vertrieben wurden, vor allem aber, weil sie durch ihre rasche Verbreitung (Herbst u. Winter 1981; → Friedensdekade) eine Art inoffizieller Öffentlichkeit herstellten, machte die → Deutsche Volkspolizei bald Jagd auf A. aller Art. Auch die unbedruckten A., die man zuletzt trug, um den → Organen der Staatsmacht keine Handhabe zu geben, wurden eines oppositionellen Inhalts verdächtigt.

Aufriß machen »Einen A. m.« bezeichnet in der Umgangssprache eine als übertrieben empfundene Ahndung, meist der üblichen kleinen Schlampereien, Bummeleien, Gaunereien. Einen Aufriß macht ein staatlicher Leiter gegenüber einem Untergebenen, wenn er, anstatt verständnisvoll beide Augen zuzudrücken, den Schorf aufreißt, der überm schmerzhaft unwürdigen Alltagstrott gewachsen ist.

Aufsichter Aufsichtsbeamter der → Deutschen Reichsbahn.

Ausbeutung Aneignung unbezahlter fremder Arbeit durch den Besitzer der Produktionsmittel. Marx.-len. Kategorie zur Kennzeichnung des Verhältnisses von → Bourgeoisie und → Proletariat, die noch heute – mit einiger begrifflicher Gewaltsamkeit – auf westliche → Produktionsverhältnisse bezogen wird (Ausbeutergesellschaft, Ausbeuterordnung, A.smethoden u. a.).

aus der Knete kommen Umgangssprachl. für »sich aufrappeln«, »sich aufraffen«. Interessant ist, daß »sich aufrappeln« nur mit einem selbst zu tun hat, »die Knete« aber offenbar etwas ist, das die Welt meint, in der man lebt.

Ausreiseantrag Umgangssprachl. Bezeichnung für einen Antrag auf Entlassung aus der DDR-Staatsbürgerschaft und Übersiedlung in ein westliches Land (meist Bundesrepublik). Die Zahl der A.e ist seit der auch von der DDR vollzogenen Unterzeichnung der Schlußakte der Konferenz über Sicherheit und Zusammenarbeit in Europa vom 1. August 1975 stetig angestiegen, wobei sich die → Antragsteller häufig auf das in der Schlußakte verankerte → Menschenrecht auf freie Wahl des Wohnsitzes berufen. (→ Republikflucht.)

Ausscheid Vorausentscheidung bei einem sportlichen od. künstlerischen Wettstreit zur Ermittlung der Endkampfteilnehmer. Die entspr. Bezeichnung in der Bundesrepublik ist »Ausscheidungskampf« (Betriebsa., Bezirksa., Republika.).

B

Babyjahr Teilbezahlte Freistellung von Müttern nach dem Wochenurlaub bis zum Ende des 1. Lebensjahres ihres Kindes von der Arbeit, wobei der Arbeitsplatz erhalten bleibt.

Ballast der Republik Umgangssprachl. spöttische Bezeichnung für den »Palast der Republik« auf dem Berliner Marx-Engels-Platz.

BAM, die Baikal-Amur-Magistrale, Eisenbahnlinie in der Sowjetunion, deren Bau in den 70er Jahren zum zentralen → Jugendobjekt erklärt wurde. Zusammen mit anderen soz. Jugendorganisationen unterstützte die → Freie Deutsche Jugend den sowj. Jugendverband »Komsomol« beim Bau.

Banner der Arbeit, das Hohe staatl. Auszeichnung an Einzelpersonen, → Kollektive und Betriebe für wirtschaftliche oder gesellschaftspolitische Leistungen. Der Orden wird jährl., in der Regel am 1. Mai und am 7. Oktober (→ Nationalfeiertag der DDR), in drei Abstufungen vergeben.

Barkas, der Kleinbus, Kleintransporter aus DDR-Produktion. Der B. wird für Privatpersonen nur unter besonderen Bedingungen zugelassen (z. B. für kinderreiche Familien oder Gewerbetreibende). Einzige Möglichkeit, ohne weiteres eine private Zulassung zu erhalten, ist, sich einen B. über → Genex schenken zu lassen.

Basis und Überbau Grundkategorien des → historischen Materialismus. Als Basis einer ökonomischen → Gesellschaftsformation gelten die → Produktionsverhältnisse, denen ein bestimmter Überbau von politischen, rechtlichen, kulturellen etc. Anschauungen und Institutionen entspreche. Die ökonomische Macht einer → Klasse finde also im Bereich der Politik sowie in allen anderen Bereichen des geistigen Lebens der Gesellschaft ihren Ausdruck. Eine Form der Klassenherrschaft wird in der bürgerlichen Demokratie gesehen und, als Entgegensetzung, auch der Konzeption der soz. Staatsmacht zugrunde gelegt (→ Diktatur des Proletariats, → sozialistische Demokratie).

Bäuerliche Handelsgenossenschaft (Abk.: BHG) → Vereinigung der gegenseitigen Bauernhilfe.

Bauschaffende Im Bauwesen tätige Arbeiter oder Angestellte.

Bausoldat Kriegsdienstverweigerer, der in speziellen Baueinheiten der → Nationalen Volksarmee einen 18monatigen waffenlosen Wehrersatzdienst leisten muß.

Bau- und Montagekombinat (Abk.: BMK) Bezirksübergreifender Zusammenschluß mehrerer → volkseigener Baubetriebe für die Erfüllung staatlicher Großaufträge (→ Generalauftragnehmer).
beauflagen → Auflage.
belegen Jmdn. b. meint in der Umgangssprache, jmdn. belehren, zurechtweisen, abmahnen, mit guten Ratschlägen und Ermahnung zudecken, »belegen«.
Berechtigungsschein Eine Anlage zur → Fahrerlaubnis, auf der fünf Felder für »Stempeleintragungen« markiert sind. Hat man sich durch Verstöße gegen die Straßenverkehrsordnung fünf Stempel eingehandelt, wird die Fahrerlaubnis entzogen.
Bereitschaftspolizei (auch: VP-Bereitschaften) Militärisch gegliederte Einheiten der → Deutschen Volkspolizei, die u. a. mit Schützenpanzerwagen und Wasserwerfern ausgerüstet sind und Aufgaben sowohl der Territorialverteidigung innerhalb der → Nationalen Volksarmee als auch bei inneren Unruhen und Katastrophenfällen übernehmen können. Der Dienst in der B. ist dem aktiven Wehrdienst in der NVA gleichgestellt. Der Fahneneid der B. unterscheidet sich insofern von dem der NVA, als darin ausdrücklich auf die Verbundenheit mit den Sicherheitsorganen der UdSSR und der anderen soz. Staaten bezug genommen wird.
Berliner Ensemble (Abk.: BE) 1949 von Bertolt Brecht gegründetes Theaterensemble, das aus der deutschen Erstaufführung von Brechts ›Mutter Courage und ihre Kinder‹ hervorging und seit 1954 im eigenen Haus am Schiffbauerdamm spielt (vor allem Brecht-Stücke).
Berufsjugendlicher Umgangssprachl.: Hauptamtlicher → FDJ-Funktionär, der auch in fortgeschrittenem Alter noch im → Blauhemd gute Figur machen muß.
Besamungsfacharbeiter Landwirtschaftlicher Lehrberuf (→ Rucksackbulle).
Besamungsstation Einrichtung für die künstliche Besamung von Haustieren, insbesondere Rindern.
Beschluß Oft synonym mit »Parteitagsb.«, »B.e des x-ten Parteitags«; z.B.: die B.e studieren, auf die B.e → orientieren, die B.e durchsetzen, verwirklichen.
Beschwerdeausschuß Gremium, an das sich Bürger oder Organisationen wenden können, wenn sie mit der Bearbeitung ihrer Beschwerde nicht einverstanden sind. B. gibt es beim → Bezirk, beim → Kreis und bei der Stadt.

Bestarbeiter → Werktätiger, der für hervorragende Leistungen bei der Planerfüllung ausgezeichnet wurde.

Beststudent Bezeichnung für den nach fachlichen Leistungen und → gesellschaftlicher Arbeit besten Studenten eines → Studienjahres oder einer → Seminargruppe, der das höchste → Leistungsstipendium bezieht.

Besucherdienst Zentrale Agentur für den Verkauf von Theater- und Konzertkarten in Berlin. Als B. werden aber auch spezielle Abteilungen der Öffentlichkeitsarbeit an den einzelnen kulturellen Institutionen bezeichnet.

Besucherrat Gruppe von Theaterbesuchern, die Anregungen aus dem Publikum an die → Theaterschaffenden weiterleiten soll.

Betrieb der sozialistischen Arbeit Staatl. Auszeichnung und Ehrentitel für einen soz. Betrieb, der »hervorragende Leistungen bei der Planerfüllung, bei der soz. Rationalisierung und der politischen Erziehung der Werktätigen« erbracht hat.

Betrieb mit staatlicher Beteiligung Privatbetrieb mit finanzieller Beteiligung des Staates. Alle B. und alle rein privaten Betriebe des industriellen Bereiches wurden 1972 in Volkseigentum überführt (→ volkseigener Betrieb). Seither gibt es B. nur noch im Verkehrswesen und im Handel. B. werden auch als halbstaatliche Betriebe bezeichnet.

Betriebsakademie → Akademie.

Betriebsferienheim Von soz. Betrieben geführtes Haus in Erholungsgebieten der DDR für preisgünstige Ferienaufenthalte von Betriebsangehörigen und deren Familien.

Betriebsferienlager Ein von soz. Betrieben, → Kombinaten oder → Produktionsgenossenschaften veranstaltetes Ferienlager für die Kinder von Betriebsangehörigen, von → Patenschulen und ausländischen → Patenbetrieben.

Betriebsfestspiele Mehrtägige Kulturveranstaltung eines soz. Betriebes, auf der künstlerische und sportliche Leistungen vorgestellt werden. Bei B.n werden die besten Darbietungen für die → Arbeiterfestspiele nominiert.

Betriebsgewerkschaftsgruppe Organisationseinheit innerhalb der → Betriebsgewerkschaftsorganisation des → Freien Deutschen Gewerkschaftsbundes. Die B.n haben zwischen 10 und 30 Mitglieder und werden von in der B. gewählten Vertrauensleuten geleitet.

Betriebsgewerkschaftsleitung (Abk.: BGL) Von allen Mitgliedern des → Freien Deutschen Gewerkschaftsbundes eines Betriebes gewähltes oberstes Leitungsgremium der → Betriebsgewerkschaftsorganisation. BGL-ler: umgangssprachl. für BGL-Vorsitzender; BGL-Wahl; BGL-Sitzung.

Betriebsgewerkschaftsorganisation (Abk.: BGO) Organisationseinheit des → Freien Deutschen Gewerkschaftsbundes, die alle Gewerkschaftsmitglieder eines Betriebes oder einer anderen Einrichtung erfaßt.

Betriebskampfgruppe → Kampfgruppen der Arbeiterklasse.

Betriebskollektivvertrag (Abk.: BKV) Alljährlich zwischen Betriebsleitung und → Betriebsgewerkschaftsleitung abgeschlossener Vertrag, der die Rechte und Pflichten der Vertragspartner auf dem aktuellen Stand festlegt. Der B. muß sich an die Festlegungen des → Rahmenkollektivvertrages halten.

Betriebsparteiorganisation (Abk.: BPO) Grundorganisation der SED in Betrieben oder Institutionen mit mindestens drei Parteimitgliedern. Bei mehr als 150 Mitgliedern werden innerhalb der B. einzelne → Abteilungsparteiorganisationen gebildet.

Betriebssystematik → Erzeugnisgruppe.

Betriebszeitung In allen größeren soz. Betrieben regelmäßig erscheinende Zeitung, die von der → Betriebsparteiorganisation herausgegeben wird.

Bewaffnete Organe der DDR Gesamtheit der bewaffneten Kräfte der DDR, das sind die → Nationale Volksarmee einschl. der → Grenztruppen der DDR, die → Kampfgruppen, die → Deutsche Volkspolizei, die VP-Bereitschaften, das Wachregiment des Ministeriums für Staatssicherheit, die → Transportpolizei (→ Organ).

Bewegung Wunschwort, häufig in Wortverbindungen der offiziellen Sprache, die etwas bezeichnen, das sich weniger selbst bewegt, als daß es bewegt wird. Die Kriterien für eine B. sind eher ideologischer als soziologischer Natur. Z.B.: B. → schreibender Arbeiter, → Singeb.; oder auch: → Neuererb.; Aktivistenb. (→ Aktivist), B. »Sozialistisch arbeiten, lernen und leben«.

bewußt Oft gebraucht im Sinne einer parteilichen → Bewußtheit. Da ihrer → »objektiven« Interessenlage nach ohnehin alle Menschen pro-sozialistisch eingestellt sein müßten, es ihnen nur am richtigen → Bewußtsein gebricht, wird »b.« mit eben dieser pro-sozialistischen Einstellung gleichgesetzt. Z.B.: ein b.er Schüler, Lehrling, Arbeiter, Staatsbürger.

Bewußtheit Kategorie des Marx.-Len., die die der → Spontaneität entgegengesetzte Qualität gesellschaftlichen Handelns bezeichnet, die durch die Kenntnis und Ausnutzung → gesellschaftlicher Gesetzmäßigkeiten gekennzeichnet ist.

Bewußtsein Neben der üblichen Bedeutung oft synonym für: →

sozialistisches Bewußtsein. In diesem Sinne auch in »richtiges B.« oder im neg. Sinne »falsches B.« unterschieden.

Beziehungen Umgangssprachl. für Verbindungen zu Leuten, die knappe Waren oder Dienstleistungen verschaffen können, seltener auch zu Personen mit politischem Einfluß.

Bezirk Größte territoriale und polit.-administrative Einheit im Staatsaufbau der DDR (siehe Karte der DDR, Seite 199). Die DDR gliedert sich in 14 B. und Berlin; die B. tragen den Namen der jeweiligen Bezirkshauptstadt (Rostock, Neubrandenburg, Schwerin, Potsdam, Magdeburg, Leipzig, Gera, Dresden, Suhl, Erfurt, Cottbus, Halle, Karl-Marx-Stadt). Die B. untergliedern sich in → Kreise, ihr oberstes Organ ist der Bezirkstag, der den Rat des B. wählt. Dem Rat des B. obliegt die Leitung und Kontrolle der gesamten gesellschaftlichen Entwicklung im B. Entsprechend dem Prinzip des → Demokratischen Zentralismus erteilt der Vorsitzende des → Ministerrates dem Vorsitzenden des Rates des B. Weisungen; dieser ist gegenüber den Vorsitzenden der Räte der Kreise weisungsberechtigt (B.splankommission, B.sgericht).

Bezirksneuererzentrum → Neuerer.

Bitterfelder Weg Bezeichnung für die von Walter Ulbricht auf der 1. und 2. Bitterfelder Konferenz 1959 und 1964 ausgegebenen kulturpolitischen Direktiven. Sie zielten einerseits auf die Erhöhung des »Kulturniveaus der Arbeiterklasse«, d.h. auf die Einbeziehung von »Kultur- und Bildungsplänen« in den → sozialistischen Wettbewerb und eine verstärkte Förderung des künstlerischen Volksschaffens, z.B. durch die »Bewegung → schreibender Arbeiter« und → »Junger Talente« sowie die Gründung von Arbeiter- und Dorftheatern. Andererseits wurden die professionellen Künstler auf die »Gestaltung der Gegenwartsprozesse« → orientiert – sie sollten ihre Lebensweise ändern und sich unmittelbar »an Arbeit und Leben der Werktätigen in Betrieben und Genossenschaften« beteiligen.

blaue Kacheln Umschreibung für bundesrepublikanische 100-Mark-Scheine und allgemein für D-Mark in Privat-Annoncen, was den Behörden lange Zeit nicht auffiel, da Fliesen (oder Kacheln) ihrer Knappheit wegen als allgemeines Äquivalent oft in den üblichen Tausch-Anzeigen auftauchen.

Blauhemd Einheitskleidung der → Freien Deutschen Jugend. Als Blauhemden werden auch die Mitglieder der FDJ selbst bezeichnet.

Blockpartei → Demokratischer Block.

Blockpolitik → Demokratischer Block.

Bodenfonds → Fonds.

Bodenreform (eigentl.: »Demokratische Bodenreform«) Die von 1945 bis 1949 durchgeführte entschädigungslose Enteignung und Umverteilung des gesamten Großgrundbesitzes über 100 ha einschließlich der Gebäude und des Inventars. Die Bodenflächen wurden parzelliert und an landlose Bauern, Kleinbauern, Arbeiter und Handwerker verteilt. (→ Kollektivierung der Landwirtschaft, → Landwirtschaftliche Produktionsgenossenschaft.)

Bonbon Ältere umgangssprachl. Bezeichnung für das klebrig glänzende SED-Parteiabzeichen.

Bonner Ultras In der Ära Ulbricht gängige offizielle Beschimpfung der jeweiligen Bundesregierung. Dies »ultra« mag seine Herkunft im Sprachgebrauch des Reichstages der Weimarer Republik haben, in dem Ulbricht Abgeordneter der KPD war. Gewiß hat er dort oft zu hören bekommen, daß er ein »Ultra-Linker« sei.

Bourgeoisie Nach marx.-len. Verständnis die auf ökonom. und polit. Gebiet herrschende Klasse im → Kapitalismus. Die B. gilt als Ausbeuterklasse, der Gebrauch des Wortes ist in diesem Sinne negativ bewertend. Von dieser negativen Bewertung weniger betroffen ist das Synonym »Bürgertum«, das sich auf die »fortschrittliche« B. vor 1848 bezieht.

Braunkohlekombinat → Kombinat.

Brigade Arbeitsgruppe, kleinste Struktureinheit in der soz. Wirtschaft, die auf Grundlage eines B.vertrages bestimmte Produktionsaufgaben übernimmt und von einem *Brigadier* geleitet wird. Der Begriff ist aus dem Russ. übernommen und trifft in seinem militärischen Bezug den klassenkämpferischen Ton, der vielen Begriffen aus der soz. Produktion eignet. In der Regel fällt eine B. mit einer → Betriebsgewerkschaftsgruppe zusammen und beteiligt sich am → sozialistischen Wettbewerb. B.n werden mit Ehrennamen wie »Roter Oktober«, »Ernst Thälmann«, »1. Mai« und dem Titel → »Kollektiv der sozialistischen Arbeit« ausgezeichnet. Komplexb.; → Jugendb.; → Patenb.; → Hausfrauenb.; Pionierb.; Stoßb.; → Studentenb.

Brigadeabend Geselliges Beisammensein in der Brigade außerhalb der Arbeitszeit.

Brigadetagebuch Von Brigademitgliedern geführtes Buch, das Erfahrungen der Brigade bei der Arbeit, aber auch in der gemeinsam verbrachten Freizeit dokumentiert. Die Führung eines B. soll zur künstlerischen Betätigung anregen. Es ist in Inhalt und Form Bestandteil des → sozialistischen Wettbewerbs, der auf ökonomischem und kulturellem Gebiet geführt wird.

Broiler In → Kombinaten industrieller Mast gezüchtetes und gemästetes Hähnchen. Häufiger Name von speziellen Hähnchen-Grillrestaurants: »Zum Goldbroiler«.

Bruder Im offiziellen Sprachgebrauch häufig im Sinne von »Gesinnungsgenosse«, »Verbündeter« verwendet. Dabei vor allem in den Komposita: B.bund, B.land, B.partei, B.volk. B. bezieht sich dabei auf soz. Staaten, insbes. des → Warschauer Paktes und speziell den »großen Bruder« der DDR, die Sowjetunion. »Brüderlich« findet sich in diesem Sinne häufig in den Verbindungen: allseitige b.e Zusammenarbeit, b.es Bündnis, b.e Hilfe. Diese bezeichnen bestimmte Wunschvorstellungen von den Beziehungen unter soz. Staaten (→ sozialistische ökonomische Integration, → Komplexprogramm, → Rat für gegenseitige Wirtschaftshilfe).

Bruttoprodukt »Gesamtergebnis der in der Sphäre der materiellen Produktion während eines bestimmten Zeitraumes verausgabten Arbeit.« Das B. wird auch als gesellschaftliches Gesamtprodukt bezeichnet und ist gleichbedeutend mit dem in der DDR ungebräuchlichen Begriff »Bruttosozialprodukt«.

Bruttowert In der soz. Produktion der Anschaffungs- bzw. Wiederbeschaffungspreis von → Grundmitteln.

Bückware Umgangssprachl. für Mangel-Waren, die unter dem Ladentisch lagern und nur an spezielle Kunden (Freunde und Bekannte, Besserzahlende oder Leute mit → Beziehungen) verkauft werden, wobei die Verkaufskraft einen charakteristischen raschen Bückling tut.

›Bummi‹ 14tägig erscheinende Kinderzeitschrift für 3- bis 6jährige.

Bundi, der Liebevoll-ironische Bezeichnung für »den Bundesdeutschen«, die vom oft etwas hilflosen Verhalten der Besucher aus dem anderen Deutschland geprägt ist.

Bündnispolitik Unter dieser Flagge segeln die → Blockparteien und → Massenorganisationen, die in der → Nationalen Front zusammengeschlossen sind. Ziel der B. ist die → politisch-moralische Einheit des Volkes, ihr Zweck ist es, »jeden Schritt der Entwicklung gemeinsam mit den Bündnispartnern zu gehen, damit sie ihre Einordnung in die soz. Gesellschaft immer bewußter vollziehen« (Honecker). Unter Bündnispartnern werden also im offiziellen Sprachgebrauch stets die der Arbeiterklasse im eigenen Land verstanden (das sind die anderen Klassen und Schichten; Bauernschaft, soz. → Intelligenz u. a.), nicht die → Bruderländer bzw. Brudervölker.

Bungalow Im Gegensatz zum bundesdeutschen Gebrauch des Wortes im Sinne von »massivem Gartenhaus« bezeichnet »B.« in der DDR kleine, meist nur im Sommer bewohnbare Wochenend- oder Ferienunterkünfte, die oft aus Leichtbau-Fertigteilen montiert sind und selten mehr als zwei Zimmer haben.

Bürgerinitiative Aus dem Sprachgebrauch der Bundesrepublik übernommener Begriff, der in offiziellen DDR-Verlautbarungen einen anderen Sinn hat (sofern er sich auf die DDR bezieht). Gemeint ist hier die → freiwillige Gemeinschaftsarbeit während der Freizeit im → Mach-mit-Wettbewerb oder der → Volkswirtschaftlichen Masseninitiative. B.n im westlichen Sinne sind nach SED-Selbstverständnis dem → Sozialismus fremd, weil hier kein prinzipieller Interessengegensatz zwischen Staat und Volk mehr bestehe.

bürgerlich Im offiziellen Sprachgebrauch stets abwertend im Sinne von »der kapitalistischen Ausbeuterordnung dienlich, zugehörig«, sofern es nicht die Zeit vor 1848 bezeichnet, als das Bürgertum nach marx.-len. Verständnis noch »fortschrittlich« war (→ Bourgeoisie).

Bürgschaft 1. Von einem einzelnen oder einem Kollektiv vor Gericht übernommene Verpflichtung, sich um einen auf Bewährung Verurteilten zu kümmern, um seine Reintegration zu erleichtern. Meist sind es die Arbeitskollektive der Verurteilten, die dem Gericht eine B. vorschlagen und damit ermöglichen, die Freiheitsstrafe auszusetzen bzw. eine Strafe ohne Freiheitsentzug auszusprechen. 2. Im Statut der SED festgelegte Garantie zweier Vollmitglieder für einen Bewerber um Mitgliedschaft (→ Kandidat) während der Kandidatenzeit.

C

CAD/CAM (Computer Aided Design/Computer Aided Manufacturing) gilt in der DDR als → Schlüsseltechnologie und meint in der Industrie die rechnergestützte Projektierung und Konstruktion (CAD) sowie die rechnergestützte Produktion selbst (CAM). Im Volksmund steht CAD/CAM auch für »Computer am Dienstag/Chaos am Mittwoch«.

CAD/CAM-Arbeitsstationen Computerarbeitsplätze mit Bildschirm und elektronischem Rechner (→ Robotron).

Camping Afghanistan Umgangssprachlich ironische Verdolmetschung der kyrillischen Buchstaben »CA«, die an allen Fahrzeugen der Sowjetarmee für »Sowjetskaja Armija« stehen (→ Circus Aljoscha).

Ceausescus letzte Rache Umgangssprachl. abwertende Bezeichnung für einen sehr störanfälligen Kleintransporter aus Rumänien, für den nur unzureichend Ersatzteile nachgeliefert werden.

Centrum Name von Warenhäusern der HO (→ Handelsorganisation). Die C.-Warenhäuser sind zusammengeschlossen in der »Vereinigung Volkseigener Versand- und Warenhäuser CENTRUM«. Ihr Sortiment besteht aus Artikeln der Konsumgüterindustrie. Die beiden Centrum-Warenhäuser im Zentrum Berlins sind besonders gut sortiert und ein Wallfahrtsziel für Bewohner der Berliner Randgebiete.

Charakter der Epoche Der »Charakter der gegenwärtigen Epoche« wird nach marx.-len. Auffassung durch den »weltweiten Übergang vom Kapitalismus zum Sozialismus« gekennzeichnet.

Chemiekombinat → Kombinat.

chemisieren Dieses nach russ. Vorbild geprägte Neuwort bezeichnet einen Prozeß, der die gesamte soz. Volkswirtschaft durchzieht und eine ihrer wesentlichen Entwicklungsrichtungen darstellt. Zum C. gehört die gezielte Förderung der chemischen Industrie ebenso wie die Einführung chemischer Verfahren in andere Wirtschaftszweige. Typisches Beispiel ist die Chemisierung der soz. Landwirtschaft.

Christlich-Demokratische Union Deutschlands (CDU) 1945 in Berlin gegründete politische Partei, Teil des → Demokratischen Blocks der Parteien und Massenorganisationen und der → Nationalen Front der DDR. Sie anerkennt die führende Rolle der Arbeiterklasse und ihrer marx.-len. Partei, der SED.

Circus Aljoscha Umgangssprachlich ironische Übersetzung der beiden kyrillischen Buchstaben »CA«, die an allen Fahrzeugen der sowjetischen Streitkräfte für »Sowjetskaja Armija« stehen. Die Assoziation mit »Circus« rührt von der extravaganten Fahrweise der → Waffenbrüder her (→ Camping Afghanistan).

D

Datsche Lehnwort nach dem russ. Wort »Datscha« für Sommerlandhaus. In der DDR werden als D. meist kleine Sommer- und Wochenendlauben oder -bungalows bezeichnet, die am Stadtrand auf Schrebergartenparzellen oder – zum Leidwesen der Landschaftsfreunde – auch in Erholungsgebieten stehen. Die Bezeichnung hatte ursprünglich einen Zug ins Ironische, der sich aber mit wachsendem Selbstbewußtsein der D.nbesitzer verloren hat.

Dederon, das Kunstwort aus DDR + ...on, Warenbezeichnung für Polyamidfaserstoffe. D. entspricht dem bundesdeutschen Perlon und ist wie dieses, wenn auch mit der obligaten Verspätung aus der Mode gekommen (D.strümpfe, D.seil, D.netz, D.hemd).

DEFA Firmenzeichen der 1946 gegründeten »Deutschen Film AG«, das von der volkseigenen Filmindustrie der DDR übernommen wurde. Das Spielfilmstudio der DEFA befindet sich in Potsdam-Babelsberg auf dem Gelände der ehemaligen UFA. Die DEFA ist der ausschließliche Filmproduzent in der DDR.

Dekadenz Der Begriff erfährt im offiziellen Verständnis insofern einen besonderen Akzent, als er ganz allgemein auf die Kultur und Kunst des → Imperialismus angewendet wird. Die DDR-Kunstwissenschaft sieht die gesamte westeuropäische Kunst – mit wenigen Ausnahmen von »humanistischen Künstlern« – seit der Jahrhundertwende im Niedergang begriffen. (Vgl. auch: → Modernismus, → Parteilichkeit.)

Delikat-Laden Spezialgeschäft, in dem Nahrungs- und Genußmittel aus westlichen Ländern oder mit westlicher Lizenz hergestellte Waren (→ Gestattungsproduktion) für → Mark der DDR verkauft werden. Die Preise im D. wie auch in den → Exquisit-Geschäften liegen durchschnittlich drei- bis viermal so hoch wie die DM-Preise im → Intershop und bestätigen das offiziell als → Schwindelkurs bezeichnete Tauschverhältnis von → Mark der DDR zu D-Mark. Umgangssprachl. Kurzform: Deli (→ Neu-Deli).

Demokratie → sozialistische Demokratie.

Demokratische Bauernpartei Deutschlands (Abk.: DBD) 1948 gegründete und von der SMAD (Sowjetische Militäradministration in Deutschland) zugelassene Partei, die sich als Bündnispartner der SED versteht (→ Bündnispolitik). Die DBD ist Mitglied des → Demokratischen Blocks.

Demokratische Bodenreform → Bodenreform.

Demokratischer Block (eigentl.: »Demokratischer Block der Parteien und Massenorganisationen«) Zusammenschluß aller Parteien und → Massenorganisationen der DDR zu einem politischen Bündnis unter der Führung der SED. Dem D. B. gehören an: die → Sozialistische Einheitspartei Deutschlands, die Blockparteien → Demokratische Bauernpartei Deutschlands, → Christlich-Demokratische Union Deutschlands, → Liberal-Demokratische Partei Deutschlands, → National-Demokratische Partei Deutschlands sowie die → Massenorganisationen → Freier Deutscher Gewerkschaftsbund, → Freie Deutsche Jugend, → Demokratischer Frauenbund Deutschlands, → Kulturbund der DDR. Die vom D. B. vertretene Blockpolitik ist auf die Weiterentwicklung der soz. Gesellschaftsordnung gerichtet. Bei den → Volkswahlen treten die Parteien und Massenorganisationen des D. B. mit gemeinsamem Programm und gemeinsamer Kandidatenliste auf. Der D. B. bildet den Kern der → Nationalen Front und wird als wichtiges Element der → sozialistischen Demokratie verstanden.

Demokratischer Frauenbund Deutschlands (Abk.: DFD) Einzige Frauenorganisation der DDR. Ihr gehören ca. 1,5 Mill. Frauen aus allen Bevölkerungsschichten, unabhängig von ihrer Parteizugehörigkeit an. Der DFD ist Mitglied des → Demokratischen Blocks. Praktisch tätig wird der DFD in den Wohngebieten der Städte und in den Dörfern, und zwar mit Vortrags- und Diskussionsveranstaltungen, Volksbildungskursen in speziellen »Frauenakademien«, bei der Organisation von Gemeinde-Verschönerungsaktionen u. a. Außerdem unterhält der DFD ca. 200 Beratungszentren für Haushalt und Familie.

demokratischer Zentralismus Grundlegendes Organisations- und Leitungsprinzip der soz. Staats-, Partei- und Wirtschaftsführung. Der d. Z. entstand als Organisationsprinzip revolutionärer Arbeiterparteien, das das einheitliche Handeln aller ihrer Mitglieder und die Durchführung der Leitungsbeschlüsse gewährleistet. Er ist erstmals im Statut des Bundes der Kommunisten (1874) verankert und wurde von Lenin in der Theorie von einer → Partei neuen Typus weiterentwickelt. Der d. Z. bedeutet: Leitung der Partei von einem gewählten Zentrum aus; periodische Wahl aller leitenden Parteiorgane von unten nach oben, wobei die nächstniedrigere Ebene stets die von der nächsthöheren Ebene vorgeschlagenen Kandidaten wählt; Kollektivität der Leitung; periodische Rechenschaftspflicht der Parteiorgane vor den Gremien, von denen sie gewählt wurden; straffe Parteidisziplin und Unterordnung der Minderheit unter die Mehrheit; unbedingte Verbindlichkeit der Beschlüsse der höheren → Organe für die unteren Organe und die Mitglieder; aktive Mitarbeit der Parteimitglieder für die Durchsetzung der Beschlüsse. Diese Prinzipien finden im wesentlichen in allen Partei-, Staats- und Wirtschaftsorganen der DDR Anwendung, auch in den → Massenorganisationen und Verbänden, die in der → Nationalen Front zusammengeschlossen sind. Zugleich bilden aber auch die einzelnen Elemente des politischen Systems der DDR untereinander eine hierarchische Struktur, an deren Spitze das → Politbüro der SED steht. Ideologisch legitimiert wird die Anwendung des d. Z. auf den Staatsaufbau damit, daß die soz. Gesellschaft der planmäßigen und einheitlichen Führung und Leitung durch die Arbeiterklasse und ihre Partei bedarf.

demokratische Schulreform Bestandteil der antifaschistisch-demokratischen Umwälzung (→ Antifaschistisch-demokratische Ordnung) zwischen 1945 und 1949 auf dem Gebiet der heutigen DDR. Ihre Aufgaben waren: Besetzung der leitenden Schulfunktionen mit Antifaschisten, Beseitigung aller Bildungsprivilegien, Aufbau eines einheitlichen Schulsystems ohne kirchlichen Einfluß, Abschaffung der Privatschulen, Säuberung des Lehr- und Verwaltungspersonals von faschistischen Kräften, Ausbildung von Antifaschisten für den Lehrerberuf (→ Neulehrer), Ausarbeitung neuer Lehrpläne und -bücher, Reform des gesamten Hochschulwesens.

Demonstration Neubedeutung im Sinne von → Kundgebung.

DEUTRANS, die Kunstwort aus Deutsche Transporte, Name des VEB Internationale Spedition, einziger Speditionsbetrieb der DDR für Außenhandels- und Transitgüter. (Um dort arbeiten zu können, braucht man eine blütenreine → Kaderakte.)

deutsch gilt offiziell als »das ehemalige Deutschland und seine Bevölkerung betreffendes« Adjektiv, das folglich keinen aktuellen Bezug mehr hat (→ Deutschland).

Deutsche Demokratische Republik (Abk.: DDR) In ihrem offiziellen Selbstverständnis »sozialistischer deutscher Staat, in dem die von der marx.-len. Partei, der → Sozialistischen Einheitspartei Deutschlands geführte Arbeiterklasse im Bündnis mit der Klasse der Genossenschaftsbauern, der Intelligenz und den anderen werktätigen Schichten die Macht ausübt«. Gründung am 7. Oktober 1949, dem heutigen → Nationalfeiertag der DDR.

Deutsche Hochschule für Körperkultur (Abk.: DHfK) Zentrale Lehr- und Forschungsstätte des DDR-Sports in Leipzig, »Kaderschmiede« für DDR-Spitzensportler, Sportfunktionäre und Sportlehrer.

Deutsche Post (Abk.: DP) Wie die Bundespost ist die DP Nachfolgeeinrichtung der Deutschen Reichs-Post. Die Bezeichnung wurde 1949 eingeführt. Die DP ist zuständig für den gesamten Post- und Fernmeldeverkehr der DDR und wird vom Ministerium für Post- und Fernmeldewesen geleitet. Im Gegensatz zur Bundespost ist die DP nicht vorrangig auf Rentabilität angewiesen, sondern wie alle anderen gesellschaftlichen Institutionen auch auf die Durchführung der Beschlüsse der SED verpflichtet. Da die meisten Informationen durch die Hände der DP gehen, haben sich die → Organe des Ministeriums für → Staatssicherheit ihrer in besonderem Maße angenommen. Von einem Brief- oder Telefongeheimnis kann in der DDR keine Rede sein; und nur einem sehr begrenzten Personenkreis wird ein Telefonanschluß gewährt (ca. 15 Prozent der Haushalte).

Deutsche Reichsbahn (Abk.: DR) Zentrales staatliches Eisenbahnunternehmen der DDR. Die Bezeichnung wurde aus der Zeit des Deutschen Reiches vor 1945 übernommen. Die DR ist größter → volkseigener Betrieb der DDR und dem Ministerium für Verkehrswesen unterstellt. R.amt; R.ausbesserungswerk (RAW); R.direktion (Rbd.).

Deutscher Turn- und Sportbund der DDR (Abk.: DTSB) »Einheitliche sozialistische Massenorganisation der Turner und Sportler der DDR«, Dachverband der 35 DDR-Sportverbände mit 3,3 Mill. Mitgliedern (1982), das sind etwa 20 Prozent der DDR-Bevölkerung. Die wichtigen Funktionsstellen des DTSB sind bis in die Grundorganisationen hinunter fast ausnahmslos mit SED-Mitgliedern besetzt; der heutige DTSB-Präsident ist, wie sein Vorgänger, Mitglied des → Zentralkomitees der SED. Der DTSB organisiert u. a. das → Turn- und Sportfest der DDR und die → Kinder- und Jugendspartakiade.

Deutsche Volkspolizei (Abk.: DVP oder VP) Die Polizei der DDR. Ihre wichtigsten Dienstzweige sind: Schutzpolizei, Verkehrspolizei, Kriminalpolizei, → Transportpolizei, Paß- und Meldewesen. Dienststellen in den → Bezirken, → Kreisen, Städten und Stadtbezirken sind: Bezirksbehörden der DVP (BDVP), VP-Kreisämter (VPKA) und VP-Reviere. In Gemeinden, Stadtbezirken und Streckenabschnitten der → Deutschen Reichsbahn werden polizeiliche Aufgaben durch den → Abschnittsbevollmächtigten wahrgenommen. Gebräuchlich ist die Bezeichnung »Volkspolizei«, umgangssprachlich auch die Abkürzung »Vopo«.

Deutschland Der Begriff wird in der DDR selten und zurückhaltend gebraucht, weil er zu vielen Mißdeutungen ausgesetzt ist. Er meint kaum die Bundesrepublik Deutschland, gelegentlich Gesamtdeutschland oder die DDR. Die führende SED-Zeitung heißt aber nach wie vor → ›Neues Deutschland‹. Seit der Politik und Ideologie der → Abgrenzung wird der Begriff offiziell nur auf die Vergangenheit bezogen.

Deutschlandtreffen Kurzform für »Deutschlandtreffen der Jugend«, die von der FDJ im Mai 1950, im Juni 1954 und im Mai 1964 in Berlin veranstaltet wurden. Nach dem letzten D. nennt sich auch »Jugendradio DT 64«, eine seit 1985 bestehende Kette von UKW-Sendern, deren Programm aus dem »Jugendstudio DT 64« des Berliner Rundfunks hervorging.

Deutsch-Sowjetische Freundschaft → Gesellschaft für Deutsch-Sowjetische Freundschaft.

Devisenausländer Begriff des DDR-Devisengesetzes von 1979 zur Bezeichnung eines Staatsangehörigen aus dem »Devisenausland«, d. h. dem kapitalistischen Ausland.

Devisenausländerkonto Ein D. muß eröffnen, wer Barvermögen in → Mark der DDR besitzt und die DDR ins kapitalistische Ausland verlassen will, denn DDR-Geld darf dorthin nicht ausgeführt werden. Das D. ist gesperrt und nur dem die DDR besuchenden Inhaber zugänglich; limitierte Beträge können an die in der DDR lebenden Verwandten des Inhabers in monatlichen Raten gezahlt werden.

DEWAG Deutsche Werbe- und Anzeigengesellschaft; Werbeagentur der DDR.

Dezitonne Doppelzentner.

Dialektik Ein ursprünglich philosophischer Begriff, der in einem vulgarisierten → dialektischen Materialismus zur Legitimation von → Widersprüchen im → real existierenden Sozialismus herhalten muß. Gemeint ist deren Legitimation als nichtantagonistische, produktive Widersprüche, als welche sie dann nicht mehr Gegenstand der Kritik sein können. Mit dem Begriff der D. können offenbare Mißstände zur → historischen Notwendigkeit verklärt werden. Die Schließung der Grenze zum Westen liest sich dann, jeder schnöden Konkretion bereinigt, als »dialektisches Wechselverhältnis von objektiven und subjektiven Bedingungen des gesellschaftlichen Fortschritts«. Dieser offizielle Gebrauch des Begriffes spiegelt sich in der Umgangssprache, etwa in der ironischen Beschwichtigung »das mußt du dialektisch sehen«.

dialektischer Materialismus (Abk.: Diamat) Der d. M. bildet zusammen mit dem → historischen Materialismus die Philosophie des → Marxismus-Leninismus. Er wird definiert als die Lehre von den allgemeinsten Gesetzen in Natur, Gesellschaft und Denken. Dazu gehören die → Grundgesetze der Dialektik, die dial.-mat. Lehre von Materie und Bewegung, von Raum und Zeit, von Notwendigkeit und Zufall, von Einzelnem, Besonderem und Allgemeinem, die → Grundfrage der Philosophie u. a.

Dienstleistungsbetrieb (Abk.: DLB) Betrieb, der vorwiegend Dienstleistungen für die Bevölkerung erbringt, dazu gehören u. a. Wäschereien, chem. Reinigungen, Färbereien, Reparaturbetriebe, Friseurbetriebe, Einrichtungen des Verkehrswesens sowie der kulturellen, sozialen und medizinischen Betreuung. Die Ausführung verschiedener Dienstleistungen wird zunehmend in sog. *Dienstleistungskombinaten* (Abk.: DLK) zusammengefaßt.

Diktatur des Proletariats In marx.-len. Verständnis die politische Herrschaft der Arbeiterklasse und ihrer revolutionären Partei als Staatsform der Übergangsperiode vom → Kapitalismus zum → Kommunismus (also auch der DDR). Die D. wird folgendermaßen begründet: Aus dem → Antagonismus zwischen → Bourgeoisie und → Proletariat ergibt sich, daß die sozialistische → Revolution nur gewaltsam sein kann. In der Übergangsphase zwischen der alten und der neuen Gesellschaftsordnung muß daher das Proletariat (d. h. seine Partei) die Staatsmacht gegen die noch vorhandenen Reste der Bourgeoisie im politischen, ökonomischen und ideologischen Bereich einsetzen. Die D. wird als historisch erstmalige Herrschaft der Mehrheit über die Minderheit und damit als bislang höchste Form der Demokratie (→ sozialistische Demokratie) verstanden.

Diplom-Philosoph Akademischer Grad und Berufsbezeichnung, verliehen von den Sektionen marxistisch-leninistische Philosophie der Universitäten bzw. von den Lehreinrichtungen der → Partei. Der Studiengang eines D.-Ph. beschränkt sich wesentlich auf die in verschiedenen Lehrfächern wiederkehrende Lektüre und Exegese der → Klassiker des M.-L. Die Philosophie-Geschichte konzentriert sich auf die »Vormarxisten« (vor allen Hegel, Feuerbach, auch Kant), deren Werke für die »Klassiker« wichtig waren. Das philosophische Denken nach Lenin (1870–1924) spielt nur in einer untergeordneten kurzen Lehrveranstaltung zur »Kritik der spätbürgerlichen Ideologie«

eine Rolle; hier fallen in polemischem Zusammenhang die Namen Nietzsche, Schopenhauer, Husserl, Jaspers, Heidegger, Popper, Adorno, Horkheimer, etc. Ihre Werke stehen im → Giftschrank unter Verschluß und werden nur in Ausnahmefällen ausgeliehen.

Direktstudium Ausbildung an einer Hoch- oder Fachschule, die im Gegensatz zum → Abendstudium oder → Fernstudium nicht von regelmäßiger Berufstätigkeit begleitet wird.

Diskothek (Kurzform: Disko) Neben der üblichen Bedeutung wird D. vor allem für die Bezeichnung von Tanz- und Unterhaltungsveranstaltungen gebraucht, die oftmals zu thematisch gestalteten kulturellen Veranstaltungen erweitert werden (Literaturd., Politd., Solidaritätsd., Filmd.). Die D. ist in der DDR zur allgemein vorherrschenden Kulturveranstaltung avanciert und ihr Teilnehmerkreis stark erweitert worden (Familiend., Rentnerd., Soldatend., Schülerd., Wohnheimd.). Alle Komposita werden in der Regel mit der Kurzform gebildet. Jährlich besuchen etwa 70 Mill. 16- bis 20jährige eine D., weshalb eine D.en-Ordnung die besondere Ausbildung von Disk-Jockeys (offiziell meist als »Schallplattenunterhalter« oder »Diskosprecher« bezeichnet) vorschreibt. Für den *Diskosprecher* als »Kulturfunktionär für sozialistische Jugendunterhaltung« werden u. a. eine gute politische und kulturpolitische Bildung, hohes Allgemeinwissen und ausreichende kulturell-ästhetische Kenntnisse für erforderlich gehalten; für seine Zulassung braucht er ein staatliches Zertifikat.

Diskussion D. meint in der DDR, in Ermangelung anderer Formen des öffentlichen politischen Gesprächs, den vom Plenum zu bestreitenden Teil von politischen Schulungsveranstaltungen der Parteien und → Massenorganisationen. Wesentlich geprägt sind diese D.en von den Tabus, die sie wortreich umschiffen, sei es im Ritual der Wiederholung obligater Formeln, sei es dadurch, daß erlaubte Fragen gestellt werden, sei es auch durch Kritik an den zur Kritik freigegebenen sog. »kleinen Fehlern und Schwächen« der »historisch progressivsten Gesellschaftsordnung«. »Diskutieren« bedeutet denn auch die gesprächsweise Vermittlung von parteilichen Überzeugungen. Der Satz »Das müssen wir beide noch ausdiskutieren« bzw. ». . . zu Ende diskutieren« bezeichnet eine zu leistende → Überzeugungsarbeit, nicht Neugierde auf die Argumente des anderen. Die Forderung, in einer Sache »nach vorn zu diskutieren« bedeutet, sich nicht bei begangenen Fehlern aufzuhalten (→ Fehlerdiskussion).

Dispatchersystem Russ. Lehnwort nach engl. Vorbild; Kontroll-

und Lenkungssystem in der soz. Volkswirtschaft zur Sicherung reibungsloser Arbeitsabläufe. Bei der → Deutschen Reichsbahn gibt es z. B. eine Hierarchie von Haupt-, Ober- und Bahnhofsdispatcherleitung.

Dispensairebetreuung Arbeitsprinzip des soz. Gesundheitswesens zur Vorbeugung, Erfassung, Behandlung und Nachsorge bestimmter, meist chronischer Erkrankungen, die häufig vorkommen (z. B. Diabetes, Kreislauf, Rheuma). Alle Krankheits- und Gefährdungsfälle in einem best. Bereich sind in einer Kartei erfaßt, nach der systematische Überwachungs- und Behandlungsmaßnahmen durchgeführt werden.

Diversant Als D. wird nach russ. Vorbild eine Person bezeichnet, die sich eines Vergehens gegen den soz. Staat schuldig macht: ein Saboteur.

Diversion Angriff auf die politische, wirtschaftliche oder militärische Macht des soz. Staates, vor allem durch Sabotage und Spionage. Als D. gilt aber auch die »Zersetzungsarbeit imperialistischer Kräfte« (→ Imperialismus) auf ideologischem Gebiet (ideologische D.). Damit wird die kritische Haltung gegenüber dem DDR-Staat generell in die Nähe des Staatsverbrechens gerückt. D. in diesem Sinne wird auch als »Hauptform des Klassenkampfes von innen« bezeichnet. Häufiges Synonym ist »Subversion« (D.sakt, D.sgruppe.)

Dogmatismus Im Rahmen des Marxismus-Leninismus ist »D.« eine der politisch-ideologischen → Abweichungen, eine unhistorische, abstrakte Denkweise, die von unabänderlichen Lehren (Dogmen) ausgeht, ohne konkrete Bedingungen, neue Erkenntnisse und praktische Erfahrungen zu berücksichtigen. Der D. gilt innerhalb des → Marxismus-Leninismus als »Linksabweichung«; im Gegensatz zum → Revisionismus.

Dokument Kurzform für Parteidokument (→ Partei), Mitgliedsbuch oder Kandidatenkarte der SED.

Domowina (sorbisch: Heimat) Dachorganisation aller sorbischen Vereinigungen (→ Sorben). Die D. wurde 1912 gegründet, 1937 von den Nationalsozialisten verboten; sie reorganisierte sich nach 1945, zunächst mit dem Ziel, die Lausitz an die Tschechoslowakei anzuschließen oder einen eigenen Staat zu gründen. 1952 wurde sie als antifaschistisch-demokratische → Massenorganisation ein Instrument der SED zur Durchsetzung ihrer Politik in der sorbischen Bevölkerung.

Dorfakademie Einrichtung der Erwachsenenbildung auf dem Lande (→ Akademie). Die Teilnahme an der D. wird bei Verdienstausfall von der landwirtschaftl. → Produktionsgenossenschaft mit → Arbeitseinheiten vergütet. D.n werden heute zum Teil auch als »Kooperationsakademien« bezeichnet (→ Kooperation).

Dorffestspiele Von einer Landgemeinde jährlich veranstaltetes Volksfest als Leistungsschau des → künstlerischen Volksschaffens. Die D. werden von den Leitungen der → Dorfklubs organisiert und umfassen neben Auftritten örtlicher Volkskunstgruppen und Berufskünstler auch Ausstellungen, Wettbewerbe sowie sportliche und unterhaltende Veranstaltungen. D. werden jetzt auch als »Kooperationsfestspiele« oder als »Kulturfesttage der → Gemeindeverbände« bezeichnet.

Dorfklub Als Zentrum des kulturellen und künstlerischen Lebens auf dem Lande konzipierte besondere Räumlichkeiten einer Landgemeinde. Die D.s werden ehrenamtlich geleitet und erhalten Zuwendungen von Betrieben, den → Landwirtschaftlichen Produktionsgenossenschaften (LPG), den volkseigenen Gütern (VEG; → volkseigen) und den → Gemeindeverbänden. Die Kontrolle über die Jahresveranstaltungs- und Finanzierungspläne obliegt dem jeweiligen Rat des → Kreises.

Dorftheater Titel für ein qualifiziertes Laientheater auf dem Lande. Das D. gilt wie das → Arbeitertheater als Form des → künstlerischen Volksschaffens.

drüben Umgangssprachl. für: im anderen Deutschland. In diesem Sinne werden dessen Bewohner auch als »Drübige« oder »Drübigte« bezeichnet.

Druschgemeinschaft Zusammenschluß von Angehörigen verschiedener landwirtschaftl. Betriebe zum Getreidedreschen.

Drushba-Trasse (Drushba ist das russ. Wort für »Freundschaft«) Name der zwischen 1975 und 1979 als RGW-Projekt (→ Rat für Gegenseitige Wirtschaftshilfe) erbauten Erdgasleitung von Orenburg im Westural bis zur sowj. Westgrenze. Der Bau der einzelnen Teilstrecken wurde von je einem RGW-Land finanziert und ausgeführt. Die DDR war auf dem ihr übertragenen ca. 550 km langen Abschnitt von Krementschuk bis Bar mit etwa 6000 jungen Arbeitskräften am Bau beteiligt (zentrales → Jugendobjekt der FDJ).

Dubčeks Rache Umgangssprachl. Bezeichnung für Straßenbahnzüge, die nach Dubčeks Entmachtung (1968) aus der ČSSR in die DDR geliefert wurden, und die so schwer sind, daß der Gleisunterbau ständig instandgesetzt werden muß.

E

Ehre E. bezeichnet vielfach die »moralische Anerkennung« von Leistungen für »Staat und Gesellschaft«, die nicht unbedingt herausragender Art sein müssen, da prinzipiell jede gute Arbeit im Rahmen staatlicher Betriebe und Einrichtungen im Sinne → gesellschaftlichen, d. h. politischen Engagements gewertet wird und somit »Ehrensache« und ehrwürdig ist. Der *Ehrendienst* ist der 18monatige Grundwehrdienst bei der → Nationalen Volksarmee (NVA) oder anderen → bewaffneten Organen, der als »Recht und Ehrenpflicht« betrachtet wird. Die in den Abteilungen der soz. Betriebe aufgestellten Tafeln mit Fotos und Lebensläufen ausgezeichneter Betriebsangehöriger heißt *Ehrentafel* (→ Straße der Besten). Eine für besondere Leistungen verliehene Fahne heißt *Ehrenbanner* (z. B. Ehrenbanner der → Freien Deutschen Jugend), und *Ehrenpionier* ist ein Titel, der an erwachsene Personen verliehen wird, für deren Leistungen auch Kinder begeisterungsfähig sind (z. B. Sportler, → Kosmonauten). Eine *Ehrenpension* ist eine Zusatzrente (600 bis 1500 M) für besonders → verdiente Bürger oder »Verfolgte des Faschismus«. *Ehrenhaine* werden angelegt zum Andenken an die Heroen der → Partei oder an die gefallenen sowjetischen Soldaten des → Großen Vaterländischen Krieges.

Eigentum Der unbefangene Gebrauch des Begriffes in der Umgangssprache hat durch die Verfemung des → Privateigentums an Produktionsmitteln gelitten. Diese hat auf den Begriff des Privateigentums und also auf die umgangssprachliche Bedeutung von »E.« abgefärbt. Zudem wurde der Begriff verwirrt durch den des → »gesellschaftlichen E.s«, der die ursprüngliche Intention von E. auf den Kopf stellt, der ein E. bezeichnet, das sowohl allen als auch niemandem gehört. Allgemein hat der Begriff in dem Maß an Bedeutung verloren, wie das Bezeichnete an gesellschaftlicher Bedeutung verlor. E. wird in der DDR nicht mehr mit sozialer Macht, höchstens mit sozialem Prestige in Verbindung gebracht. Gesellschaftliches und Volkseigentum sind synonym: sozialistisches E. meint alle E.sformen im → Sozialismus, also auch das genossenschaftliche E. der → Landwirtschaftlichen Produktionsgenossenschaften (LPG), der → Produktionsgenossenschaften des Handwerks (PGH) etc.

Eingabe Beschwerde, Hinweis, Vorschlag von Bürgern an staatliche Organe, Betriebe u.a. Einrichtungen, über die innerhalb von 4 Wochen entschieden werden muß. Das E.recht beruht auf Art. 103 der DDR-Verfassung und gilt als wichtiges Element → sozialistischer Demokratie.

Einheit Häufig in feststehenden Verbindungen gebrauchtes Ideologem, das zumeist den Wunsch der politischen Führung nach der Einheitlichkeit des Bezeichneten zum Ausdruck bringt. Dieser Wunsch ist so alt wie die Arbeiterbewegung selbst, deren größtes Machtpotential nach marx.-len. Auffassung seit je in ihrer E. bestand (letzter Satz des Marxschen ›Kommunistischen Manifest‹ und Untertitel des → ›Neuen Deutschland‹: »Proletarier aller Länder, vereinigt Euch!«). Beispiele aus dem aktuellen DDR-offiziellen Sprachgebrauch: → Sozialistische Einheitspartei Deutschlands; → einheitliches sozialistisches Bildungssystem; Einheit von Wirtschafts- und Sozialpolitik (→ Hauptaufgabe); Einheit von Ökonomie, Politik und Ideologie (Grundprinzip der marx.-len. Partei beim Aufbau der → entwickelten sozialistischen Gesellschaft); Einheit von Plan und Vertrag, Einheit von strikter Einhaltung der Gesetze und Parteilichkeit ihrer Anwendung (→ Recht) etc. Zumindest in der letztgenannten Formel erweist sich die → Dialektik jener E. schon auf den ersten Blick als Paradoxie.

einheitliches sozialistisches Bildungssystem Koordiniertes System aller Einrichtungen zur Bildung und Erziehung, Aus- und Weiterbildung in der DDR. Das e. s. B. umfaßt die Vorschulerziehung, die → allgemeinbildenden polytechnischen Oberschulen, die → erweiterten Oberschulen, Sonderschulen für physisch und psychisch gestörte Kinder, Einrichtungen der Berufsausbildung (Berufsschulen) einschließlich der Berufsausbildung mit Abitur, die Fachschulen, die Universitäten und Hochschulen sowie die Einrichtungen der Erwachsenenbildung. Die Funktion des e. s. B. besteht darin, »sozialistische Persönlichkeiten heranzubilden, die über eine hohe wissenschaftliche Bildung verfügen, mit der Weltanschauung des Marxismus-Leninismus ausgerüstet sind, als Patrioten und Internationalisten fühlen und handeln, eine kommunistische Arbeitseinstellung besitzen, das gesellschaftliche Leben bewußt mitgestalten und den Reichtum der Kultur nutzen«. Im e. s. B. gilt der Grundsatz der Einheit von hoher wissenschaftlicher Bildung und klassenmäßiger, sozialistischer Erziehung, der auf der marx.-len. These fußt, daß → Wissenschaftlichkeit und sozialistische → Parteilichkeit eine untrennbare Einheit bilden.

Einheitsliste → Volkswahl
Einkaufsbüro → Zentrales Einkaufsbüro.
Einkaufs- und Liefergenossenschaft (Abk.: ELG) Handels- und Zuteilungsbetrieb des genossenschaftlichen Handwerks (→ Produktionsgenossenschaft des Handwerks).
Einstellung Meint im allgemeinen die E. zur Macht der Arbeiterklasse, die → klassenmäßige oder → politisch-ideologische E. Eine »falsche E.« zu haben bedeutet, politisch schiefzuliegen. Es ist kaum von Belang, worauf sich die E. bezieht, denn letztlich ist in der DDR jede Entscheidung politisch zu werten, weil die → Partei beansprucht, die Gesellschaft in allen Bereichen zu lenken und zu leiten.
Einzelbetrieb Privatbetrieb im Unterschied zum → volkseigenen Betrieb; die Zahl der E. liegt heute unter 1 Prozent. Die Vermeidung des Wortes → »privat« hat ideologische Gründe.
Einzelhandelsbetrieb Verkaufsstelle für den Bevölkerungsbedarf bzw. → gastronomische Einrichtung. Dabei macht der »sozialistische Sektor des Einzelhandels«, das sind die E.e der → Konsumgenossenschaften und der → Handelsorganisation (HO), ca. 90 Prozent des Umsatzes, der Rest entfällt auf die privaten E.e und den → Kommissionshandel.
Einzelhandelsverkaufspreis (Abk.: EVP) Staatlich festgesetzter Endverbraucherpreis, zu dem der Einzelhandel seine Waren an den Konsumenten abgibt. Die Einhaltung und Stabilität der EVP wird vom Ministerium für Handel und Versorgung sowie vom Amt für Preise kontrolliert; die von diesen Institutionen ausgearbeiteten Preisbildungs- und Handelsspannenkataloge sind für Industrie, Handel und Dienstleistungsbetriebe verbindlich. Der E. wird auf jede Warenpackung aufgedruckt. Die EVP unterliegen einer in der DDR relativ kontinuierlichen → Preispolitik der SED; so werden seit Jahrzehnten die Preise für Grundnahrungsmittel, für Kinderkleidung, für Mieten sowie Verkehrstarife und andere Dienstleistungspreise stark subventioniert, während Erzeugnisse des »gehobenen Bedarfs« wie Fernsehgeräte, Autos, Waschmaschinen, aber auch Kaffee, Zigaretten, Weinbrand mit besonderen Abgaben belastet sind.
Einzelleitung Das Prinzip der E. wird im Staats- und Wirtschaftsapparat der DDR sowie in den → Apparaten der Parteien und → Massenorganisationen angewendet; es bedeutet die volle persönliche Verantwortung des sozialistischen Leiters für seine Entscheidungen, zu deren Durchsetzung er seinem Kollektiv gegenüber weisungsberechtigt ist. Die Entscheidungen und Weisun-

gen des soz. Leiters sind für alle Mitarbeiter seines Leitungsbereiches verbindlich, ebenso wie für ihn die Weisungen seines Vorgesetzten verbindlich sind. Die E. beruht auf dem Prinzip des → demokratischen Zentralismus; durch kollektive Beratung der Entscheidungen (nicht kollektive Entscheidung) und die Kontrolle ihrer Durchführung sollen die Mitglieder eines Leitungsbereiches in die Entscheidungsfindung einbezogen werden.

Einzelvertrag Besonderer Arbeitsvertrag mit Angehörigen der → Intelligenz aus allen gesellschaftlichen Bereichen, der »in Anerkennung ständiger hervorragender Leistungen bei der weiteren Gestaltung der entwickelten sozialistischen Gesellschaft« und nur mit der Zustimmung des zuständigen zentralen Staatsorgans (→ zentrale Organe d. Staatsmacht) abgeschlossen werden kann. Der E. weicht von den im → Rahmenkollektivvertrag und → Betriebskollektivvertrag festgelegten Grundlagen eines Arbeitsverhältnisses ab und sichert bestimmten Spitzenkräften aus Wirtschaft, Wissenschaft, Technik, auch Künstlern, beträchtliche Vorteile gegenüber anderen Beschäftigten, u. a. durch höhere Einkommen, besondere Arbeitszeitregelungen, zusätzliche Altersversorgung.

Eisenhüttenkombinat Ost → Kombinat.

Elaste, die Plur. (Singular kaum gebräuchlich), Gruppe von Werkstoffen mit kautschukelastischem Verhalten. Zu den E.n gehören natürlicher und synthetischer Kautschuk sowie kautschukartige Stoffe. Während E. vor allem in der Reifen- und Farbenindustrie Verwendung finden, stellt das Elastomer (eine gegen Licht, Fette und Öle resistente Chemiefaser) einen wichtigen Grundstoff der Textilindustrie dar.

Element Als Bezeichnung für einen sich der → Gesellschaft, sich dem → Kollektiv verweigernden, außenstehenden »schlechten Menschen« ist E. im Behördensprachgebrauch der DDR auch im Singular anzutreffen, z. B.: asoziales E., arbeitsscheues E., staatsfeindliches E.

Elternaktiv → Aktiv.

Elternbeirat Gewählte Elternvertretung an den Schulen und Vorschuleinrichtungen, die Mitverantwortung für hohe Ergebnisse der Bildungs- und Erziehungsarbeit übernehmen soll. Der E. wird auf zwei Jahre gewählt und hat die Arbeit der auf ein Jahr gewählten → Klassenelternaktive anzuleiten und zu kontrollieren. Versammlungen des E.s sollen mindestens alle acht Wochen stattfinden; der Elternbeiratsvorsitzende ist Mitglied des → pädagogischen Rates der Schule. Aufgaben des E.s sind: den Eltern die soz. Schulpolitik zu erläutern, die Schulen »immer mehr zu einem Zentrum der ideologischen Erziehung der Schuljugend zu gestalten«, die Lehrer bei besonderen Erziehungsmaßnahmen zu unterstützen, → Elternseminare »und andere Formen pädagogischer Propaganda« mitzugestalten etc. Die dergestalt einseitig konzipierte Vermittlungsrolle des E.s zwischen Elternhaus und Schule ist u.a. dadurch gewährleistet, daß nur Eltern in den E. gewählt werden sollen, die »die sozialistische Bildungs- und Erziehungsarbeit aktiv unterstützen«.

Elternseminar Form der pädagogischen Propaganda, deren Ziel es ist, durch vermehrtes pädagogisches Wissen der Eltern auch die Familienerziehung zunehmend zu pädagogisieren und damit die »Pädagogik der individuellen Erfahrung« abzulösen. Das E. wird an Schulen von Lehrern und Erziehern durchgeführt und folgt auch thematischen Anregungen der → Klassenelternaktive.

Endverbraucherpreis → Einzelhandelsverkaufspreis.

Entlassungskandidat (Abk.: EK) E. ist die inoffizielle Bezeichnung für einen Angehörigen der → Nationalen Volksarmee während der letzten sechs Monate seiner Dienstzeit (Grundwehrdienst: 18 Monate). Es gibt für dieses letzte Drittel der Wehrdienstzeit bestimmte Rituale, die sogenannte EK-Bewegung, die das gewachsene Selbstbewußtsein der »EKs« gegenüber ihren Vorgesetzten zum Ausdruck bringen. Die meisten dieser Rituale sind mit dem Bandmaß verbunden, von dem jeder »EK« seine letzten 180 NVA-Tage abschneidet.

entwickeln Neubedeutung im Sinne von jmdn. e., d.i. jmdn. durch politische Schulung oder fachbezogene Lehrgänge heranbilden. Das Wort »e.«, das auch in der üblichen Verwendung rel. häufig gebraucht wird, spielt wohl nicht zuletzt deshalb im offiziellen DDR-Sprachgebrauch eine so große Rolle, weil es hier oft für einen zentralen Gedanken des → Marxismus-Leninismus steht. Die gesetzmäßige gesellschaftliche Entwicklung zur kommunistischen → Gesellschaftsformation hin ist ein zentrales Credo des M.-L., wobei der marx.-len. Partei die Aufgabe zukommt, die »werktätigen Massen« als die Träger dieser Entwicklung auf die Höhe ihrer → »historischen Mission« zu heben, sie zu dem gesellschaftlichen Subjekt zu »e.«, zu dem sie durch »historische Gesetzmäßigkeiten« bestimmt sind (→ subjektiver Faktor, → Partei neuen Typus). Dieser in der Theorie und Praxis unaufgelöste Widerspruch schlägt sich im transitiven Gebrauch von »e.« nieder, wenn z.B. die Rede davon ist, jmdn. zur → soz. Persönlichkeit zu e. oder jmds. → Bewußtsein zu e. Seine ironische

Brechung findet die allgemeine Überstrapazierung des Entwicklungsgedankens in dem lakonischen Satz: »Es entwickelt sich, Genossen«, der immer da fällt, wo sich wieder einmal überhaupt nichts entwickelt. Andere Beispiele: zu entwickelnde politisch-moralische → Einstellungen (z. B. bei Schülern); entwicklungsbedürftige Leistungsbereitschaft; Nachwuchskräfte, Fachkader, Propagandisten entwickeln.

entwickelte sozialistische Gesellschaft (Abk.: ESG) Im Verständnis der SED (Parteiprogramm von 1976) eine »gesetzmäßige Entwicklungsstufe innerhalb der sozialistischen Phase der einheitlichen kommunistischen Gesellschaftsformation«. In ihr soll der → Sozialismus weiter vervollkommnet werden und allmählich in den → Kommunismus hinüberwachsen. Die Gestaltung der e. s. G. setzte in der DDR der 60er Jahre ein und umfaßt »einen historisch langen Zeitabschnitt«. Die Bezeichnung gilt seit dem VIII. SED-Parteitag 1971 für die gegenwärtige Entwicklungsphase der DDR als verbindlich und löste die Bezeichnung »entwickeltes gesellschaftliches System des Sozialismus« ab (→ Gesellschaftsformation; → Hauptaufgabe).

Epoche → Charakter der Epoche.

Erbe → Kultur.

Erberat (eigentl. Nationaler Rat der DDR zur Pflege und Verbreitung des deutschen Kulturerbes) Ein dem Ministerrat zugeordnetes Gremium, das die Regierung vor allem bei der Planung und Organisation von Gedenktagen und Jubiläen unterstützt (→ Kultur).

Erdmöbel Sozialistisches Neuwort für »Sarg«, das seine Lebensfähigkeit allerdings bisher nicht bewiesen hat; PGH »E.«

Erfassungsbetrieb (eigentl.: volkseigener Erfassungs- und Aufkaufbetrieb, Abk.: VEAB) Zentrale Einrichtung zum An- und Verkauf sowie zur Registrierung und Lagerung sämtlicher landwirtschaftlicher Erzeugnisse.

Erfassungspreis Staatl. festgesetzter Preis, der für die Pflichtablieferungsmengen an landwirtschaftliche → Produktionsgenossenschaften und andere ablieferungspflichtige Betriebe gezahlt wird.

Erfassungsstelle (auch: »Aufkaufstelle«) Einrichtung des → Erfassungsbetriebes vor Ort der landwirtschaftl. Produktion, befaßt mit der Abnahme, Bezahlung, Lagerung und Weiterleitung der Produkte.

Erfinderkollektiv Bezeichnung für eine Gruppe von → Neuerern.

Erichs Krönung Auf ein Produkt der westdeutschen Rösterfirma Jacobs anspielende umgangssprachl. Bezeichnung für eine in der DDR unter Honeckers Ägide handelsüblich gewordene Mischung aus Bohnen- und Gerstenkaffee.

Erntekapitän Führer einer Erntekombine (→ Kombine). Die auch als »Vollerntemaschinen« bezeichneten Kombines haben wegen der großen zu bearbeitenden Flächen tatsächlich Ausmaße, die an die eines Schiffes erinnern.

Ernteschlacht Propagandistisch beliebtes Kraftwort, das allerdings die etwas chaotischen Überanstrengungen recht gut kennzeichnet, die manche Ernte in der DDR begleiten (→ Kampf, → Stützpunkt).

Errungenschaften Beliebte offizielle Bezeichnung für ziemlich alles, was in der DDR geleistet wird, aber auch im engeren Sinne (»sozialistische E.«) für bestimmte grundlegende gesellschaftspolitische Veränderungen, die sich in der DDR vor allem in den 40er und frühen 50er Jahren vollzogen haben (→ Antifaschistisch-demokratische Ordnung). Als soz. E. propagiert werden außerdem die niedrigen Wohnungsmieten und Verkehrstarife, das nahezu kostenlose Gesundheits- und Ausbildungswesen, das → Babyjahr, der → Familienkredit u. ä.

Ersatzfonds Geldausdruck des Produktionsverbrauchs; die finanziellen Mittel für Material, Reparaturen und neuanzuschaffende Arbeitsmittel (→ Fonds). Der gesellschaftliche E. ist entsprechend der in einem bestimmten Zeitraum für Arbeitsmittel und -gegenstände aufgewandte oder aufzuwendende Teil des gesellschaftlichen Gesamtprodukts (→ Bruttoprodukt).

Erweiterte Oberschule (Abk.: EOS) Abiturstufe der → allgemeinbildenden polytechnischen Oberschule (POS) mit den Klassen 11 und 12. Die EOS schließt mit dem Reifezeugnis (Abitur) ab, das den Besuch einer Hochschule oder Universität ermöglicht. Bis 1983 gab es an den EOS die sogenannten Vorbereitungsklassen 9 und 10, so daß der EOS-Kandidat die POS nach der 8. Klasse verließ. Seit die Delegierung zur Abiturstufe erst in der 10. Klasse der POS erfolgt und Abiturstufen an den POS eingerichtet wurden, ist die Zahl der selbständigen EOS deutlich zurückgegangen.

Erzeugnisgruppe 1. Bezeichnung für Gruppen von gleichen oder verwandten Erzeugnissen. In Planung und Statistik werden gemäß der »Erzeugnis- und Leistungsnomenklatur« (ELN) folgende E.n unterschieden: Energie und feste Brennstoffe, chemische Industrie, metallurgische Erzeugnisse, Baumaterialien, wasserwirtschaftliche Produktion, Erzeugnisse des Maschinen- und

Fahrzeugbaus, elektrotechnische, elektronische und Gerätebauerzeugnisse, Erzeugnisse der Leichtindustrie, Textilien, Lebensmittel. Nach der DDR-»Betriebssystematik« entspricht die Einteilung der Industrie in 10 Industriebereiche diesen E.n. 2. Bezeichnung für eine Organisationsform von Betrieben eines Industriezweiges, die unabhängig von ihrer Eigentums- und Unterstellungsform nach dem Prinzip der gleichartigen Fertigung oder ähnlicher Erzeugnisse zusammengeschlossen werden.

Erzeugnispaß Dokument zur technischen, technologischen und ökonomischen Charakteristik eines Erzeugnisses. Im E. sind neben den wirtschaftlichen → Kennziffern des Produkts, die seine Gebrauchseigenschaften kennzeichnen, auch Vergleichswerte zu ähnlichen Produkten auf dem internationalen Markt enthalten. Der E. ist Grundlage für die Erteilung eines → Gütezeichens und vielfach Bedingung eines Vertragsabschlusses mit ausländischen Abnehmern.

Erziehungsbereich Euphemistische Bezeichnung für die einzelnen Abteilungen in DDR-Gefängnissen. Die Gefängnisoffiziere der → Staatssicherheit lassen sich als »Erzieher« anreden.

Estrade Volkstümliche künstlerisch unterhaltende Veranstaltung mit gemischten Darbietungen, die alle möglichen Formen von Instrumentalmusik, Tanz, Gesang, Artistik, Rezitation einschließen und vielfach auf einem großen Podium (Estrade) stattfinden. Das Wort ist in dieser Bedeutung aus dem Russ. übernommen und in folgenden Verbindungen gebräuchlich: E. der Freundschaft, E. der Volkskunst, E.nkonzert, E.norchester, E.nprogramm.

ETERNA Name des Labels für »ernste« Musik aus dem Bereich des → Kulturerbes beim »VEB Deutsche Schallplatten«.

Exquisit-Geschäft Verkaufsstelle für Spitzenerzeugnisse der Bekleidungs- und Rauchwarenproduktion aus westlichen Ländern oder (meist mit Lizenz) in der DDR hergestellte Textilien (→ Gestattungsproduktion). Ähnlich den → Delikat-Läden entstanden die E.e Mitte der 70er Jahre als Alternative zu den →Intershops. In E.en wird auf stark erhöhtem Preisniveau in Mark der DDR bezahlt. Umgangssprachl. Kurzform: »Ex«.

F

Facharbeiterbrief Urkunde über eine erfolgreich abgeschlossene Berufsausbildung. Alle Lehrberufe in der DDR heißen -facharbeiter, wie z.B.: Zerspanungs-, Textil-, Betonfacharbeiter. Die Berufsausbildung (in der Regel nach Abschluß der 10. Klasse der → allgemeinbildenden polytechnischen Oberschule) erfolgt in einem dreijährigen (mit Abitur) oder einem zweijährigen (mit Fachschulreife) Ausbildungsgang.

Fahne Umgangssprachl. für → Nationale Volksarmee, insbes. im Zusammenhang mit dem Wehrdienst bei der NVA. Z.B.: er kommt zur, ist bei der F., plant für die Zeit nach der F.

Fahrerlaubnis Führerschein, der in der DDR in 5 Klassen erteilt wird. Nach einer Änderung der Straßenverkehrszulassungsordnung (StVZO) wurde die Bezeichnung »Führerschein« für F. seit 1982 »im Interesse einer Angleichung an die internationalen Gepflogenheiten« auch in der DDR wieder eingeführt. (→ Berechtigungsschein.)

fakt Adv., »f. sein« bedeutet, daß etwas wirklich so ist, wie behauptet. Oft wird, vor allem in der Jugendsprache, auch nur »f.« gebraucht anstelle von »stimmt«, »klar«, »natürlich« und ähnlichen Bekräftigungen.

Faktor Die häufige Verwendung des Wortes in der Parteisprache verweist auf eine starke mechanistische Komponente in der Denkweise. So soll der moralische F. bei der Leistungsstimulation erhöht werden, was an ein physikalisches Experiment denken läßt. Der subjektive F. ist für die marx.-len. Gesellschaftstheorie das Moment bewußten Handelns in der Geschichte, dessen Bedeutung mit der Entwicklung des → Sozialismus zunehme. Allgemein wird der subjektive F. mit der → Partei als der handelnden Kraft schlechthin identifiziert.

falten gehen Umgangssprachl. für wählen gehen (→ Volkswahl).

Familiengesetzbuch (Abk.: FGB) 1966 in Kraft getretenes Gesetzeswerk, das die persönlichen und vermögensrechtlichen Verhältnisse zwischen Ehegatten sowie zwischen Eltern und Kindern regelt und die grundsätzlichen Aufgaben, Rechte und Pflichten der Familie in der DDR beschreibt. Das F. geht aus vom Verständnis der Familie als »Keimzelle der sozialistischen Gesellschaft«, was ein aktives Interesse von Staat und Gesellschaft an ihrem Bestand bedeutet. Im F. ist der Grundsatz der Gleichberechtigung von Mann und Frau und der Gleichstellung des unehelichen mit dem ehelichen Kind konsequent realisiert. Die Ehemündigkeit liegt in der DDR bei 18 Jahren. Dauernde Unterhaltszahlungen nach der Scheidung an einen der geschiedenen Partner sind die Ausnahme (ca. 5 Prozent), die Scheidungskosten sind weit niedriger als in der Bundesrepublik, die Scheidungsrate ist fast doppelt so hoch.

Familiengespräch Spezielle Form der → Agitation der SED, wobei (meist zwei) Parteimitglieder Familien oder Einzelpersonen zu politischen Gesprächen aufsuchen. F.e gab es vorwiegend in der Zeit der Konsolidierung des politischen Systems nach 1949 und gibt es neuerdings seit 1979 wieder. In den F.en soll die Politik der SED erläutert werden; außerdem werden kritische Einwände und Anregungen der aufgesuchten Personen in einem nachträglichen Protokoll festgehalten.

Familienkredit (eigentl.: Familiengründungskredit) zinsloser Kredit von 5000 Mark der DDR für Bau-, Ausbau- oder AWG-Wohnungs-Finanzierung (→ Arbeiterwohnungsbaugenossenschaft) sowie weiteren 5000 Mark für Einrichtungsgegenstände, der über 8 Jahre läuft und dessen Tilgung nach 3 Jahren beginnt. Der F. wird jungen Ehepaaren gewährt, die nicht älter als 26 Jahre sind; von der Rückzahlung werden nach dem 1. Kind 1000 Mark, nach dem 2. Kind 1500 Mark und nach dem 3. Kind weitere 2500 Mark erlassen (→ abkindern).

Faschismus Das Phänomen des F. wird in der DDR offiziell auf eine sozialökonomische Formel reduziert. Er gilt als Erscheinungsform des besonders aggressiven → staatsmonopolistischen Kapitalismus, die den Klasseninteressen der reaktionärsten Gruppen der Monopolbourgeoisie entsprach. Als Kern faschistischer Ideologie wird der → Antikommunismus betrachtet.

Faustan Rezeptpflichtiges Beruhigungsmittel, das zusammen mit Alkohol zu rauschartigen Zuständen führen kann. F. wird auch die L-m-a-A-Pille genannt und ist besonders unter Jugendlichen als Anti-Frust- und Anti-Streß-Mittel beliebt.

F. d. R. d. P. u. d. K. Auf Speisekarten in Gaststätten (→ gastronomische Einrichtung): Für die Richtigkeit der Preise und der Kalkulation; es folgt die Unterschrift des Gaststättenleiters.

Fehlerdiskussion Im Parteisprachgebrauch abwertend für die »unproduktive« Diskussion von begangenen Fehlern, anstatt »nach vorn zu diskutieren« (→ Diskussion).

Feierabendarbeit Gesetzlich genehmigte Arbeit außerhalb des bestehenden Arbeitsrechtsverhältnisses, die insbesondere im Baubereich geleistet werden darf, weil hier (speziell beim Eigenheimbau) erheblicher Arbeitskräftemangel besteht. Die F. soll mit einem relativ niedrigen Stundenlohn vergütet werden, der allerdings nicht der Beitragspflicht zur → Sozialversicherung unterliegt und lohnsteuerfrei ist. In der Regel wird dieser Stundenlohn illegal von den (meist privaten) Auftraggebern um das Drei- bis Vierfache überboten.

Feierabendbrigade Gruppe → Feierabendarbeit leistender Handwerker, die nach Feierabend oder an den Wochenenden (meist auf privaten Baustellen) tätig sind.

Feierabendheim Staatliches Altersheim ohne Pflegeplätze. Daneben gibt es in der DDR kirchliche Altersheime und staatliche mit Pflegeplätzen, die »Feierabend- und Pflegeheim« heißen.

Feinfrost Markenbezeichnung für tiefgefrorene Lebensmittel in den Verbindungen: F.-Gemüse, F.-Angebot u. a.

Ferienaktion Staatlich organisierte und finanzierte Gemeinschaftsunternehmungen für Schüler während der großen Ferien (in der DDR einheitlich zwischen Mitte Juli und Ende August), das sind z. B. Ausflüge, Zeltlager, Arbeitsgemeinschaften, sportl. Wettkämpfe.

Feriendienst des FDGB Einrichtung des → Freien Deutschen Gewerkschaftsbundes zur Vermittlung verbilligter Urlaubsplätze an seine Mitglieder. Mehr als eine Million Plätze in eigenen oder Vertragseinrichtungen in den Erholungsgebieten der DDR und z. T. auch des soz. Auslandes vermittelt der F. jährlich an Berufstätige (FDGB-Mitgliedschaft ist die Regel) und ihre Angehörige. Die Verteilung der zur Verfügung stehenden Ferienplätze nimmt die → Betriebsgewerkschaftsleitung unter Berücksichtigung der Leistungen, der sozialen Lage und des Gesundheitszustandes vor (→ Ferienscheck).

Ferienhelfer Mitarbeiter bei einer → Ferienaktion oder im → Ferienlager. F. sind oft Studenten; sie müssen volljährig sein (über 18 Jahre), um als Gruppenleiter einer Kindergruppe eingesetzt zu werden.

Ferienlager Einrichtung eines Betriebes (Betriebsferienlager) oder der → Pionierorganisation (Pionierferienlager) zur Feriengestaltung von Schulkindern. Mehr als die Hälfte aller schulpflichtigen Kinder verbrachte z. B. 1982 einen Teil der Ferien in F.n. Für den Unterhalt der ca. 5000 Betriebsf. mit ca. 900 000 Plätzen kommen Großbetriebe auf; die Beschäftigten der Trägerbetriebe sorgen in ihrer Freizeit für Instandsetzung und Ausbau ihres Lagers und sind im Sommer als Betreuer tätig. Ein dreiwöchiger Aufenthalt in einem Betriebsf. kostet die Eltern pro Kind zwischen 6 und 12 Mark. Die inhaltliche Feriengestaltung im Lager liegt weitgehend im Ermessen des jeweiligen → Lagerleiters. Das Lagerleben in den rund 40 Pionierlagern ist strenger durchorganisiert und von sportlichen und paramilitärischen Wettkämpfen bestimmt.

Ferienscheck des FDGB Bescheinigung, die vom → Feriendienst des FDGB erteilt wird und zu einer verbilligten Urlaubsreise in eine der 664 Urlaubseinrichtungen der Gewerkschaft berechtigt. Ein solcher Ferienplatz kostet z. B. für Kinder unter 16 Jahren 15 Prozent der tatsächlichen Kosten, weshalb die Bezeichnung Scheck berechtigt ist. Nahezu 2 Mill. Familien nehmen diese Einrichtung jährlich in Anspruch.

Ferienspiele Von den Schulen veranstaltete Gemeinschaftsunternehmungen für Kinder, die ihre Ferien zu Hause verbringen. Organisation und Leitung der F. gehört zu den Pflichten der Lehrerschaft an den → allgemeinbildenden polytechnischen Oberschulen und der Horterzieher.

Fernrottung Dieser Begriff wurde von der → Deutschen Post als Argument für die Nichtbeförderung eines Telegramms angeführt, dessen Inhalt die zuständigen Beamten offenbar an eine telegrafische → »Zusammenrottung« denken ließ. (Belegt in Freya Kliers Buch ›Abreißkalender – Versuch eines Tagebuchs‹. Kindler Verlag, München 1988, S. 264.)

Fernsehakademie → Akademie.

Fernstudium Nebenberufliches Hoch- oder Fachschulstudium durch Selbststudium in der Freizeit und → Konsultationen an der entsprechenden Lehreinrichtung (dafür gewährt der Betrieb Arbeitsbefreiung bei vollem Lohnausgleich). Die Konsultationen bestehen aus Vorlesungen, Seminaren und Praktika. Das F. dauert länger als das → Direktstudium, die Abschlüsse sind gleichwertig. Die meisten Fernstudenten werden von ihrem Betrieb delegiert; in einem → Qualifizierungsvertrag werden Hilfestellungen während des Studiums und der Einsatz nach erfolgreichem Abschluß festgelegt. Eine Sonderform des F. ist das → Abendstudium.

Fernwettkampf DDR-weit organisierter sportlicher Wettkampf der Lehrlinge (mit ca. 90prozentiger Beteiligung), der an den Heimatorten ausgetragen und später zentral ausgewertet wird.

festigen Im offiziellen Sprachgebrauch oft zur Kennzeichnung der gewünschten Entwicklung bestimmter zwischenmenschlicher

Beziehungen gebraucht, wenn z. B. aufgerufen wird, das → Kollektiv zu f., die Beziehung von Elternhaus und Schule zu f., die Geschlossenheit der → Partei zu f. Oft findet das Wort auch auf die von der Partei gewünschte Entwicklung des einzelnen Anwendung, so, wenn davon die Rede ist, das soz. → Bewußtsein der Bevölkerung bzw. des Bürgers X. zu f. oder davon, daß sich bei Y. ein »gefestigter → Klassenstandpunkt« herausgebildet habe.

Festival Neben der üblichen Bedeutung Synonym für die »Weltfestspiele der Jugend und Studenten«, ein kommunistisches Jugendtreffen, das der »Weltbund der Demokratischen Jugend« (WBDJ) in mehrjährigem Abstand veranstaltet (zuletzt 1985 in Moskau). Außerdem in Verbindungen wie »Nationales Jugendf. der DDR« (1979 und 1984 in Berlin), F.-Aufgebot der FDJ (→ Aufgebot), »F. des politischen Liedes« (seit 1970 jährlich außer 1973 mit zahlreichen ausländischen Gruppen jeweils im Februar in Berlin), »F. der Freundschaft zwischen der Jugend der UdSSR und der DDR« (in mehrjährigem Abstand abwechselnd in einer Stadt der UdSSR und der DDR).

Fetten machen »Sich einen F. m.« meint in der Umgangssprache Müßiggang oder Wohlleben auf Kosten der Mitmenschen oder auf Staatskosten.

Feudalismus In der Theorie des → historischen Materialismus die ökonomische → Gesellschaftsformation, die die Sklavenhalterordnung ablöst und ihrerseits vom → Kapitalismus abgelöst wird. Das grundlegende → Produktionsverhältnis des F. ist das Eigentum der Feudalherren am größten Teil des Bodens, dem wichtigsten Produktionsmittel im F.

Finalproduzent Betriebe und → Kombinate, die Finalerzeugnisse (Endprodukte) herstellen. Die F.en stehen in Kooperation (→ Kooperationsgemeinschaft) mit → Zulieferbetrieben.

Finanzdisziplin Sparsamkeit in der Finanzwirtschaft, Einhaltung der gesetzlichen Bestimmungen.

Firma Umgangssprachl. für → Staatssicherheitsdienst.

Fit Name des handelsüblichen Spülmittels.

Fluchthelfer Begriff aus dem Strafgesetzbuch der DDR, der diejenigen Bürger westlicher Länder bezeichnet, die einem DDR-Bürger zum illegalen Grenzübertritt verhelfen (→ Republikflucht); sie werden in der Regel wegen »staatsfeindlichen Menschenhandels« verurteilt (§ 105 StGB). Spektakuläre Prozesse gegen F. in der DDR wurden im Westen als »F.prozesse« bekannt.

Fluktuation Meist in engerem Sinne gebraucht zur Bezeichnung eines unter sozialistischen → Produktionsverhältnissen negativen Phänomens rel. häufigen Arbeitsplatzwechsels. Da soz. Betriebe nicht miteinander konkurrieren und Arbeitsmarktgesetze nur sehr vermittelt und abgeschwächt wirksam werden, bedeuten Bewegungen dieser Art generell volkswirtschaftliche Verluste. Durch Angleichung des Lohnniveaus und der Arbeitsbedingungen in den einzelnen Betrieben sucht man der F. zu begegnen; außerdem besteht prinzipielles Abwerbeverbot, worunter auch Stellenanzeigen in Zeitungen fallen (→ Abwerbung). Spontane Bewegungen auf dem »Arbeitsmarkt« schlagen in der → Planwirtschaft ebenso negativ zu Buche wie → Spontaneität generell im realen Sozialismus (→ Arbeitskräftelenkung).

Fonds Für einen bestimmten Zeitraum und einen bestimmten Zweck eingeplante (→ Plan) materielle und finanzielle Mittel, die nach gesetzlichen Vorschriften eingesetzt und abgerechnet werden. Alle F. sind sozialistisches → Eigentum. Sie fungieren auf allen Ebenen und in allen Bereichen der soz. Volkswirtschaft sowie in allen staatlichen Institutionen als Mittel der soz. Wirtschaftsführung. Neben den F. auf der Produktionsebene wie z.B. Grundmittel., Umlauf-F. und → Lohnf. gibt es eine Reihe betrieblicher F., die aus den erwirtschafteten Gewinnen des Betriebes stammen, so z.B. den Prämienf. (→ Prämie), Kultur- und Sozialf. (→ Kultur), Investitionsf. Nichtfinanzielle F. sind z.B. der Arbeitszeitf., der Bodenf. der LPG, der → staatl. Bodenf. Zahlreiche Komposita: → Ersatzf., → Grundf., → Kauff. der Bevölkerung, → Konsumtionsf., Leistungsf., Produktionsf., Reparatur- und Erhaltungsf., Reservef., → Warenf., Zirkulationsf.
Fondseffektivität: Der sich aus verschiedenen → Kennziffern ergebende ökonomische Nutzeffekt fungierender produktiver Fonds. Die Kennziffer der Fondsintensität zeigt, wieviel Produktionsfonds zur Herstellung einer bestimmten Produktmenge benötigt wird. Die Kennziffer der Fondsrentabilität wird aus dem Verhältnis von Gewinn zu Produktionsfonds gebildet. Die Kennziffer Fondsquote zeigt, welche Produktmenge mit bestimmten produktiven Fonds hergestellt wird.

Formalismus Wurde in den frühen 50er Jahren offiziell als Gegenbegriff zu dem des → sozialistischen Realismus gebraucht. Der Begriff ist seit den 30er Jahren in der Sowjetunion, später auch in den anderen soz. Ländern eine kulturpolitische Zentralkategorie zur Kennzeichnung alles Reaktionären, Nichtsozialistischen, Bürgerlich-Dekadenten in der Kunst. F. bezeichnet also nicht eine bestimmte Strömung der Kunst, sondern eine zu verdammende weltanschauliche Haltung, die sich im Kunstwerk ausdrückt.

Forschungsstudent, Forschungsstudium → Aspirant, Aspirantur.

Fortschritt Im → historischen Materialismus als ein objektiver, gesetzmäßiger gesellschaftlicher Prozeß dargestellt, dessen Hauptkriterium die Entfaltung der → Produktivkräfte ist, und der zur Ablösung der kapitalistischen durch die kommunistische → Gesellschaftsformation führt. Fortschrittlich ist dementsprechend z. B. alles, was dem wissenschaftlich-technischen Höchststand entspricht bzw. der kommunistischen Weltrevolution dienlich ist. In Blick auf das kapitalistische Ausland wird in den DDR-Medien nur dann von fortschrittlichen Kreisen, Strömungen oder Kräften gesprochen, wenn diese antikapitalistisch wirksam oder zur Zusammenarbeit mit Kommunisten bereit sind. Da die DDR-Gesellschaft insgesamt als fortschrittlich angesehen wird, ist in bezug auf interne Bewegungen, Strömungen, Entwicklungen kaum von deren Fortschrittlichkeit die Rede (das gälte als tautologisch bzw. als ketzerisch, sofern nicht die »führende Kraft«, die SED gemeint ist); statt dessen findet das relativierende Wort »fortgeschritten« häufig Verwendung; so ist von fortgeschrittener Technik, einem fortgeschrittenen Bewußtseinsstand u. ä. die Rede. Für den F. zu sein, an ihn zu glauben, kommt in der DDR einem politischen Bekenntnis zur → führenden Rolle der SED gleich.

Forum-Scheck D-Mark-Wertschecks der Forum-Außenhandelsgesellschaft mbH zur Bezahlung in → Intershops. DDR-Bürger sind verpflichtet, ihre Devisen vor dem Einkauf in F. umzutauschen, wozu die Filialen der Staatsbank zur Verfügung stehen. F. sind nicht übertragbar und nicht rücktauschbar, sie sind allerdings in keiner Weise gegen Übertragbarkeit gesichert. Auch sonst wird die F.-Umtauschaktion offenbar nicht zur Kontrolle des Devisenflusses genutzt und bleibt in ihrer Funktion rätselhaft.

Foyergespräch Diskussionsveranstaltung mit Theaterkünstlern und Publikum, die als Bestandteil der Kulturpropaganda vom Kulturbund der DDR (→ Kultur) oder den Theatern selbst veranstaltet wird. Im Zentrum steht der Meinungsaustausch über den Spielplan oder einzelne Inszenierungen.

Fraktion Das Wort spielt im öffentlichen Sprachgebrauch kaum eine Rolle; es gibt zwar F.en der → Volkskammer, doch die hier vertretenen Parteien und → Massenorganisationen profilieren sich nicht gegeneinander. Das Wort *Fraktionsbildung* (auch: Fraktionsmacherei) ist eindeutig negativ besetzt, es bezieht sich auf → Abweichungen innerhalb der marx.-len. → Partei von der → Linie.

Frauenakademie Bildungsveranstaltung des → Demokratischen Frauenbundes Deutschlands; populärwissenschaftliche Vortragszyklen (→ Akademie).

Frauenausschuß Kommission der → Betriebsgewerkschaftsleitung (BGL), die von Frauen gebildet wird und die die Interessen der Frauen des betreffenden Betriebes wahrnimmt. Die Vorsitzende des F. ist gleichzeitig Mitglied der BGL bzw. des LPG-Vorstandes. Aufgaben des F. ergeben sich aus den besonderen sozialen und arbeitsorganisatorischen Belangen berufstätiger Frauen. Der F. setzt sich allgemein für die Durchsetzung der gesetzlich garantierten Gleichberechtigung sowie für die berufliche Förderung und Weiterbildung der Frauen ein.

Frauenbrigade Aus Frauen bestehende Arbeitsgruppe (→ Brigade), die nach spezifischen ergonomischen und sozialen Gesichtspunkten der Frauenarbeit eingesetzt wird.

Frauenbund → Demokratischer Frauenbund Deutschlands.

Frauenförderungsplan (Abk.: FFP) Der Bestandteil des → Betriebskollektivvertrages, der besondere Förderungsmaßnahmen für berufstätige Frauen vorsieht. Jeder Betrieb ist verpflichtet, einen quantitativ bestimmten Teil seiner weiblichen Belegschaft beruflich zu fördern, weshalb der F. mitunter recht formalen Charakter hat.

Frauengruppe → Grundorganisation.

Frauen-Sonderaspirantur Spezieller Studiengang für Frauen, der auf den Erwerb des Doktorgrades abzielt. Zur F. werden Frauen vom Betrieb delegiert, die ein abgeschlossenes Hochschulstudium und meistens mehrjährige praktische Erfahrungen haben; während der F. erfahren die Aspirantinnen eine besondere Unterstützung durch ihren Betrieb. (→ Aspirant; → Aspirantur.)

Frauentag (eigentl.: Internationaler Frauentag) Initiiert von Clara Zetkin (1857–1933) wird der F. als internationaler kommunistischer Ehrentag der Frau seit 1910 jährlich am 8. März mit Demonstrationen, Auszeichnungen, Festveranstaltungen von den »fortschrittlichen Frauen aller Länder« begangen.

Freie Deutsche Jugend (Abk.: FDJ) »Einheitliche sozialistische [→] Massenorganisation der Jugend in der DDR«. Als einzige zugelassene Jugendorganisation der DDR beherrscht sie das gesamte offiziell organisierte Jugendleben; der Beitritt mit dem 14. Lebensjahr wird, von den Schulen organisiert, zum quasi-obligatorischen Akt (ähnlich dem Beitritt zur → Pionierorganisation).

An der Schule bedeutet die Nichtmitgliedschaft den Ausschluß von Unternehmungen und Gesprächsrunden, an denen die Klasse mehrheitlich teilnimmt; im Studium bedeutet sie, u. a. vom Mitspracherecht der FDJ-Studentenvertretung ausgeschlossen zu sein. Die Nichtmitgliedschaft ist die Ausnahme und macht politisch verdächtig (etwa 70 Prozent der Jugendlichen zwischen 14 und 25 Jahren sind FDJ-Mitglied). »Wichtigste Aufgabe des Jugendverbandes ist es, der Partei zu helfen, standhafte Kämpfer für die Errichtung der kommunistischen Gesellschaft zu erziehen, die im Geiste des Marxismus-Leninismus handeln.« FDJ-Aufgebot (→ Aufgebot), FDJ-Grundorganisation (→ Grundorganisation), FDJ-Initiative, FDJ-Liedersommer (→ Liedersommer), FDJ-Ordnungsgruppe (→ Ordnungsgruppe), FDJ-Poetenseminar, FDJ-Singeklub (→ Singeklub), FDJ-Studentenbrigade (→ Studentenbrigade), FDJ-Studienjahr (→ Studienjahr), FDJ-Zentralrat (→ Zentral-).

Freier Deutscher Gewerkschaftsbund (Abk.: FDGB) »Einheitliche, auf der Grundlage des Marxismus-Leninismus tätige gewerkschaftliche Organisation der in der DDR herrschenden Arbeiterklasse«; einzige zugelassene Gewerkschaft der DDR, in welcher etwa 97 Prozent der berufstätigen Bevölkerung organisiert sind (außer Landwirtschaft, Handwerk, freie Berufe). Der FDGB umfaßt 15 Einzelgewerkschaften. Gemäß der Leninschen Gewerkschaftskonzeption als »Transmissionsriemen der Partei« besteht die wesentliche Funktion des FDGB in der Unterstützung der staatlichen Wirtschaftspolitik, was als wohlverstandene Interessenvertretung seiner Mitglieder aufgefaßt wird. Im Mittelpunkt gewerkschaftlicher Aktivitäten stehen der → sozialistische Wettbewerb, die → Aktivisten- und → Neuererbewegung, die → Ständige Produktionsberatung sowie die → Schule der sozialistischen Arbeit. FDGB-Hierarchie: FDGB-Kongreß, FDGB-Bundesvorstand, FDGB-Bezirks- und Kreisvorstände, → Betriebsgewerkschaftsleitungen.

Freiheit Nach marx.-len. Verständnis besteht Freiheit »in der Herrschaft der gesellschaftlichen Menschen über Natur, Gesellschaft und sich selbst, die auf der Einsicht in die Notwendigkeit beruht«. Im umgangssprachl. Gebrauch bezeichnet F. etwas, worüber man nach der Begriffsverwirrung durch offizielle Schulungsmaßnahmen sich eine bequeme Ungewißheit zu eigen machen kann. Der Plural ist umgangssprachl. gebräuchlicher und bezeichnet die »kleinen F.en«, die man sich z. B. am Arbeitsplatz erlauben kann.

freischaffend F. bezeichnet eine Art, sein Geld zu verdienen, die in der Bundesrepublik freiberuflich heißt (→ -schaffende).

freiwillig steht in offiziellen Texten oft für eine sehr formale Freiwilligkeit. Natürlich steht es jedem offen, in die → Pionierorganisation, die → Freie Deutsche Jugend oder in den → Freien Deutschen Gewerkschaftsbund einzutreten, die → Schule der sozialistischen Arbeit und die Maikundgebung zu besuchen und sich an den → Volkswahlen zu beteiligen. Wenn er es jedoch nicht tut, zeugt das notwendigerweise davon, daß er noch nicht das »richtige« → Bewußtsein hat, was entweder Dummheit, Verstocktheit oder Gegnerschaft bedeutet, in jedem Fall aber eingeschränkte Aufstiegschancen.

Freizügigkeitsverkehr Zum F. zugelassene Sparkonten sind außer beim kontoführenden Geldinstitut auch bei allen anderen zum Sparverkehr zugelassenen Sparkassen und Banken der DDR verfügbar.

Freunde Umgangssprachl. ironisch für sowjetische Besatzungstruppen in der DDR oder auch Sowjetbürger schlechthin.

Freundschaft 1. Grundorganisation der Pionierorganisation »Ernst Thälmann« an einer Schule (auch: Pionierfreundschaft). Eine F. untergliedert sich in die einzelnen → Pioniergruppen der Schulklassen und wird von einem hauptamtlichen Pionierleiter geführt, den die → Freie Deutsche Jugend einsetzt. Die Pioniere einer F. wählen jährl. den F.srat, d. h. die F.sratsmitglieder und den F.sratsvorsitzenden. (→ Pionier.) 2. Im Statut verankerter Gruß der FDJ-Mitglieder, der meist zu besonderen Anlässen zwischen einer FDJ-Gruppe und einem Vorgesetzten gewechselt wird.

Freundschaftsfahne F.n werden häufig von Partei-, Jugend- oder Militärdelegationen aus den → Bruderländern an Angehörige eines Betriebes, einer Schule o. ä. überreicht zum Zeichen der politischen Verbundenheit. Diese Überreichungen gehören zu jenem offiziellen Ritual internationaler Begegnungen, das freundschaftliche Annäherung eher erschwert als erleichtert.

Freundschaftstreffen Geselliges Beisammensein mit einer oder mehreren ausländischen Delegationen, das von der → Freien Deutschen Jugend oder einer anderen → Massenorganisation oder Partei organisiert und »inhaltlich gestaltet« wird, so daß für wirkliche Begegnung oft wenig Raum bleibt.

Freundschaftszug Sonderzug, der Urlaubsgruppen oder Teilnehmer einer politischen Massenveranstaltung in ein soz. Land bringt bzw. wieder zurück in die DDR. Die → Gesellschaft für

Deutsch-Sowjetische Freundschaft organisiert jährlich mehrere F.e in die Sowjetunion.

Frieden »Zustand in den Beziehungen zwischen Völkern, Nationen und Staaten, der den Krieg ausschließt.« Nach marx.-len. Auffassung wurzeln Kriege letztendlich im → Antagonismus der Ausbeutergesellschaft (→ Ausbeutung); dauerhafter F. ist demnach erst nach der weltweiten Überwindung des → Kapitalismus bzw. nur unter sozialistischen Staaten möglich. »Hort des F.s« ist eine propagandistisch beliebte Bezeichnung für den → Sozialismus. *Friedens-Kampf* bedeutet demnach den Kampf gegen die politische Ordnung, die als friedensbedrohend angesehen wird. *Friedliebende Kräfte* sind diejenigen Kräfte der westlichen Welt, die in diesem Sinne wirksam werden, d. h. den F.s-Kampf des soz. Lagers direkt oder indirekt unterstützen (auch Pazifisten; → Pazifismus). *Friedliche Koexistenz* ist das außenpolitische Prinzip des → soz. Lagers gegenüber den westlichen Ländern, die »weltweite Klassenauseinandersetzung« zwischen den unterschiedlichen Gesellschaftssystemen unter Ausschluß kriegerischer Mittel zu führen. F. und → Sozialismus werden in der Propaganda oft gleichgesetzt, hohe Leistungen für den soz. Aufbau als beste Art, sich für den F. einzusetzen, dargestellt; so wird z. B. der Eintritt aller Bauern in die → Landwirtschaftlichen Produktionsgenossenschaften (LPG) als »Sieg des F.s« gefeiert. Der Dienst der DDR-Grenztruppen heißt »*Friedenswacht*«.

Friedensbewegung 1. Im offiziellen Sprachgebrauch wird »weltweite F.« zur Kennzeichnung all jener Bestrebungen, Organisationen und Gruppen gebraucht, die den → Frieden vornehmlich oder ausschließlich von den sog. imperialistischen Staaten (→ Imperialismus) bedroht sehen. Nach den Worten Erich Honeckers ist die ganze DDR eine große F., der »ausnahmslos alle Klassen und Schichten, alle Generationen« angehören; im Sinne der SED-Propaganda ist die Stärkung der DDR die beste Tat für den Frieden. 2. Im umgangssprachlichen Gebrauch ist damit die nichtstaatliche F. bezeichnet; das waren zunächst heterogene Initiativen von Einzelpersonen und Gruppen, die kritisch auf die zunehmende Militarisierung in der DDR reagierten. Seit 1981 trat die F. vor allem im Raum der ev. Kirche mit einigen spektakulären Aktionen ins öffentliche Bewußtsein (Dresdner Friedensforum am 13. Februar 1982 in der Kreuzkirche; → Friedensdekaden seit 1981 jährl. im Nov. mit dem Symbol → »Schwerter zu Pflugscharen!«; → Aufnäher). Mit einer staatlichen F. wurde seit 1982 der nichtstaatlichen F. entgegengetreten, das Tragen der Aufnäher

»Schwerter zu Pflugscharen!« in der Öffentlichkeit wurde unterbunden, die FDJ leitete eine Kampagne »Der Friede muß bewaffnet sein« ein und setzte bei zahlreichen staatlich organisierten Kundgebungen die Losung »Frieden schaffen gegen NATO-Waffen« der nichtstaatlichen Friedenslosung »Frieden schaffen ohne Waffen« entgegen. Die kirchliche Friedensarbeit wurde auch danach in der DDR fortgesetzt, so in Gemeinde-Friedensgruppen, Friedens-Synodalausschüssen und einer eigenständigen Friedens- und Konfliktforschung. Zur (nichtstaatlichen) F. in der DDR können auch die Gruppen »Frauen für den Frieden«, die → Bausoldaten und Totalverweigerer des Wehrdienstes gerechnet werden. Eine eigenständige Organisation gibt es nicht.

Friedensdekade Veranstaltungen der evangelischen Kirche seit 1981 jährl. an zehn Tagen im November. Seit bei der ersten F. der → Aufnäher mit dem Symbol → »Schwerter zu Pflugscharen!« Verbreitung fand, verfolgen die staatlichen Sicherheitsorgane die kirchliche → Friedensbewegung mit besonderem Mißtrauen.

Friedensfahrt Jährliches Amateurradrennen seit 1948, das in etwa zwei Wochen über eine Strecke von ca. 2000 km durch die ČSSR, die DDR und Polen führt. Veranstalter sind seit 1952 die → Zentralorgane der drei kommunistischen Parteien der ČSSR, der DDR und Polens, die das Ereignis entsprechend propagandistisch ausbeuten. Ein Friedensfahrer ist ein aktiver Teilnehmer der F.

Friedensgrenze Offizielle Bezeichnung für die Oder-Neiße-Grenze zu Polen, die 1945 im Potsdamer Abkommen festgelegt wurde. Oft auch: »Oder-Neiße-F.«

Friedensrat der DDR »Der F. verkörpert den mit der Friedenspolitik des sozialistischen Staates übereinstimmenden Friedenswillen der Bevölkerung der DDR.« Der F. ist eine Organisation, deren Präsidium Repräsentanten aller Klassen und Schichten der DDR-Bevölkerung angehören. Er dient vor allem der Repräsentation der o. g. Übereinstimmung, die so eindeutig, wie sie dort definiert wird, nicht ist (→ Friedensbewegung 2.). Der F. ist Mitglied des kommunistisch geführten Weltfriedensrates.

Friedensstaat Propagandistisch beliebte Bezeichnung für den soz. deutschen Staat; häufig in der Verbindung »unser sozialistischer F.«

Friedenswacht → Frieden.
Friedliche Koexistenz → Frieden.
Friedliebende Kräfte → Frieden.

›Frösi‹ (eigentl.: »Fröhlich sein und singen«, Titel eines Pionierliedes) monatliche Kinderzeitschrift.

führende Rolle Kurzform für die »führende Rolle der Arbeiterklasse und ihrer marxistisch-leninistischen Partei beim Aufbau des Sozialismus und Kommunismus«, von der es in offiziellen Texten meistens nur heißt, daß sie → gesetzmäßig ist, daß sie wächst oder daß sie zu beachten ist. Ihre »wissenschaftliche Begründung« ist ein für allemal von den → Klassikern des → Marxismus-Leninismus geleistet und steht nicht zur Diskussion (→ historische Mission der Arbeiterklasse).

Fünfjahrplan Soz. Staatswirtschaftsplan, der neben der ökonomischen auch die Entwicklung auf sozialem und kulturellem Gebiet einschließt. Der erste F. lief in der Sowjetunion (1928 bis 1932); in der DDR lief der erste F. von 1951 bis 1955.

Funktion Leitende Aufgabe (Leitungsposition) in Parteien und → Massenorganisationen, die durch Wahl oder Berufung verliehen wird. Z.B.: → Gruppenrats- oder Freundschaftsratsvorsitzender; → Pionierleiter; Staatsratsvorsitzender (→ Staatsrat); 1. Sekretär des Verbandes der Komponisten und Musikwissenschaftler der DDR; Vorsitzende des Kreisvorstandes des DFD; Parteigruppen-Kassierer der Demokratischen Bauernpartei Deutschlands etc.

Funktionär Leitender Angestellter oder ehrenamtl. Mitarbeiter im Staats-, Partei-, Wirtschaftsapparat (→ Apparat), im Bereich der Kultur oder in den → Massenorganisationen, der durch Wahl oder Berufung eine Funktion übertragen bekam und diese im Sinne des → demokratischen Zentralismus ausübt. Man könnte ihn als politischen Beamten bezeichnen, wobei es in der DDR wenigstens ihrer Funktion nach keine unpolitischen Beamten gibt. Staatsf.; Parteif.; Wirtschaftsf.; Kulturf.; FDJ-F.; Gewerkschaftsf.

Funktionsplan Beschreibung nicht nur der mit einer bestimmten → Funktion verbundenen Arbeitsaufgaben; F.e werden auch für Angestellte gefertigt, die nicht zum Kreis der → Funktionäre zählen, wie z.B. Sekretärinnen, wiss. oder polit. Mitarbeiter, Redakteure, Lektoren etc. Das Wort ist synonym mit »Stellenbeschreibung« und unterscheidet sich davon allenfalls durch einen gewissen aktionistischen Impetus.

G

Galerie der Freundschaft Ständige Ausstellung künstlerischer Arbeiten von Kindern und Jugendlichen, die von der FDJ und der → Pionierorganisation »Ernst Thälmann« organisiert wird.

Gang gehen Daß eine Angelegenheit ihren Gang gehe, meinte wohl ursprünglich, daß man ihrem Gang durch die Behörden zuversichtlich entgegenblicken könne. Die Wendung »Das geht seinen Gang« fand in der Umgangssprache weite Verbreitung als Bestätigung eines Auftrages etwa im Sinne von »wird gemacht«, »wird erledigt«, »geht in Ordnung«. Eine deutlich ironische Färbung hat die Formel »Das geht seinen sozialistischen Gang«, die z. B. Vorgänge bezeichnet, die auf spezifisch realsozialistische Weise schiefgehen oder die gängige Selbsthilfe auf Staatskosten.

Garant Propagandistisch beliebte Bezeichnung für jemanden, der etwas garantiert. So wird z. B. die Sowjetunion gern als G. des Friedens bezeichnet oder der Sozialismus als G. des Fortschritts.

gastronomische Einrichtung Offizielle Bezeichnung für Gaststätten, die auch in den Gaststätten selbst zu finden ist (z. B. in der Überschrift der Speisekarte).

Gegenplan Zusatz- oder Ergänzungsplan zum staatlichen → Plan. Der G. wird von soz. Betrieben oder → Kombinaten oder auch einzelnen → Werktätigen (»persönlich-schöpferischer Plan«) im → sozialistischen Wettbewerb aufgestellt, um alle betrieblichen und persönlichen Produktionsreserven auszuschöpfen. Methode und Begriff wurden 1974 aus der Sowjetunion übernommen. Seit einer Gesetzesänderung 1979 ist der Begriff zunehmend ungebräuchlich.

Geheimnisträger DDR-Bürger, die beruflich mit Informationen zu tun haben, die ihr Staat gegenüber dem kapitalistischen Ausland gern geheim halten möchte. G. dürfen keine (schriftlichen, fernmündlichen, persönlichen) Westkontakte haben (→ Westen) und sind oft auch von Westreisen ausgeschlossen. Die DDR zieht den Kreis der G. sehr weit und bringt die betreffenden bei zufälligen Begegnungen mit Bundesbürgern oft in demütigende Situationen.

Geikel Umgangssprachl. für »Blödsinn«, »Unfug«.

Gemeindeverband Form der »territorialen Rationalisierung«; Zusammenarbeit nahe gelegener Gemeinden, auch mit Kleinstädten, im kommunalen Bereich.

Generalauftragnehmer (Abk.: GAN) Betrieb, in der Regel → Bau- und Montagekombinat, Projektierungsbetrieb oder Betrieb des Maschinen- und Anlagenbaus, dem ein Investitionsvorhaben in seiner Gesamtheit übertragen wurde.

Generalsekretär des Zentralkomitees der SED Seit dem IX. Parteitag (1976) Bezeichnung für die höchste → Funktion in der SED. Das Amt des Parteivorsitzenden wurde vordem als »Erster Sekretär des Zentralkomitees der SED« bezeichnet und nach sowjetischem Vorbild umbenannt. Der derzeitige G., Erich Honecker, ist wie sein Vorgänger, Walter Ulbricht, gleichzeitig Vorsitzender des → Staatsrates der DDR. Das → Zentralkomitee wählt den G. auf 5 Jahre.

Generalstaatsanwalt Höchster Anklagevertreter beim → Obersten Gericht der DDR. Die Funktion des G. ist mit der des Generalbundesanwalts in der Bundesrepublik annähernd vergleichbar. Wie alle Staatsanwälte der DDR ist der G. in der Regel Mitglied der SED. Der G. wird von der → Volkskammer auf Vorschlag des → Staatsrates gewählt, ihm unterstehen die Bezirks- und Kreisstaatsanwälte, er beruft alle Staatsanwälte.

Genex Geschenkdienst-GmbH, früher Geschenkdienst- und Kleinexport-GmbH, 1957 von der DDR-Regierung gegründet. Die Genex vermittelt zollfreie Geschenksendungen nach Katalog aus dem westlichen Ausland an Empfänger in der DDR. Der Genex-Katalog, der DDR-Bürgern aus preispolitischen Gründen (erhebliche Verbilligung der für konvertible Währung angebotenen DDR-Produkte) nicht zugänglich ist, enthält im wesentlichen die Mangelwaren oder -dienstleistungen (z.B. Fahrerlaubnis-Lehrgang, Urlaubsreise, Auto), deren Erlangung ohne Genex aufwendig und langwierig ist (Wartezeit auf einen PKW-»Trabant«: ca. 10 Jahre). Die meist deutsch-deutschen Transaktionen werden ohne publizistischen Aufwand betrieben (Genex darf in der Bundesrepublik nicht werben) und über zwei Vertragsfirmen in Kopenhagen und Zürich abgewickelt. Die G. stellt eine zusätzliche Devisenquelle für die DDR-Regierung dar.

Genosse 1. Mitglied einer sozialistischen oder kommunistischen Partei. »G.« dient auch in Verbindung mit einem Personennamen oder einem Titel als Anredeform. Von den Parteien der DDR werden nur SED-Mitglieder als G. bezeichnet, die Anrede in den anderen → Blockparteien lautet »Parteifreund«. 2. Anrede der Angehörigen der → bewaffneten Organe der DDR untereinander, wobei »G.« mit dem Dienstrang des Angesprochenen verbunden wird (z. B.: »G. Oberleutnant«); Angehörige der → Kampfgruppen werden mit »G. Kämpfer« angeredet.

Genossenschaftsbauer Mitglied einer → landwirtschaftlichen Produktionsgenossenschaft (LPG). 1982 waren in LPG, → kooperativen Abteilungen (KAP) und → zwischenbetrieblichen Einrichtungen (ZBE) der Pflanzen- und Tierproduktion 815 400 G.n beschäftigt (eingeschlossen die Genossenschaftsbäuerinnen). In der ländlichen Bevölkerung bilden die G.n nur einen Anteil von 30 Prozent; dominierend ist hier die »ländliche Abteilung der Arbeiterklasse«, das sind Arbeiter und Angestellte der LPG, der volkseigenen Güter (VEG, → volkseigen), der Forstwirtschaft, der → Agrochemischen Zentren (ACZ) etc. Die → Klasse der G.n zählt neben der Arbeiterklasse zu den beiden Hauptklassen des soz. → Arbeiter-und-Bauern-Staates.

Genossenschaftsgärtner Mitglied einer gärtnerischen → Produktionsgenossenschaft (GPG).

Genossenschaftswohnung Eine Wohnung der → Arbeiterwohnungsbaugenossenschaft (AWG).

gerechter Krieg → Krieg.

Gesamtprodukt, gesellschaftliches → Bruttoprodukt.

Gesellschaft G. steht in offiziellen Texten oft für »Staat«. Beliebt ist die Synonymität vor allem dann, wenn Interessen des Staates als solche der Gesellschaft ausgegeben werden.

Gesellschaft für Deutsch-Sowjetische Freundschaft (Abk.: DSF) Zweitgrößte → Massenorganisation der DDR nach dem → Freien Deutschen Gewerkschaftsbund mit ca. 6 Mill. Mitgliedern. Die in der Regel nur formale Mitgliedschaft in der DSF wird als Nachweis → gesellschaftlicher Tätigkeit gewertet.

Gesellschaft für Sport und Technik (Abk.: GST) → Massenorganisation zur vormilitärischen und wehrsportlichen Ausbildung der DDR-Jugend (→ Wehrerziehung). Die GST untersteht dem Ministerium für Nationale Verteidigung und arbeitet eng mit den Schulen und der FDJ zusammen. Die → vormilitärische Ausbildung der 16- bis 18jährigen ist fester Bestandteil der Lehrpläne in den → Erweiterten Oberschulen, in Hochschulen sowie der Lehrlings-Ausbildungspläne in Betrieben und Verwaltungen. Die wenigsten Lehrlinge, Schüler und Studenten sind GST-Mitglieder, dennoch ist das Ausbildungsprogramm der GST quasi-obligatorisch, da die Leistungen in der vormilitärischen Ausbildung (für die Mädchen: Vorbereitung auf die → Zivilverteidigung) in die Gesamtbeurteilung einfließen. Attraktiv ist die GST vor allem dadurch, daß in ihren Ausbildungslagern (meist Sommerlager während der Ferien) Berechtigungsnachweise vom Führerschein bis zum Flugschein erworben werden können. GST-Mitglieder reden sich mit »Kamerad« an, besitzen Dienstuniformen, Kampf- und Arbeitsanzüge, zählen aber nicht zu den → bewaffneten Organen der DDR.

gesellschaftlich Offiziell oft im Sinne von »prosozialistisch« oder »staatlich« gebraucht, da Gesellschaft und soz. Staat als eine Einheit betrachtet werden. So haben z. B. die Verbindungen »g. nützliche Arbeit« oder → »g.e Tätigkeit« einen eindeutigen politischen Bezug.

Gesellschaftliche Gerichte (Abk.: GG) Gewählte Laiengerichte mit gesetzlich festgelegten Aufgaben der Rechtsprechung in kleineren Arbeits-, Zivil- und Strafrechtssachen. Die G.G. haben vor allem erzieherische Funktionen (»Gewährleistung von Ordnung, Disziplin und Sicherheit in den Kombinaten, Betrieben, Städten und Gemeinden«) und bestehen als → Konfliktkommission in Betrieben, sowie als → Schiedskommission in landwirtschaftl. Produktionsgenossenschaften und → Wohngebieten.

gesellschaftliche Gesetzmäßigkeit Nach Auffassung des → historischen Materialismus ein objektiv-real, d. h. außerhalb und unabhängig vom menschlichen Bewußtsein bestehender notwendiger, allgemeiner und wesentlicher prozessualer Zusammenhang in der Geschichte der Menschheit. In allen vorsozialistischen → Gesellschaftsformationen seien die Menschen von den g. G.en beherrscht worden; erst mit dem Übergang zum → Sozialismus (»Sprung vom Reich der Notwendigkeit ins Reich der [→] Freiheit«) ergebe sich die Chance, g. G.en zu erkennen und bewußt auszunutzen. Besondere Bedeutung komme dabei den ökonomischen Gesetzmäßigkeiten des Soz. zu. Beispiele: Gesetz der Übereinstimmung der → Produktionsverhältnisse mit dem Charakter der → Produktivkräfte; Gesetz von der Ökonomie der Zeit; Gesetz des stetigen Wachstums der Arbeitsproduktivität. Synonym mit »g. G.« wird »historische Notwendigkeit« gebraucht (→ gesetzmäßig).

gesellschaftliche Interessen Die marx.-len. Theorie trifft eine ihr sehr nützliche Unterscheidung zwischen objektiven, sich aus den jeweiligen materiellen Lebensbedingungen ergebenden g. I. und deren subjektiver Bewußtwerdung. Nach diesem Verständnis handelt die sich nur gewerkschaftlich statt revolutionär betätigende Arbeiterschaft westlicher Länder ebenso wie eine revoltierende Arbeiterschaft im → Sozialismus entgegen ihren objektiven

g. I.; → Agitation und → Propaganda im Soz. trügen dazu bei, die eigene objektive Interessenlage nicht nur der → Arbeiterklasse, sondern der gesamten Bevölkerung bewußt zu machen. Die Indoktrination versteht sich als ein Augenöffnen, die → Partei als Erzieherin zum Handeln nach wohlverstandenen g. I. So wurde z. B. der Mauerbau 1961 (→ Mauer) ausdrücklich als eine »pädagogische Lektion« bezeichnet (W. Ulbricht).

gesellschaftliche Konsumtion → Konsumtionsfonds.

gesellschaftliche Organisation → Massenorganisationen.

gesellschaftliche Tätigkeit Wichtiges Kriterium in Beurteilungen von Schülern, Lehrlingen, Studenten, aber auch → Werktätigen, das für die Studienzulassung, den beruflichen Aufstieg ausschlaggebend sein kann. Dahinter verbirgt sich eine allgemeine Erwartung »bewußter Identifikation mit den gesellschaftlichen Erfordernissen und Aufgaben«, die von den staatlichen Instanzen ausgeht, eine Loyalitätsforderung des sozialistischen Staates. Entsprechend wenig hat die Erfüllung des Kriteriums der g. T. oftmals mit eigentlicher Tätigkeit zu tun; die Mitgliedschaft in Parteien oder → Massenorganisationen zählt ebenso dazu wie die Teilnahme an → Kundgebungen, den → Volkswahlen, dem Gewerkschaftslehrjahr (→ Schule d. soz. Arbeit) u. ä. »Gesellschaftliche Aktivität« meint in diesem Sinne: politische Aktivität, andererseits wird auch jede freiwillige gemeinnützige Arbeit in der → Hausgemeinschaft, im → Wohnbezirk oder in der Schule politisch gewertet.

gesellschaftlicher Ankläger Ein dem Lebens- und Arbeitsbereich des Angeklagten zugehöriger → Werktätiger, der an der Hauptverhandlung eines Strafverfahrens im Sinne der Anklage mitwirkt. Der g. A. trägt dem Gericht die Auffassung seines → Kollektivs (z. B. des Arbeitskollektivs des Angeklagten) zur Persönlichkeit und zur Tat des Angeklagten vor.

gesellschaftlicher Bedarfsträger Betriebe, Institutionen, Schulen etc. dürfen als g. B. nicht auf ein für den privaten Konsumenten vorgesehenes Warenkontingent zurückgreifen, um dieses nicht allzu rasch zu erschöpfen. Bestimmte Einzelhandelsverkaufsstellen sind den g. B. vorbehalten, andere dagegen sind ihnen versagt.

gesellschaftlicher Rat Beratungs- und Kontrollgremium an Universitäten und Hochschulen der DDR. Der g. R. unterstützt die Leitungstätigkeit des Rektors insbesondere im Hinblick auf die Verbindung der wissenschaftlichen Arbeit mit der gesellschaftlichen Praxis; ihm sollen Vertreter der Hochschule, verschiedener Betriebe, Institutionen und des Staatsapparates angehören.

gesellschaftlicher Verteidiger Ein dem Lebens- und Arbeitsbereich des Angeklagten zugehöriger → Werktätiger, der an der Hauptverhandlung eines Strafverfahrens im Sinne des Angeklagten mitwirkt und die Auffassung seines → Kollektivs zur Tat und Persönlichkeit des Angeklagten vorbringt. Der g. V. kann unter Umständen die Übernahme einer → Bürgschaft bekunden.

gesellschaftliches Bewußtsein Nach marx.-len. Auffassung die Gesamtheit der Inhalte des geistigen Lebens einer Gesellschaft. Gemäß der materialistischen Beantwortung der → Grundfrage der Philosophie gilt das g. B. als eine Erscheinung, die vom gesellschaftlichen Sein, den »materiellen gesellschaftlichen Verhältnissen« bestimmt wird. »Das Bewußtsein kann nie etwas anderes sein als das bewußte Sein, und das Sein der Menschen ist ihr wirklicher Lebensprozeß« (Marx). Andererseits kann sich das sozialistische g. B. (→ sozialistisches Bewußtsein) nach marx.-len. Auffassung nicht im Selbstlauf entwickeln. »Es muß durch die Partei der Arbeiterklasse und unter ihrer Führung ständig in die werktätigen Massen hineingetragen und gefestigt werden.« Nicht zuletzt aus diesem in der Theorie unaufgelösten → »dialektischen« Widerspruch leitet sich der Widerspruch zwischen offizieller Sprachregelung und Umgangssprache in der DDR her.

gesellschaftliches Eigentum G. E. bezeichnet im allgemeinen das soz. Eigentum an den Produktionsmitteln, das in der DDR in zwei Formen existiert: als staatliches oder Volkseigentum (→ volkseigen) und als genossenschaftliches Eigentum (→ Produktionsgenossenschaft). Letzteres soll mit der Entwicklung zum → Kommunismus in Volkseigentum verwandelt werden. Dinge des privaten Besitzes wie Konsumartikel, Eigenheim, Geld etc. heißen in der DDR persönliches Eigentum; der Begriff des Privateigentums ist verfemt durch die negative Bewertung des Privateigentums an Produktionsmitteln in der Theorie des → Marxismus-Leninismus (→ Eigentum). G. E. wird auch synonym mit »Volkseigentum« gebraucht.

Gesellschaftsformation (eigentl. ökonomische Gesellschaftsformation) Historisch bestimmter Gesellschaftstyp, wobei die ökonomische → Basis bestimmend ist für das ganze System sozialer und ideologischer Verhältnisse. Nach marx.-len. Auffassung kennt die Geschichte folgende G.en: Urgesellschaft, Sklavenhaltergesellschaft, → Feudalismus, → Kapitalismus und → Kommunismus, dessen erste Phase der → Sozialismus ist. Die kapitalistische sei die letzte antagonistische G. (→ Antagonismus), ihre revolutionäre Überwindung bedeute die Beseitigung aller Formen von Ausbeutung und Unterdrückung. Durch Rückgriff auf den geologischen Begriff für Erdzeitalter (Formation) erhält diese Grundkategorie der materialistischen Geschichtsauffassung den Charakter einer naturwissenschaftlich begründeten ewigen Wahrheit.

Gesellschaftsordnung »System der sozialen Beziehungen einer ökonomischen [→] Gesellschaftsformation.« In der Umgangssprache häufig für »gesellschaftspolitisches System«, für das, was den Unterschied macht zwischen den beiden Deutschland.

Gesellschaftswissenschaften Bezeichnung der marx.-len. Wissenschaftstheorie für alle nicht-naturwissenschaftlichen Diziplinen wie z. B. Philosophie, Kunstwissenschaften, Wirtschafts-, Rechts-, Geschichtswissenschaft. Die Bezeichnung »Geisteswissenschaft« ist als unmarxistisch verpönt, weil alle geistigen Erscheinungen nach marx.-len. Auffassung in »materiellen gesellschaftlichen Verhältnissen« ihre Wurzel haben. Das *gesellschaftswissenschaftliche Grundstudium* (Abk.: Gewi) ist ein für alle Studierenden obligatorisches Studienprogramm, das die Grundlagen des → Marxismus-Leninismus, einige Aspekte der Geschichte der Arbeiterbewegung sowie Fragen der Tagespolitik behandelt. Das gesellschaftswiss. Grundstudium macht mit mindestens drei speziellen Fächern (→ dialektischer und historischer Materialismus, → politische Ökonomie, → wissenschaftlicher Kommunismus) einen erheblichen Anteil am Studienprogramm aus und erstreckt sich über drei Jahre. Die *Akademie für Gesellschaftswissenschaften beim ZK der SED* (Abk.: AfG) hat Planungs-, Leit- und Kontrollfunktionen für jegliche gesellschaftswissenschaftliche Forschung und ist darüber hinaus die »Kaderschmiede« für wichtige Partei- und Staatsämter; sie trägt auch die Schulungsarbeit der bundesdeutschen DKP und der Westberliner SEW.

Gesetzbuch der Arbeit (Abk.: GBA; auch: Arbeitsgesetzbuch) regelt die Grundsätze des soz. Arbeitsrechts, so unter Überschriften wie »Leitung des Betriebes und Mitwirkung der Werktätigen«, »Arbeitsvertrag«, »Arbeitsdisziplin«, »Lohn und Prämie«, »Aus- und Weiterbildung«, »Urlaub«, »Arbeitsschutz« sowie »besondere Rechte der werktätigen Frauen und Mütter«.

gesetzmäßig Beliebtes propagandistisches Schlagwort, das sich auf jene historischen Gesetzmäßigkeiten bezieht, die der → historische Materialismus beschreibt. In seinem profanen Gebrauch dient das Wort oft als Beweismittel, daß die → Partei ausführendes Organ des »Weltgeists« sei. In den Fünfzigern sang man: »Die Partei, die Partei, die hat immer recht!«, heute sagt man »Das ist gesetzmäßig«; man bemüht die historische Notwendigkeit (→ notwendig), die schon immer auf der Seite des → Fortschritts war, für die Unumstößlichkeit der Parteibeschlüsse (→ gesellschaftliche Gesetzmäßigkeit).

Gestattungsproduktion In der DDR verkaufter Teil von Waren, die mit der Lizenz westdeutscher Firmen in der DDR hergestellt werden und grundsätzlich für den Export bestimmt sind.

Gesundheitshelfer Vom Deutschen Roten Kreuz (DRK) der DDR Ausgebildeter, der in der Lage ist, Erste Hilfe zu leisten. G. können nebenberuflich in Betrieben, Ferieneinrichtungen, bei → Kundgebungen u. ä. eingesetzt werden. Laut Gesetz soll generell für je 25 Beschäftigte in Betrieben ein G. zur Verfügung stehen.

Gewerkschaft Das Wort steht in der DDR für die Einheitsgewerkschaft → Freier Deutscher Gewerkschaftsbund (FDGB).

Gewerkschaftslehrjahr Regelmäßige politische Schulungsveranstaltung des FDGB, so genannt in Anlehnung an den Begriff → »Parteilehrjahr«, eigentlich aber → »Schule der sozialistischen Arbeit«.

Giftschrank Sonderabteilung der Bibliotheken, Bücher enthaltend, die nur »für wissenschaftliche Zwecke« und nur mit einer Sondergenehmigung ausgegeben werden. Im G. stehen beispielsweise fast die gesamte moderne »bürgerliche« (westliche, nichtmarxistische) Philosophie, sowie die meisten Werke nichtmarxistischer → Gesellschaftswissenschaft, sofern überhaupt vorhanden. (→ Diplom-Philosoph.)

Glauben Das Wort findet sich auch im Sprachgebrauch der marxistischen Atheisten, und zwar nicht pejorativ, sondern ungebrochen und der beanspruchten atheistischen Rationalität widersprechend, wenn z. B. vom festen G. an den Sieg des → Sozialismus oder vom unerschütterlichen G. an die → historische Mission der Arbeiterklasse die Rede ist.

Gliedermaßstab Sozialistisches Neuwort für Zollstock, das im polytechnischen Unterricht (→ polytechnische Bildung und Erziehung) zwar gelehrt und von den Schülern verwendet wird, sich aber in der Umgangssprache nicht durchgesetzt hat.

Globalstrategie Propagandistisches Schlagwort der SED, das die Politik der »imperialistischen Staaten«, insbesondere des »US-Imperialismus« (→ Imperialismus) kennzeichnet. Die G. umfasse »die Planung und die Maßnahmen für den Kampf gegen die Hauptkräfte des weltrevolutionären Prozesses, zur Errichtung der Weltherrschaft der USA«.

Goldbroiler → Broiler.

Gothaplast Name des handelsüblichen Haushaltspflasters; früher Hansaplast.

›Grenzfall‹ Erste politische Untergrundzeitung, herausgegeben von der Initiative Frieden und Menschenrechte, erscheint seit 1986 in loser Folge. Der Leserkreis ist weit größer als die (hektographierte) Auflage von maximal 1000 Stück. Signet des Blattes mit einem Umfang von 15 bis 20 Seiten ist ein morscher Schlagbaum, aus dem junges Grün sprießt. Der ›G.‹ bot den DDR-Sicherheitsorganen im November 1987 den Anlaß zu Durchsuchung und Konfiskation in der Umweltbibliothek der Berliner Zions-Gemeinde. Die ehemaligen Initiatoren des Blattes, der Diplom-Philosoph Wolfgang Templin und der Schlosser Ralf Hirsch, sind inzwischen in die Bundesrepublik abgeschoben worden.

Grenzgebiet Schutzstreifen und Sperrzone entlang der Grenze zur Bundesrepublik, die sich je nach Landschaft in verschiedener Tiefe ins Landesinnere erstrecken. Personen, die in den G.en wohnen oder sich dort vorübergehend aufhalten, sind besonderen einschränkenden Bestimmungen unterworfen. Angehörige der → Grenztruppen sind im G. befugt, unter bestimmten Voraussetzungen Personalien festzustellen, Sachen und Personen zu durchsuchen, Räume zu betreten, Personen in Gewahrsam zu nehmen, bei Widerstand die Schußwaffe zu gebrauchen.

grenzmündig Umgangssprachl. ironische Bezeichnung für die »Mündigkeit« zur legalen Überschreitung der → Staatsgrenze West, die der DDR-Staat nur bei besonderen familiären Angelegenheiten, seinen → Reisekadern oder Bürgern im Rentenalter zugesteht (Frauen ab 60 Jahren, Männern ab 65 Jahren).

Grenztruppen der DDR Kommando der → Nationalen Volksarmee zur Erfüllung polizeilicher und militärischer Aufgaben an den Grenzen der DDR. Der Wehrdienst bei den G. entspricht weitgehend dem bei den anderen → bewaffneten Organen der DDR, ausgenommen den speziellen Schießbefehl und die Tatsache, daß besonders überprüfte Wehrpflichtige dafür ausgewählt werden.

Grenztruppenhelfer In der Sperrzone (→ Grenzgebiet) entlang der Grenze zur Bundesrepublik eingesetzter, häufig auch dort wohnhafter Helfer der → Grenztruppen der DDR. Den G.n obliegt die Überwachung des grenznahen Raumes, die Feststellung verdächtiger Personen sowie die Suche und Festnahme von → Grenzverletzern. G. tragen Zivil.

grenzüberschreitend G. meint »international« in bezug auf das westliche Ausland (einschließlich Bundesrepublik). Der Begriff macht das Heikle dieser Internationalität spürbar; g.er Verkehr, g.e Postverbindungen u. a.

Grenzverletzer Im Sprachgebrauch der DDR-Grenztruppen bezeichnet das Wort einen Menschen, der unberechtigt ins Grenzgebiet eingedrungen ist.

Grilletta Gegrillte Rindfleischbulette in rundem Weichbrötchen mit Garnitur und scharfer Sauce; die Schwester des »Hamburger«.

Grisuten Handelsname für in der DDR erzeugte Polyesterfaserstoffe.

Große Sozialistische Oktoberrevolution Aus dem Russ. übernommene offizielle Bezeichnung für die russ. Revolution von 1917 (siehe auch: → Revolution).

Großer Vaterländischer Krieg Name der Sowjet-Ideologie für den Zweiten Weltkrieg, der in dieser Übersetzung auch in der DDR gebraucht wird, wenn es gilt, einen verlorenen Krieg zu verdrängen und sich zu den »Siegern der Geschichte« zu zählen.

Großgrundbesitzer Pejorative Bezeichnung für Großagrarier, die in dem Maß außer Gebrauch kam, wie die G. in der DDR enteignet und als → Klasse abgeschafft wurden.

Großhandelsgesellschaft (Abk.: GHG) Soz. Großhandelsbetrieb, der den Einzelhandel mit Konsumgütern aller Art versorgt.

Grundeinheit Kleinste Organisationseinheit der Parteien und → Massenorganisationen der DDR. Synonymer Begriff: → Grundorganisation.

Grundfeste Propagandistisch beliebtes Kraftwort zur Bezeichnung dessen, wovon man sich wünscht, daß es der eigenen Macht ein sicheres Fundament sei. So gelten die »sozialistischen Produktionsverhältnisse« als eine G. der in der DDR herrschenden Machtverhältnisse.

Grundfonds Wertausdruck der → Grundmittel, d.h. der Kapazitäten an Gebäuden, Maschinen, Anlagen etc. G.effektivität; G.ökonomie u. a. (→ Fonds).

Grundfrage der Philosophie Frage nach dem Verhältnis von Materie und Geist (Bewußtsein), nach deren Beantwortung sich die Philosophie in die Grundrichtungen des Materialismus und des Idealismus teilt. Der Marx.-Len. beantwortet die G. materialistisch, d.h. in dem Sinne, daß die Materie das Primat gegenüber dem Bewußtsein hat und von ihm widergespiegelt wird.

Grundgesetze der Dialektik Nach marx.-len. Auffassung die allgemeinsten Gesetze der Entwicklung in Natur, Gesellschaft und

Denken. Diese sind: Das Gesetz vom Umschlagen quantitativer Veränderungen in qualitative und umgekehrt, das Gesetz von der Einheit und dem »Kampf« der Gegensätze und das Gesetz der Negation der Negation.

Grundmittel Produktive oder nichtproduktive Anlagegegenstände, die ihre Gebrauchsform über eine Nutzungsdauer von mehr als einem Jahr hin beibehalten. Im Laufe eines Jahres verschleißende Arbeitsmittel gehören zu den Umlaufmitteln.

Grundorganisation (Abk.: GO) Kleinste Organisationseinheit von Parteien und → Massenorganisationen in der DDR. Mindestvoraussetzung sind drei Mitglieder. Höchstes Gremium der GO ist die Mitgliederversammlung, die in der Regel einmal monatl. tagt. SED-G.en werden auch als Parteigruppen, FDJ-G.en als FDJ-Gruppen bezeichnet; entsprechend: Pioniergruppe, Gewerkschaftsgruppe, DFD-Gruppe (oder: Frauengruppe) u. ä.

Grundstudium 1. Erste Etappe des festgelegten Studienganges an Universitäten und Hochschulen der DDR, während dessen Grundkenntnisse vermittelt werden und an wissenschaftliche Arbeitsmethoden herangeführt wird. 2. Marx.-len. G. (auch: → gesellschaftswissenschaftliches G.) als ein Schwerpunkt des G.s (1.). Hier werden die drei Bestandteile des → Marxismus-Leninismus in gesonderten Veranstaltungen gelehrt, darüber hinaus Aspekte der Geschichte der Arbeiterbewegung und aktuelle politische Themen behandelt.

Grundwiderspruch des Kapitalismus In der marx.-len. Theorie der Widerspruch zwischen gesellschaftlichem Charakter der Produktion (→ Vergesellschaftung 1.) und der privatkapitalistischen Aneignung ihrer Früchte (des Mehrwerts). Dieser G. könne nur auf revolutionärem Wege aufgelöst werden, durch die → Vergesellschaftung (2.) der → Produktionsmittel. Dies sei die → historische Mission der Arbeiterklasse.

Gruppe Kurzform für Pioniergruppe (→ Pionier). G.nrat; G.nratsvorsitzender; G.nbuch.

Gütezeichen Vom Amt für Standardisierung, Meßwesen und Warenprüfung (ASMW) verliehenes Signum für in der DDR produzierte Waren, die einem bestimmten staatlichen Qualitätsmaßstab entsprechen. Die Verleihung des Gütezeichens → Q bedeutet für den Hersteller finanziellen Gewinn; seit 1984 sind grundsätzlich alle neuen Industrieprodukte beim ASMW zur Qualitätskontrolle anzumelden.

H

halbstaatlicher Betrieb → Betrieb mit staatlicher Beteiligung.
Handelskammer → Industrie- und Handelskammer.
Handelsorganisation (Abk.: HO) Staatliches Handelsunternehmen für den Einzelhandel und das Hotel- und Gaststättenwesen. Die HO ist die führende Einzelhandelsorganisation der DDR vor den → Konsumgenossenschaften und dem privaten und → Kommissionshandel, was sich allerdings nicht an einem besonderen Angebot ablesen läßt. Zur HO gehören z. B. die Warenhausvereinigung → Centrum und die Vereinigung → Interhotel. Die HO hat neben Verteilerfunktionen auch weitergehende ökonomische und politische Aufgaben zu erfüllen. So gibt es z. B. für die Versorgung der Beschäftigten der deutsch-sowjetischen → Wismut-AG einen besonderen Zweig, die HO-Wismut. In der Umgangssprache wird »die HO« als Bezeichnung für das einzelne Geschäft gebraucht. HO-Gaststätten; HO-Kaufhaus u. a.
Hängolin Im Armeejargon Name für ein potenzhemmendes Mittel, das sich – dem Gerücht nach – in dem an Soldaten ausgeschenkten Tee befinden soll, dem sog. Hängolin-Tee.
Hans-Beimler-Wettkämpfe Jährliche wehrsportliche Wettkämpfe für Schüler der Klassen 8 bis 10, die die → Freie Deutsche Jugend (FDJ) zusammen mit der → Gesellschaft für Sport und Technik (GST) organisiert. Die H. sind Bestandteil der soz. → Wehrerziehung und bereiten auf die → vormilitärische Ausbildung der GST vor.
Hauptaufgabe Kurzform für »Hauptaufgabe bei der Gestaltung der [→] entwickelten sozialistischen Gesellschaft«. Die H. gilt seit dem VIII. Parteitag der SED (1971) als politisch-ökonomische Leitlinie: sie besteht in der »weiteren Erhöhung des materiellen und kulturellen Lebensniveaus des Volkes auf der Grundlage eines hohen Entwicklungstempos der sozialistischen Produktion«. Wirtschaftliche Effektivität wird nicht mehr als Selbstzweck verstanden, sondern am Maßstab des → »Lebensniveaus« gemessen. In diesem Sinne postuliert die SED die »Einheit von Wirtschafts- und Sozialpolitik«. Hauptweg zur Erfüllung der H. ist die »Intensivierung der gesellschaftlichen Produktion«. Im Zusammenhang mit der H. wurden nach dem VIII. SED-Parteitag eine Reihe »sozialpolitischer Maßnahmen« beschlossen, so u. a. das → Wohnungsbauprogramm bis 1990, Einkommensverbesserungen,

Maßnahmen zur Familienförderung, Erleichterungen des Eigenheimbaus u. a., wodurch der Anteil der gesellschaftl. Konsumtion (→ Konsumtionsfonds) wuchs.

Haus des Lehrers (Abk.: HdL) Öffentl. Gebäude in den Bezirkshauptstädten, das der Weiterbildung, dem Erfahrungsaustausch etc. von Lehrern und Erziehern dienen soll.

Hausarbeitstag → Haushaltstag.

Hausbuch Heft mit Personalangaben über alle ständigen oder zeitweiligen Bewohner eines Hauses. In der DDR muß in jedem Wohngebäude ein H. geführt werden, worin sich alle Dauerbewohner, Besucher aus der DDR, wenn sie länger als 30 Tage bleiben, und ausländische Besucher innerhalb von 24 Stunden eintragen lassen müssen. In Mehrfamilienhäusern, Wohnblocks oder Gemeinschaftsunterkünften ist der → Hausvertrauensmann für die Führung des H.es verantwortlich, sonst der Familienvorstand. Das H. ist den → Sicherheitsorganen auf Verlangen vorzulegen.

Hausfrauenbrigade → Brigade aus nichtberufstätigen Frauen, die der soz. Produktion oder der Landwirtschaft zur Aushilfe zur Verfügung steht.

Hausgemeinschaft Lockere organisatorische Verbindung der Parteien eines Mietshauses, um gemeinsame Interessen wie die Verbesserung der Wohnverhältnisse und die Verschönerung der Grundstücke wahrzunehmen, die Nachbarschaftshilfe, gemeinsame Arbeitseinsätze und Feste zu organisieren u. ä. Initiiert durch den Wohngebietsausschuß (→ Wohnbezirk) der → Nationalen Front bildet sich eine H. auf einer Hausversammlung durch Wahl einer H.sleitung (Abk.: HGL) und – allgemein – den Beschluß eines Arbeitsprogramms. Vorsitzender der H.sleitung ist der → Hausvertrauensmann, von dessen Aktivität meist die mehr oder weniger lebendige Daseinsweise der H. abhängt. Ihm obliegt auch die Führung des → Hausbuches. Konzipiert als ein Mittel zur Herausbildung sozialistischer Denk- und Verhaltensweisen auch in der Freizeit, entgleiten H.en heute oft dem Einfluß ihrer politischen Initiatoren und nehmen ihre eigene Entwicklung, strukturieren sich neu, wodurch dem Begriff ein anderer Inhalt zuwächst als der offizielle, »Stützpunkt der Nationalen Front für die politisch-ideologische Arbeit mit den Bürgern« zu sein.

Haushaltsbuch In soz. Betrieben geführtes Buch, das Aufschluß über den Soll-Ist-Stand der Planerfüllung gibt und Grundlage der Vergabe von → Prämien und des Leistungsvergleichs im → sozialistischen Wettbewerb ist.

Haushaltchemie Chemische Produkte für den Haushalt wie Putz- und Reinigungsmittel, Wasch- und Spülmittel, Seifen, Kosmetika u.ä.

Haushaltsorganisationen Sammelbegriff für staatlich finanzierte Organisationen und Institutionen (z.B. Ministerien, Behörden, Schulen, Kindergärten, Theater, Krankenhäuser, Forschungseinrichtungen). Soweit sie eigene Einnahmen haben, liegen diese in der Regel weit unter den Ausgaben; die H. arbeiten daher nicht nach dem Prinzip der → wirtschaftlichen Rechnungsführung.

Haushaltstag (eigentl.: Hausarbeitstag) Bezahlter freier Tag im Monat, der berufstätigen Frauen mit eigenem Haushalt, aber auch alleinstehenden Vätern mit Kindern zusteht.

Hauspostschließfachanlagen Gemeinschaftsbriefkästen, wie sie in Hochhäusern üblich sind, die die → Deutsche Post (ohne das Einverständnis ihrer Kunden) auch in Landgemeinden eingerichtet hat, um die Zustellung zu rationalisieren.

Hausvertrauensmann Von den Mietern eines Hauses gewählter Mitbewohner, der die Aufgaben eines Leiters der → Hausgemeinschaft übernimmt, d.h. gemeinsame Interessen der Mieter gegenüber der → Kommunalen Wohnungsverwaltung oder einem anderen Vermieter wahrnimmt, das → Hausbuch führt und sich mehr oder weniger für das Gemeinschaftsleben der Mieter einsetzt.

Hauswirtschaft (eigentl.: persönliche H. oder auch: individuelle H., indiv./persönl. Hofwirtschaft, indiv./persönl. Nebenwirtschaft – wobei auffällig ist, daß das Adj. »privat« vermieden wird; → Eigentum) Limitierte Nebenwirtschaft von LPG-Mitgliedern, die für den persönlichen Bedarf und ein kleines Nebeneinkommen gedacht ist. Die H.en werden von den LPG unterstützt und gewinnen vor allem in der Obst- und Gemüseproduktion sowie der Kleintierhaltung zunehmend an Bedeutung.

Havarie In seiner allgemeinen Bedeutung von Unglücks- oder Störfall, technischem Defekt ist der Begriff aus dem Russischen entlehnt (auch der Kernkraftwerksbrand von Tschernobyl war eine »Awarija«). Ein *Havarie-Dienst* ist ein Klempner-Notdienst der → Kommunalen Wohnungsverwaltung.

Hebel → ökonomischer Hebel.

Hegemonie der Arbeiterklasse Gleichbedeutend mit der → führenden Rolle der Arbeiterklasse.

heilig Das Wort erscheint im offiziellen Sprachgebrauch der atheistischen DDR-Ideologie häufiger, als man vermutet. So ist z.B. von den h.en Idealen der → Arbeiterklasse oder der h.en

Verpflichtung zum Frieden die Rede, und in der »Internationale«, deren Text im Gegensatz zu dem der → Nationalhymne noch gesungen wird, heißt es: »...heilig die letzte Schlacht«.

Held der Arbeit Auszeichnung und Ehrentitel für hervorragende Einzelleistungen auf wirtschaftlichem, politischem oder wissenschaftlich-technischem Gebiet. In Verbindung mit einer Medaille und einer hohen finanziellen Zuwendung wird der Titel bis zu fünfzigmal pro Jahr verliehen.

Held der Deutschen Demokratischen Republik Auszeichnung und Ehrentitel für Leistungen, die Mut, hohen persönlichen Einsatz und Opferbereitschaft erfordern, für »Heldentaten für die DDR«. Der Titel wird vom → Generalsekretär der SED z.B. an → Kosmonauten verliehen.

Helfer der Volkspolizei Person, die nebenberuflich die Arbeit der → Deutschen Volkspolizei unterstützt und in der Regel bei → Kundgebungen und anderen Massenveranstaltungen eingesetzt wird.

Herabwürdigung Öffentliche Herabwürdigung der staatlichen Ordnung, der staatlichen Organe, Einrichtungen oder gesellschaftlichen Organisationen oder deren Tätigkeit ist nach § 220 des StGB ein Delikt, wofür eine Freiheitsstrafe bis zu drei Jahren angedroht wird.

herrschende Klasse → Arbeiterklasse, → Partei, → Klasse.

Hervorragender Genossenschaftler Staatl. Auszeichnung und Ehrentitel für einzelne oder alle Mitglieder einer → landwirtschaftlichen Produktionsgenossenschaft, die mit einer Geldprämie verbunden ist und bis zu 200mal jährl. verliehen wird.

Hervorragender Wissenschaftler des Volkes Staatl. Auszeichnung und Ehrentitel, der für wissenschaftliche Leistungen »im Dienste des Friedens und des sozialistischen Aufbaus« bis zu sechsmal jährl. verliehen wird und mit einer Geldprämie verbunden ist.

Hervorragendes Jugendkollektiv der DDR Staatl. Auszeichnung und Ehrentitel für Jugendkollektive (→ Kollektiv). Der Titel ist mit einer Geldprämie verbunden und wird jährl. bis zu 60mal verliehen.

historische Mission Kurzform für »historische Mission der Arbeiterklasse und ihrer marx.-len. Partei«. Die h. M. besteht nach marx.-len. Auffassung darin, die kapitalistische Gesellschaftsordnung durch eine soziale Revolution zu überwinden, die Produktionsmittel in gesellschaftliches Eigentum zu überführen und den → Sozialismus aufzubauen.

historische Notwendigkeit Im offiziellen Sprachgebrauch oft gleichbedeutend mit »historische Gesetzmäßigkeit« oder »gesellschaftliche Gesetzmäßigkeit« (→ gesetzmäßig).

historischer Materialismus Marx.-len. Geschichts- und Gesellschaftstheorie. Nach Auffassung des h. M. ist die gesellschaftliche Entwicklung von objektiven Gesetzen bestimmt, die zwar nur durch bewußtes und zielgerichtetes menschliches Handeln sich durchsetzen, zugleich aber unabhängig vom Willen und Bewußtsein der Handelnden den Gang der gesellschaftlichen Entwicklung bestimmen.

hochziehen Umgangssprachlich für »mitgehenlassen«, »abstauben«; eine verbreitete Art privater Materialbeschaffung in → volkseigenen Betrieben; doch auch wen man dabei erwischt hat, der wurde »hochgezogen«.

Hofwirtschaft → Hauswirtschaft.

Höhepunkt Propagandistisch beliebt zur Aufwertung aller möglichen Festakte, Großkundgebungen, Jahres- oder Gedenktagsfeierlichkeiten.

Holzdollar Ironische Bezeichnung für die → Mark der DDR, die, wie es DDR-offiziell heißt, nicht zu den »frei konvertierbaren Währungen« zählt.

Hort → Schulhort.

Humanitätsduselei Propagandistisch beliebtes Schmähwort zur Denunzierung »allgemeinmenschlicher« oder pazifistischer Argumente in Zeiten der »verschärften Klassenauseinandersetzung zwischen dem Imperialismus und dem Sozialismus/Kommunismus«.

Hygiene-Inspektion Dienststellen auf allen Ebenen der staatlichen Gesundheitsverwaltung, der die Aufsicht über die Lebensmittel- und Ortshygiene, die Abwehr der Erreger von Infektionskrankheiten und die Überwachung der Schadstoffkonzentrationen in der Umwelt obliegt. In Dresden gibt es auch ein Hygiene-Museum, das Geschichte und Praxis der Volkshygiene dokumentiert.

I

Idealismus Nach marx.-len. Auffassung die dem Materialismus entgegengesetzte Grundrichtung der Philosophie. Diese beiden Grundrichtungen werden aber nicht ethisch definiert, sondern je nach Beantwortung der → Grundfrage der Philosophie. I. ist demnach ein Oberbegriff für alle philosophischen Anschauungen, »die das Bewußtsein – gleichgültig in welcher Form – für das Primäre, das Grundlegende, das Bestimmende gegenüber der Materie erklären«. I. im Sinne einer von Idealen geprägten Weltanschauung ist offiziell ungebräuchlich und auch in der Alltagssprache immer seltener zu finden.

Ideenbuch Buch in soz. Betrieben und Institutionen zum Eintrag von Verbesserungsvorschlägen. Idee und Wirklichkeit des I.s klaffen jedoch zumeist weit auseinander.

Ideenkonferenz Versammlung in soz. Betrieben und Institutionen, auf der Ideen zur Verbesserung der Arbeits- und Lebensbedingungen, oft auch zu einem speziellen Problem, entwickelt und diskutiert werden sollen.

Ideologie System von gesellschaftlichen Ideen (politischen, moralischen, religiösen, ökonomischen, künstlerischen), die bestimmte Klasseninteressen zum Ausdruck bringen. Dieser marx.-len. Begriff von I. ist pejorativ nur in bezug auf nicht- und vorsozialistische Gesellschaftsordnungen. Die soz. I., der → Marxismus-Leninismus, wird als kritische Aneignung des gesamten fortschrittlichen Gedankengutes der Menschheit verstanden, sie werde »immer mehr zur I. des gesamten werktätigen Volkes«. »Ideologisch« wird oft synonym mit »geistig«, aber auch »parteilich« im Sinne des Soz. gebraucht.

ideologische Diversion »Hauptform des Klassenkampfes und Bestandteil der psychologischen Kriegsführung des [→] Imperialismus gegen den Sozialismus«. Die i. D. ziele darauf, bürgerliche Ideologie in die soz. Länder einzuschleusen, das → sozialistische Bewußtsein zu zersetzen, fremde und feindliche Lebens- und Verhaltensweisen zu verbreiten und somit die soz. Ordnung »sturmreif« zu machen. Als Mittel der i. D. werden vor allem die Theorien genannt, die ein anderes Sozialismusmodell zum Gegenstand haben, aber auch die »Konvergenztheorie« und die »Industriegesellschaftstheorie«, die gewisse Ähnlichkeiten in der Entwicklung der zwei Weltlager aufzeigen. Das »antikommunistische Gift«

werde über Massenmedien verbreitet, aber auch durch die »Wühltätigkeit« zahlreicher Organisationen (z. B. »Ostforschungszentren«). Neue Kanäle der »ideologischen Infiltration« seien durch den Mißbrauch des Kulturabkommens mit der Bundesrepublik und des Westtourismus gegeben.

ideologischer Bereich Im offiziellen Sprachgebrauch oft synonym mit → Überbau, dessen Klassencharakter ihn (auch im → Sozialismus) zum i. B. mache.

iga Kurzwort für »Internationale Gartenbau-Ausstellung«. Die iga ist eine Leistungsschau für Obst-, Gemüse- und Pflanzenbau, die jährlich im September in Erfurt veranstaltet wird.

Imperialismus Nach marx.-len. Auffassung höchstes und letztes Stadium des → Kapitalismus, »Vorabend der soz. Revolution«. Als faulender und sterbender Kapitalismus sei der I. besonders aggressiv (→ Aggression), sein staatsmonopolistisches Wesen dränge ihn, auf der Suche nach Rohstoffquellen und Absatzmärkten seinen Einflußbereich ständig zu vergrößern, sei es mit ökonomischen oder militärischen Mitteln. Er tendiere daher zu Nationalismus, → Militarismus und (Neo)kolonialismus. Der → Faschismus wird als eine »Erscheinungsform des besonders aggressiven staatsmonopolistischen Kapitalismus« gesehen (womit man alles Übel deutscher Geschichte auf die Seite der grundsätzlich anderen → Gesellschaftsordnung gebracht hätte). In der aktuellen SED-Propaganda spielen vor allem Begriffe wie US-I., Welti., westdeutscher I. eine Rolle. I. wie auch das Adjektiv »imperialistisch« sind nur auf kapitalistische (westliche) Staaten anwendbar; Gewaltmaßnahmen soz. Staaten werden dementspr. als »antiimperialistische Hilfeleistung«, »Unterstützung revolutionärer Volkserhebungen« oder »Kampf gegen imperialistische Konterrevolution« bezeichnet. Der Begriff stempelt die gesamte westliche Welt »historisch gesetzmäßig« zum aggressiven Gegner des → soz. Lagers, d. h. relativ unabhängig von der jeweiligen Politik des Westens.

import in der Umgangssprache, auch in Zeitungsannoncen adverbial gebraucht im Sinne von »importiert aus dem → Westen«. Bezeichnung für → Westsachen, die (besonders in Zeitungsannoncen) unverfänglich genug klingt und dennoch die Kennzeichnung als »Westqualität« einschließt. Beisp.: »Das ist echt import«, »Verk. Panorama-Kinderw., imp. ...«

Individualismus Im marx.-len. Verständnis charakterisiert der I. als Denk- und Verhaltensweise, die die Interessen des einzelnen denen der Gemeinschaft entgegenstellt, das Verhältnis von Individuum und Gesellschaft unter den Bedingungen des kapitalistischen Privateigentums. Das gesellschaftliche Eigentum an Produktionsmitteln hingegen entziehe dem I. die ökonomische Grundlage: I. und Egoismus würden im → Soz. überwunden. Die Entwicklung der menschl. Persönlichkeit, die Freisetzung ihrer schöpferischen Kräfte finde nur in der und durch die Gemeinschaft statt, im soz. → Kollektiv.

individuelle Hauswirtschaft → Hauswirtschaft.

individuelle Viehbestände Private Viehbestände von LPG-Bauern. Bemerkenswert ist die Vermeidung des Wortes → »privat«.

Industrieforschung Forschung in speziellen Forschungseinrichtungen der Industrie und für die Industrie.

Industrieladen Einzelhandelsgeschäfte, von → Kombinaten oder größeren → volkseigenen Betrieben unterhalten, um im direkten Kontakt mit der Kundschaft ihre industriell gefertigten Konsumgüter zu testen.

Industrievertrieb Absatzorganisation für den Einzel- oder Großhandel spezieller technischer Erzeugnisse, die der Fachberatung, einer guten Ersatzteilversorgung und eines Kundendienstes bedürfen (z.B. IFA-Vertrieb für Kraftfahrzeuge, RFT-Vertrieb für Rundfunk- und Fernsehgeräte). Wie die → Industrieläden werden die Verkaufseinrichtungen des I. von den Herstellerbetrieben getragen.

Infiltration → ideologische Diversion.

Ingenieurökonomie Fachrichtung an techn. Hoch- und Fachschulen, die die Ökonomie eines bestimmten Industriezweiges zum Gegenstand hat. Ein Ingenieurökonom ist somit ein auf einen bestimmten Industriezweig spezialisierter Wirtschaftsfachmann.

Ingenieurpsychologie Wissenschaftszweig, der die »speziellen Probleme der psychischen Steuerung im Mensch-Maschine-System mit dem Ziel seiner Optimierung« untersucht.

Initiative Der Begriff ist – zumindest im offiziellen Sprachgebrauch – durch den Sinn geprägt, den er in Lenins Schrift ›Die große Initiative...‹ hat. In dieser Schrift wird der wesentliche Vorzug des → Sozialismus gegenüber dem → Kapitalismus an der Bereitschaft der »werktätigen Massen« festgemacht, freiwillig und uneigennützig für ihren Staat zu arbeiten. Dieser Begriff von »I.« hat von daher große ideologische Bedeutung; seine praktische Bestätigung soll er in der DDR in → Masseninitiativen finden, wie z.B. dem → sozialistischen Wettbewerb, der → volkswirtschaftlichen Masseninitiative, dem → Mach-mit-Wettbewerb, dem → Subbotnik, den → Initiativschichten u. a. Diese Kampagnen sind von oben organisiert, genauso wie die »große Initiative« zu Lenins Zeiten, ein von der Partei sorgfältig vorbereiteter und initiierter Sondereinsatz der Moskauer Eisenbahnwerker. Mitmachen, Sich-lenken-lassen für die höchste Form von I. auszugeben, bedeutet andererseits, aller wirklichen I., sei es in der Wirtschaft, Kultur oder Politik, grundsätzlich zu mißtrauen; I. bedeutet in der DDR, sich mit allem Eifer in den Dienst der → Sache zu stellen.

initiativreich Propagandawort (→ Initiative), das sich zum Beispiel auf einem Spruchband in einer Kaserne der DDR-Grenztruppen in folgendem Zusammenhang findet: »Grenzsoldat – handle besonnen, sachkundig und initiativreich!«

Initiativschicht Propagandistisch und betriebsorganisatorisch besonders vorbereitete Arbeitsschicht, die beispielgebende Leistungen erbringen soll. Die I. wird sowohl im → soz. Wettbewerb als auch für die Festsetzung neuer Leistungsnormen ausgewertet. Der Begriff wird aber auch für sog. »Hau-ruck-Aktionen«, Sondereinsätze aus besonderen wirtschaftlichen oder politischen Gründen, verwendet (→ Initiative).

Inlandexport Offizielle DDR-Bezeichnung für finanzielle Regelungen zwischen Staat und Kirche über die ihr aus dem Westen zur Verfügung gestellten Devisen. Die meisten kirchlichen Baumaßnahmen in der DDR werden mit Mitteln aus der Bundesrepublik finanziert und laufen staatlicherseits unter »I.«.

Integration → sozialistische ökonomische Integration.

Intelligenz In der aus dem Russischen (»Intelligenzija«) übernommenen Bedeutung bezeichnet das Wort die soziale »Schicht« der geistig Tätigen. Dazu zählen Wissenschaftler, Ärzte, Lehrer, Künstler, Ingenieure. Politiker rechnen dagegen zur → Arbeiterklasse, denn diese ist ja »herrschende Klasse« im Sozialismus, während die I. »niemals die führende soziale Kraft der Gesellschaft sein« kann. Die → Bündnispolitik der Arbeiterklasse sieht vor, die I. in den Aufbau der soz. Gesellschaft einzubeziehen. Dies Einbeziehen bedeutet einerseits eine Privilegierung (z.B. durch → Einzelverträge, bevorzugte Versorgung mit Wohnraum, Reisemöglichkeiten als → Reisekader), womit vor dem Bau der → Mauer auch der zunehmenden Abwanderung der I. entgegengewirkt werden sollte. (Natürlich wirken die Privilegien auch nach der Mauer staatstragend, weil die gesamte I. – außer den Künstlern – im Dienst des Staates steht. Die Unabhängigkeit der Künstler vom Staat ist allerdings auch eingeschränkt, weil alle

Medien vom Staat kontrolliert werden.) Die I. in den soz. Aufbau einzubeziehen, bedeutet andererseits, bestimmte politische Anforderungen an eine »sozialistische I.« zu stellen, die sich überwiegend aus der Arbeiterklasse und der Bauernschaft rekrutieren und ihre Tätigkeit »im engen Bündnis mit der Arbeiterklasse« ausüben soll. Politische Einflußnahme auf die I. ist auch in den verschiedenen Künstlerverbänden, den »Klubs der I.« oder dem Auswahlkriterium »soziale Herkunft« an den → Erweiterten Oberschulen (EOS), Hochschulen und Universitäten institutionalisiert.

Intelligenzrente Zusatzrente für Leitungskader der sozialistischen → Intelligenz in Höhe von 60–80 Prozent des letzten Gehalts, jedoch höchstens 800 Mark.

Interatomergo Internationale Organisation des → Rats für gegenseitige Wirtschaftshilfe für die Koordinierung der Entwicklung und Produktion von Atomkraftwerken. Der Sitz der I. ist in Moskau.

Interchim Internationale Industriezweigorganisation, der alle europäischen Mitgliedsländer des → Rats für gegenseitige Wirtschaftshilfe angehören. Die I. organisiert Forschung, Entwicklung, Produktion und Absatz kleintonnagiger chemischer Erzeugnisse, ihr Sitz ist in Halle/Saale.

intercontrol Einziger Warenkontrollbetrieb der DDR. Die GmbH mit Sitz in Berlin übernimmt im Auftrag in- und ausländischer Firmen Kontrollaufgaben.

Interesse → gesellschaftliche Interessen.

Interessiertheit → materielle Interessiertheit.

Interflug, die Name des staatl. Luftfahrtunternehmens der DDR. Der Zentralflughafen befindet sich in Berlin-Schönefeld. 1954 wurde zunächst die »Deutsche Lufthansa-AG« als »sozialistisches Luftverkehrsunternehmen der DDR« neu gegründet; 1963 übertrug sie ihre Aufgaben der 1958 gegründeten Interflug-Gesellschaft für internationalen Flugverkehr m. b. H., die seither für alle Luftverkehrsdienste in der DDR zuständig ist.

Interhotel Vorrangig für ausländische Gäste bestimmtes Hotel der → Handelsorganisation. I.s gibt es außer in den Bezirkshauptstädten auch in Touristen- und Urlaubszentren. Den I.s sind in der Regel → Intershops angeschlossen.

Interkosmos, die Internationale Organisation zur Koordinierung der Weltraumforschung im → Rat für gegenseitige Wirtschaftshilfe (Sitz: Moskau). Denselben Namen (mask.) tragen die von der I. entwickelten Forschungssatelliten.

Intermetall, die Internationale Organisation des → Rats für gegenseitige Wirtschaftshilfe für Zusammenarbeit auf dem Gebiet der Schwarzmetallurgie (Sitz: Budapest).

Intershop Die Handelsorganisation I. wurde 1962 gegründet, um ausländische, meist westliche Produkte, seltener solche aus der DDR (vorwiegend aus der → Gestattungsproduktion) gegen frei konvertierbare Währung (westliche Währung) an Reisende aus dem westlichen Ausland zu verkaufen. Anfangs befanden sich die wenigen I.s an großen Bahnhöfen und in → Interhotels. Seit dem Inkrafttreten des Devisengesetzes der DDR (Anfang 1974) ist DDR-Bürgern der Besitz von westlichen Zahlungsmitteln gestattet, doch nur, um damit in I.s einzukaufen. 1979 wurde für DDR-Bürger die Umtauschpflicht ihrer Devisen in »Mark-Wertschecks« der Forum-Außenhandels-GmbH (→ Forum-Schecks) eingeführt. → Devisenausländer können weiterhin bei Vorlage ihres Personaldokuments gegen Bargeld einkaufen. Die Zahl der I.s ist erheblich gewachsen, sie werden auch an Autobahnraststätten und in kleineren Städten unterhalten. Die Preise sind an die in der Bundesrepublik üblichen angelehnt.

Intertank DDR-Tankstellen (meist an Transit-Autobahnen), die Kraftstoffe für frei konvertierbare Währung (westliche Währungen) verkaufen. Die Preise liegen stets etwas unter denen in der Bundesrepublik.

Intervision Vereinigung der Fernsehstationen sozialistischer Länder (ähnlich der »Eurovision«) zum Zweck von Gemeinschaftssendungen und des Programmaustausches.

J

Jahresendfigur mit Flügeln Humoristische Bezeichnung für »Weihnachtsengel«, die den Anspruch der atheistischen Ideologie parodiert.
Jahresendprämie → Prämie.
Jahresvolkswirtschaftsplan → Plan.
Journalismus Der sozialistische J. wird als »massenwirksamstes Instrument« der → Partei verstanden, als ein »entscheidendes politisches Machtinstrument« zur Entwicklung des gesellschaftlichen → Bewußtseins. »Ein soz. Journalist ist ein Funktionär der Partei und unserer Gesellschaft ...«
Jugendbrigade Arbeitsgruppe von jungen → Werktätigen in der Industrie, Landwirtschaft oder in anderen Einrichtungen. Die J. hat 10 bis 15 Mitglieder, die nicht älter als 26 Jahre sein sollen. Die J.n arbeiten über längere Zeit an bestimmten betrieblichen Aufgaben und übernehmen diese als → Jugendobjekte. Kern der J. ist die FDJ-Gruppe (Nicht-Mitgliedschaft ist die Ausnahme), die die erzieherische Funktion der J. bis in die Freizeit hinein zu organisieren hat.
Jugendförderungsplan Teil der Gesamtplanung in Betrieben, → landwirtschaftlichen Produktionsgenossenschaften, Städten und Gemeinden, die insbesondere die Teilnahme der Jugend am → sozialistischen Wettbewerb in speziellen »jugendgemäßen« Formen regelt (→ Jugendobjekt, → Jugendbrigade, → Messe der Meister von Morgen).
Jugendforum Von der → Freien Deutschen Jugend (FDJ) organisierte außerplanmäßige Diskussionsveranstaltung mit einem → Propagandisten, der, meist nach einem einleitenden Referat, Fragen zu »aktuell-politischen Themen« beantwortet.
Jugendfreund Bezeichnung und Anredeform für Mitglieder der FDJ.
Jugendgesetz In der letzten Fassung von 1974 wird das Ziel des J.es mit der »Förderung der Jugend« und der »Gewährleistung ihrer Teilnahme an der Gestaltung der entwickelten sozialistischen Gesellschaft« umschrieben. Schwerpunkt des J.es ist die Erziehung der → Jugendlichen zu → sozialistischen Persönlichkeiten, die Herausbildung eines »festen Klassenstandpunktes«. In diesem Sinne regelt es auch den Beitrag der Jugend zur Steigerung der → Arbeitsproduktivität in speziellen »jugendgemäßen«

Kooperationsformen (→ Jugendbrigade), die Zuständigkeit der FDJ als Vertretung der Jugend in Schule, Betrieb, Armee, Hochschule und sieht eine Reihe von sozial-, gesundheits- und bildungspolitischen Maßnahmen vor, die der Jugend zugute kommen sollen (→ Familienkredit, Förderung f. Studentinnen mit Kind, u.a.).

Jugendhaus Einrichtung des Strafvollzugs für den Freiheitsentzug für → Jugendliche. Die Dauer des Aufenthalts der 14- bis 18jährigen Straftäter richtet sich nach dem Erziehungserfolg.

Jugendkollektiv → Jugendbrigade.

Jugendliche Nach DDR-Recht und -Verfassung die Gruppe der 14- bis 18jährigen. Mit der Vollendung des 18. Lebensjahres hat man in der DDR alle Rechte und Pflichten eines Erwachsenen.

Jugendmeisterbereich Spezielle Form der → Jugendbrigade, die hier unter der Leitung eines Meisters steht.

Jugendobjekt Arbeitsvorhaben, für dessen Ausführung ausschließlich Jugendliche verantwortlich sind. Die J.e werden von der → Freien Deutschen Jugend (FDJ) vergeben und auf betrieblicher, nationaler oder internationaler Ebene realisiert (zentrales J.).

Jugendtourist Reisebüro der → Freien Deutschen Jugend (FDJ) mit dem Monopol auf die Vermittlung von Auslandsreisen an Jugendliche und die Vermittlung von DDR-Aufenthalten ausländischer Jugendlicher. Die stark subventionierten Reisen führen nur ausgesuchte, »zuverlässige« junge Menschen ins »nichtsozialistische Ausland«; doch auch die Reisen z.B. in die Sowjetunion sind stets ausgebucht und werden als Auszeichnung für gute Leistungen im Betrieb oder in der Schule vergeben.

Jugendweihe In jedem Frühjahr veranstaltete Feierstunde für die Mädchen und Jungen der jeweiligen achten Schulklassen, die den Übergang der 14jährigen in die Welt der Jugendlichen würdig begehen soll. Im Mittelpunkt der Feierlichkeiten steht das öffentlich abgegebene Gelöbnis mit einem Bekenntnis zur DDR, zum Sozialismus und zur Freundschaft mit der Sowjetunion. Die Zahl der Jugendlichen, die sich der quasi-obligatorischen J. entziehen, liegt unter 5 Prozent.

Jugendwerkhof Erziehungs- und Ausbildungsstätte für straffällig gewordene oder schwer erziehbare Minderjährige. Im Typ (I) des J. werden → Jugendliche nur vorübergehend zur Klärung der weiteren Unterbringung beherbergt, Typ (II) bietet

die Möglichkeit des Schul- oder Ausbildungsabschlusses. J.e sind geschlossene Einrichtungen; als Einweisungsgründe gelten u. a. Schulbummelei, Eigentumsdelikte, Körperverletzung.
Jumo Umgangssprachl. Kurzform für »Jugendmode«, Name für eine Kette von Verkaufsstellen der → Handelsorganisation.
Jungaktivist Auszeichnung und Ehrentitel für junge → Werktätige, die sich im → sozialistischen Wettbewerb bewährt haben.
Junge Talente Von der FDJ organisierte → Bewegung für künstlerisch begabte Kinder und Jungendliche. In »Häusern der J.n T.« wird in verschiedenen Sparten künstlerischer Gruppenunterricht erteilt, »Feste der J.n T.« dienen dem Leistungsvergleich. Die Bewegung soll der frühen Erkennung und Förderung Hochbegabter und der »volkskünstlerischen → Masseninitiative« dienen.
Junger Pionier (Abk.: JP, Kurzform: Pionier) → Pionier.

K

Kabinett 1. Fachunterrichtsraum (z. B. für Chemie, Physik, Musik) in der Schule. 2. Lehrraum mit ausstellungsähnlicher Ausstattung zur Veranschaulichung z. B. eines bestimmten Produktionsvorganges in Betrieben (technisches K.) oder zum ehrenden Andenken an Persönlichkeiten, z. B. der Militärgeschichte in Armeeobjekten (Traditionsk.). Mit dieser Neubedeutung wurde aus dem Russischen auch eine in der Sowjetunion verbreitete Ehrfurcht vor Lerntechniken (zu 1.) und belehrenden Reliquien (zu 2.) übernommen. Traditionsk.e, wie es sie auch in Betrieben und Schulen gibt, erinnern mitunter an die Ausstattungen orthodoxer Kirchen.

Kader »In der soz. Gesellschaft Menschen, die die Verantwortung für die Leitung eines [→] Kollektivs tragen. K. zeichnen sich vor allem aus durch: unbedingte Treue zur Arbeiterklasse, ihrer Partei und zum [→] Marxismus-Leninismus sowie ihren konsequenten Kampf um die Erfüllung der [→] Beschlüsse.« Im Sinne dieser Definition spricht man auch von Führungsk., Leitungsk., → Nomenklaturk. Andererseits ist die → K.abteilung eines Betriebes nicht nur für die leitenden Angestellten zuständig, und auch Begriffe wie K.entwicklung, → K.gespräch, K.bedarf, → K.politik beziehen sich auf Arbeitskräfte im allgemeinen. Nicht nur K., sondern jeder Beschäftigte hat eine → K.akte, wohingegen → Reisek. nur eine kleine Auswahl der K. im engeren Sinne werden können. Als Faustregel kann gelten, daß in Wortverbindungen mit K. am Anfang Arbeitskräfte schlechthin, mit -k. am Ende K. im engeren Sinne gemeint sind.

Kaderabteilung Ähnlich der Personalabteilung in der Bundesrepublik ist die K. in Betrieben, Verwaltungen etc. für Einstellung und Entlassung verantwortlich. Darüber hinaus kümmert sie sich um die berufliche und politische Schulung der Beschäftigten.

Kaderakte Von der jeweils zuständigen → Kaderabteilung geführte Akte über die berufliche und politische Entwicklung jedes Beschäftigten während der gesamten Dauer seines Erwerbslebens. Die K. ist nur bedingt einsehbar und hat eine höhere Bedeutung als die Personalakte in der Bundesrepublik, weil sie Aufschluß über die → politisch-ideologische Zuverlässigkeit gibt, die wiederum entscheidend fürs berufliche Fortkommen ist.

Kadergespräch Gespräch, das leitende Mitarbeiter mit einem Beschäftigten führen über dessen Arbeit, Weiterbildung, etc.

Kaderpolitik Die vom → Zentralkomitee festgelegten Grundsätze für Ausbildung, Auswahl und Einsatz der → Kader. Mit Hilfe der K. sichert die SED ihre Macht in allen gesellschaftlichen Bereichen. Methoden der K. sind die → Nomenklatur, die Kaderbedarfsplanung und die Weiterbildung der Kader in speziellen Bildungseinrichtungen (→ Parteihochschule). Außerdem zählen offiziell verschwiegene Vergünstigungen zur K., wie z. B. die bevorzugte Versorgung mit Wohnraum, Autos, Reisepässen (→ Reisekader).

Kaderreserve Nachwuchskräfte, die für die spätere Übernahme von Leitungsfunktionen vorgesehen sind.

Kaderspiegel Von der → Kaderabteilung angelegte Übersicht über alle Beschäftigten anhand der → Kaderakten. Der K. gibt einen Überblick über die wichtigsten Daten des Personalbestandes.

Kaderwelsch Ironische, wortspielerisch aus »Kauderwelsch« gebildete Bezeichnung für den Funktionärsjargon, das Konglomerat aus Termini des → Marxismus-Leninismus, der Parteisprache und Neologismen aus dem jeweils modischen Wissenschaftszweig. K. hat im wesentlichen die Funktion, die Parteitreue, M.-L.-Festigkeit und wissenschaftliche Qualifikation des → Kaders zum Ausdruck zu bringen, d. h. dessen Anpassung an das Bild vom idealen → Funktionär. Außerdem liefert K. durch seine Abstraktheit und seine substantivische Verklumpung und Verfestigung eine von der Alltagsrealität abgehobene ideologische Plattform.

Ka-em-ix Umgangssprachliches Kürzel für Karl-Marx-Stadt, das dem Stadtnamen nicht nur seine Länge, sondern auch seine Weihe nimmt und zudem an den alten Namen Chemnitz erinnert.

Kali Umgangssprachl. Kurzform für »Kaffeelikör«, ein beliebtes Kneipengetränk.

Kamerad Anrede und Grußform bei der → Gesellschaft für Sport und Technik (GST).

Kammer der Technik (Abk.: KDT) »Sozialistische Ingenieurorganisation«, Vereinigung der Ingenieure, Techniker, Ökonomen, → Neuerer und Wissenschaftler aus bestimmten produktionsnahen Zweigen, die durch »umfassende politisch-ideologische Arbeit« ihre Mitglieder befähigen soll, »an der effektiven Lösung der Aufgaben der Intensivierung der Produktion teilzunehmen«.

Kampfdemonstration → Demonstration; → Kundgebung.

kämpfen Propagandistisch beliebt zur Kennzeichnung des gesamten gesellschaftlichen Lebens als → Klassenkampf, als Kampf für den Frieden, für den Sozialismus, oder auch im Detail: für → Plantreue, für höhere Leistungen im → sozialistischen Wettbewerb, für bessere Studienergebnisse, für die Einsparung von Material, für pünktliche Zugverbindungen, für eine bessere Versorgung mit Obst und Gemüse. (→ Kampfprogramm; → Kampfreserve.)

Kämpfer Bezeichnung für Mitglieder der → Kampfgruppen.

Kampfgruppen (eigentl.: Kampfgruppen der Arbeiterklasse) Militärisch ausgerüstete und ausgebildete Einheiten von Betriebsangehörigen aus Industrie, Landwirtschaft oder staatl. Institutionen, die nach dem 17. Juni 1953 aufgestellt wurden, in einer Situation »verschärfter Klassenauseinandersetzung«. Ursprünglich zum Schutz der Betriebe gedacht, kommen den K. auch Aufgaben der inneren Sicherheit und der Landesverteidigung zu. Die Ausbildung erfolgt außerhalb der Arbeitszeit. Die Zugehörigkeit zu den K. gilt als »Ausdruck eines ausgeprägten Klassenbewußtseins, hoher politischer Reife und Ergebenheit für den Sozialismus«. Dieser politische Bonus und die Befreiung von Reservistenübungen ist ein häufiger Beweggrund, den K. beizutreten. Die Angehörigen der K. werden als »Kämpfer« bezeichnet und mit »Genosse Kämpfer« angeredet.

Kampflied Meist im engeren Sinne als K. der Arbeiterklasse verstanden.

Kampfprogramm K. steht bei den Parteien und → Massenorganisationen der DDR oft für das gewöhnliche Arbeitsprogramm oder Jahresprogramm. Der enthusiastische Name soll die langweilige Pflichtübung dynamisch erscheinen lassen.

Kampfreserve Als »K. der Partei« wird die → Freie Deutsche Jugend gern in offiziellen Texten bezeichnet, ein paramilitärischer Ausdruck, der der dahindämmernden FDJ-Arbeit an der Basis allerdings widerspricht.

Kandidat Das Wort wird in Parteikreisen meist synonym mit »Kandidat der SED« verwendet; d. i. ein Anwärter auf SED-Mitgliedschaft. K.en haben außer dem Stimmrecht die gleichen Rechte und Pflichten wie Mitglieder. Die K.enzeit beträgt für Arbeiter ein, für alle anderen zwei Jahre. Auch die nichtstimmberechtigten Mitglieder in zentralen Parteigremien werden als K. bezeichnet (z. B. K. des Politbüros).

Kapitalismus Nach marx.-len. Auffassung die → Gesellschaftsformation, die dem → Feudalismus nachfolgt und dem → Sozialismus/Kommunismus vorausgeht. Der K. ist in diesem Verständnis die letzte gewaltsam zu beseitigende → Klassengesellschaft. Mit seiner Überwindung ende die → »Ausbeutung des Menschen durch den Menschen«, und die Menschheit tritt geschichtlich vom »Reich der Notwendigkeit ins Reich der Freiheit«. Dieser Übergang sei nur durch eine sozialistische → Revolution möglich, die eine → gesellschaftliche Gesetzmäßigkeit und zugleich → historische Mission der Arbeiterklasse sei. Der innere → Widerspruch des K. (→ Antagonismus) zwischen → Bourgeoisie und → Proletariat treibe gesetzmäßig auf eine gewaltsame Lösung hin, auf den Übergang zur kommunistischen → Gesellschaftsformation. Der → Imperialismus sei die höchste und letzte Phase des K., in der durch Krisenerscheinungen wie Arbeitslosigkeit, Inflation und Überproduktion die revolutionäre Überwindung des K. von innen heraus vorbereitet werde. Alle westlichen Industrienationen werden als kapitalistische Staaten oder kapitalistisches Ausland (Abk.: KA) bezeichnet, womit eine eindeutig negative Bewertung verbunden ist.

Karlex, der Expreßzug der → Deutschen Reichsbahn, der zwischen Berlin und Karlovy Vary (Karlsbad) verkehrt.

Kasse der gegenseitigen Hilfe (Abk.: KdgH) Innerbetriebliche Einrichtung des → Freien Deutschen Gewerkschaftsbundes, die ihren Mitgliedern zinslose Darlehen gewährt. Die K. ist in ihren Aufgaben der Unterstützung Betriebsangehöriger annähernd mit dem Sozialfonds in bundesdeutschen Betrieben vergleichbar. Ausscheidende Mitglieder erhalten die eingezahlten Beiträge zurück.

Kauffonds der Bevölkerung Der Teil des Einkommens der Bevölkerung, der für Waren und Dienstleistungen ausgegeben wird. Die Ermittlung des K. ist wichtig für die Bilanzierung des → Warenfonds zur → Versorgung der Bevölkerung.

Kaufhalle bezeichnet ungefähr das, was in der Bundesrepublik Supermarkt heißt: ein Selbstbedienungsgeschäft für Lebensmittel.

Kennziffer »Exakt definierte Größe gesellschaftlicher Erscheinungen und Prozesse, mit deren Hilfe in der Planung, Rechnungsführung und Statistik das Niveau, die Struktur und Entwicklung dieser Prozesse und Erscheinungen dargestellt, geplant, abgerechnet und analysiert wird«; in einer Planwirtschaft notwendiges Mittel zur quantitativen Erfassung aller möglichen Bereiche des gesellschaftlichen Lebens, das ja in seiner Gesamtheit von der »führenden Kraft« (SED) planmäßig gelenkt und entwickelt werden soll. So gelten auch statistische Größen auf kulturellem Gebiet als K.n, die der Planung unterliegen. →Qualitätsk.n drücken das durch Vergleich gewonnene qualitative Niveau eines Erzeugnisses aus, sie werden im → Erzeugnispaß festgehalten (→ Gütezeichen). Komposita, meist aus dem Bereich der Wirtschaft: Effektivitätsk., Verbrauchsk., Zeitk., Berichtsk., Plank.

Kernkraftwerk Das DDR-Wort für Atomkraftwerk, das die negative Assoziation offenbar vermeiden soll, die sich mit dem Wort Atom verbindet.

Kinderkombination Kombination von Kinderkrippe (für Kinder bis 3 Jahre) und Kindergarten (für Kinder von 3 Jahren bis zur Einschulung) in einer Einrichtung. Die vollständige offizielle Bezeichnung lautet: Kombinierte Einrichtung Kindergarten und Kinderkrippe.

Kindertag »Internationaler Tag des Kindes«, der am 1. Juni alljährlich in den Staaten des Ostblocks mit Kinderfesten aller Art begangen wird (→ Tag des ...).

Kinder- und Jugendspartakiade Vom → Deutschen Turn- und Sportbund seit 1965 alle zwei Jahre organisierte Wettkämpfe der sportlichen Elite unter den Kindern und Jugendlichen. Die K. wird im Sommer und Winter in den olympischen Disziplinen ausgetragen. Ihr gehen Bezirks- und Kreisspartakiaden voraus. Die Spartakiadebewegung wird als Grundlage für die Entwicklung des Leistungssport-Nachwuchses staatl. sehr gefördert. (Auch: → Spartakiade).

Kiwi Umgangssprachl. für »Kirschwhisky«, einen beliebten Fruchtsaftlikör.

Klasse Grundkategorie des → Marxismus-Leninismus zur Bezeichnung von großen Menschengruppen, die sich vor allem durch ihr Eigentumsverhältnis zu den gesellschaftlichen Produktionsmitteln unterscheiden. Davon leite sich ihr verschiedener Anteil am gesellschaftlichen Reichtum und ihr Verhältnis zur Macht ab. Der M.-L. sieht die bisherige Geschichte wesentlich als Geschichte von K.nkämpfen zwischen Produktionsmittel besitzenden Ausbeuterk.n und den unterdrückten K.n der Besitzlosen. Da erstere stets auch über die Staatsmacht verfügten, sei es zur Befreiung der unterdrückten und ausgebeuteten K.n nötig, den Ausbeuterstaat der herrschenden K. in einer Revolution zu beseitigen. Arbeiterk. (→ Arbeiter-); K.nauseinandersetzung; → K.nbewußtsein; K.nbruder; → K.ncharakter; → K.nfeind; → K.ngesellschaft; K.ninteresse; → K.nkampf; → K.nstandpunkt u. a.

Klassenbewußtsein Spezielle Form des → gesellschaftlichen Bewußtseins, worin eine → Klasse sich ihrer Lage und ihrer Ziele bewußt wird. Das Besondere am K. der Arbeiterklasse (→ Arbeiter-), am → sozialistischen Bewußtsein sei, daß es nicht spontan entstehe, sondern durch die → »Partei neuen Typus« erst in die → werktätigen Massen »hineingetragen« werden müsse. Nach dem Sieg der sozialistischen → Produktionsverhältnisse macht es sich die Partei zur Aufgabe, mittels → Agitation und → Propaganda das K. der Arbeiterklasse zum »Bewußtsein des ganzen Volkes« zu machen. »K.« bescheinigt zu bekommen oder als »klassenbewußter« Mensch zu gelten, bedeutet also in der DDR soviel wie Loyalität, Staatstreue. So ist es nicht ungewöhnlich, von klassenbewußten Studenten, Künstlern, Armeeangehörigen zu hören, denn K. hat, wenn es im Sozialismus »herrschendes Bewußtsein« geworden ist, mit der Zugehörigkeit zu einer Klasse nichts mehr zu tun. Dahinter steckt die Vorstellung, daß die Arbeiterklasse (und die DDR-Bevölkerung insgesamt) »objektiv und gesetzmäßig« das Bewußtsein nötig habe, das man ihr aufzunötigen sucht: die marx.-len. Parteiideologie.

Klassencharakter Dem in der DDR gelehrten → Marxismus-Leninismus zufolge haben mit Ausnahme der → Urgesellschaft und des → Kommunismus alle gesellschaftlichen und geistigen Erscheinungen einen bestimmten K., weil sie von Klasseninteressen bestimmt sind. Weil es in jeder → Klassengesellschaft einen → Klassenkampf zwischen progressiven und reaktionären gesellschaftlichen Kräften gebe, sei der K. entscheidend dafür, ob eine gesellschaftliche oder geistige Erscheinung als → fortschrittlich oder reaktionär einzuschätzen ist. So ist der K. ein bequemes Kriterium, die Geschichte nach »progressiven Traditionen« durchzuforsten und auch alle gegenwärtigen Erscheinungen in pro und contra (bezogen auf die Arbeiterklasse als fortschrittlichste Klasse der Geschichte) einzuteilen.

Klassenelternaktiv → Aktiv.

Klassenfeind Vor allem in der Ulbricht-Ära beliebte Bezeichnung für die politischen Gegner des Sozialismus oder diejenigen, die die → Partei dafür hielt. Heute ist Klassengegner das gebräuchliche Synonym. Dieser Anlehnungsversuch an traditionelle Feindbilder der Arbeiterbewegung funktioniert indessen kaum noch und ist zur Phrase geworden.

Klassenfrage Seitens der Partei häufig ins Feld geführtes Kriterium für Entscheidungen, die mitunter nur sehr mittelbaren Klassenbezug haben. K.n sind Entscheidungsfragen, die mit der politischen Macht der Arbeiterklasse, d. h. ihrer Partei in Zusammenhang stehen. K.n sind »klassenmäßig« zu entscheiden, d.h. im Interesse dieser Macht. »K.« ist in etwa ein Synonym für einen → politisch-ideologisch relevanten Entscheidungszusammenhang, wozu unter real-sozialistischen Bedingungen annähernd jeder Entscheidungszusammenhang werden kann. Die K. zu stellen heißt, eine Sache auf ihren nicht immer naheliegenden Zusammenhang mit der politischen Macht hin abzuklopfen oder eine Person nach ihrem → Klassenstandpunkt zu befragen. Diskussionen erübrigen sich, sobald der Gegenstand zur K. erklärt wurde, denn dann gibt es nur noch ja oder nein, dafür oder dagegen, Loyalität oder Auflehnung, Linientreue (→ Linie) oder → Abweichung.

Klassengesellschaft Alle bekannten → Gesellschaftsformationen mit Ausnahme der → Urgesellschaft und des → Kommunismus sind nach marx.-len. Auffassung K.en. Alle bisherigen K.en seien vom → Antagonismus der ausbeutenden und der ausgebeuteten → Klasse gekennzeichnet, sie heißen Ausbeutergesellschaften oder antagonistische K.en und seien zum Untergang verurteilt.

Klasseninstinkt Unterentwickelte Form des → Klassenbewußtseins der Arbeiterklasse (→ Arbeiter-), worin sie sich noch nicht ihrer → historischen Mission in der durch den → Marxismus-Leninismus begründeten Form bewußt ist. K. bedeutet z.B. einen Gegensatz zu allem »Bourgeoisen« zu empfinden; im realen Sozialismus ist »K.« gleichbedeutend mit »politischem Instinkt«, d.h. mit der Fähigkeit, instinktiv zu empfinden, was politisch opportun ist und was nicht.

Klassenkampf Nach marx.-len. Auffassung der Kampf antagonistischer (→ Antagonismus) → Klassen in den sogenannten → Klassengesellschaften, der schließlich zum Sieg der ausgebeuteten über die ausbeutende Klasse führt und zur Ablösung der → Gesellschaftsformation durch die nächst höhere. Der Kampf um die weltweite Ablösung der kapitalistischen Formation durch die sozialistische gilt auch als K., heißt aber zumeist vornehmer »Klassenauseinandersetzung«. In der Epoche des Übergangs vom → Kapitalismus zum → Sozialismus (→ Charakter der Epoche) ist so ziemlich alles, was auf der Welt geschieht, unter den weiten Begriff des K.es zu fassen.

Klassenstandpunkt Das Wort dient in der DDR zur Bezeichnung einer politischen Grundeinstellung oder Haltung zu bestimmten Fragen, die mit der von »Partei und Regierung« vertretenen → Linie übereinstimmt. Einen »gefestigten K.« vor allem bei der Jugend herauszubilden, gilt als wichtiges Erziehungsziel.

Der Begriff trügt in zweierlei Hinsicht: 1. hat der Bezug auf eine → Klasse nur mehr Alibifunktion, 2. bezeichnet er weniger einen Standpunkt als eine Anpassungsfähigkeit.

Klassiker, die Im offiziellen Sprachgebrauch, insbes. in marx.-len. Lehrveranstaltungen häufig synonym mit: »Klassiker des Marxismus-Leninismus«; das sind Karl Marx, Friedrich Engels und W. I. Lenin.

Klub Staatl. Einrichtung zur Gestaltung des geistig-kulturellen Lebens der Bevölkerung. → Dorfk.; → Veteranenk.; K. der Intelligenz: Haus für die → Intelligenz mit Gastronomie und Veranstaltungsprogramm. K.haus: gastronomische Mehrzweckeinrichtung.

Kollegien (Eigentl.: Kollegien der Ministerien) Beratende Organe bei Ministern oder Staatssekretären.

Kollegium der Rechtsanwälte Zusammenschluß von Rechtsanwälten in den → Bezirken und in Berlin. Eine Zulassung als Rechtsanwalt ist erst nach der Aufnahme in das K. d. R. möglich. Eine Revisionskommission überprüft alle Mitglieder hinsichtlich der Einhaltung ihrer Pflichten.

Kollektiv Arbeitsgruppe, Team. Der Begriff ist ideologisch befrachtet, weil das sozialistische K. als Bindeglied zwischen Individuum und Gesellschaft die »Entwicklung sozialistischer Persönlichkeiten maßgeblich beeinflussen« soll. Die → Partei und die → Massenorganisationen schenken der Bildung von K.en in allen Bereichen des gesellschaftlichen Lebens besondere Aufmerksamkeit. Küchenk.; Lehrerk.; Leitungsk.; Reservistenk.; Studentenk.; Schülerk. u. v. a.

Kollektiv der sozialistischen Arbeit Staatl. Auszeichnung und Ehrentitel, der im Rahmen des → sozialistischen Wettbewerbs verliehen wird. Der Titel wird jährlich ca. 100000mal vergeben und ist mit einer finanziellen Zuwendung an alle Mitglieder des K. verbunden.

Kollektivierung Meist gleichbedeutend mit »Kollektivierung der Landwirtschaft«, die in der DDR zwischen 1952 und 1960 vollzogen wurde (→ landwirtschaftliche Produktionsgenossenschaft).

Kollektivjagd Die Jagd eines Jagdkollektivs von Kollektivjägern.

Kollektivvertrag → Betriebskollektivvertrag.

Kollektivvertreter Vom Arbeitskollektiv eines Straftäters Beauftragter, der im Ermittlungsverfahren und der Hauptverhandlung zur Persönlichkeit des Straftäters Stellung nimmt und namens des Kollektivs eine → Bürgschaft für ihn übernehmen kann.

KOM Abkürzung für Kraftomnibus (KOM-Haltestelle, -Fahrer etc.).

Kombinat Großbetrieb der soz. Industrie oder Landwirtschaft. Die Bildung von K.en folgt der der modernen Industriegesellschaft innewohnenden Tendenz zu Spezialisierung und Konzentration der Produktion, wie sie sich in kapitalistischen Ländern in der Monopolbildung zeigt. K. industrieller Mast (Abk.: KIM): Betrieb zur industriemäßigen Produktion von Hühnern, Schweinen, Eiern etc. Backwarenk., → Bau- und Montagek., Braunkohlenk., Eisenhüttenk., Gartenbauk., Kraftverkehrsk. (Abk.: KVK), Wohnungsbauk. (Abk.: WBK), Dienstleistungsk. (Abk.: DLK, → Dienstleistungsbetrieb).

Kombine Aus dem Russischen übernommenes englisches Wort, das sowohl englisch (»Kombain«) als auch eingedeutscht ausgesprochen wird und Maschinen bezeichnet, die mehrere Arbeitsgänge gleichzeitig ausführen, wie etwa Mähdrescher oder Kartoffelvollerntemaschinen. So spricht man von einer Kartoffelk., einer Rübenk., einer Getreidek., aber auch von einer Braunkohlenk.

Kommissions-Gaststätte Private Gaststätte mit einem staatl. → Kommissionsvertrag.

Kommissionshandel Privater Einzelhandel mit → Kommissionsvertrag.

Kommissionsvertrag Vertrag zwischen soz. Handelsbetrieben und privaten Einzelhändlern, worin dem Einzelhändler der Besitz seiner Verkaufseinrichtung, die Versorgung mit Waren und eine Vergütung seiner Handelstätigkeit durch eine Provision zugesichert wird gegen die Zusage, keine Geschäfte auf eigene Rechnung zu machen. Der Kommissionshändler ist somit ein Angestellter eines soz. Handelsbetriebes im eigenen »Geschäft« (womit nur mehr die Räumlichkeiten gemeint sind). Durch eine private Einzelhändler benachteiligende Warenbelieferung können diese zum Abschluß eines K.s genötigt werden. Kommissionswaren sind in diesem Zusammenhang die Waren, die der Kommissionshändler für den soz. Handelsbetrieb verkauft; der Begriff ist aber auch in der üblichen Bedeutung, etwa im Gebrauchtwarenhandel, weiterhin gebräuchlich.

Kommunale Wohnungsverwaltung (Abk.: KWV) → volkseigene Verwaltung des nichtprivaten und nichtgenossenschaftlichen (→ Arbeiterwohnungsbaugenossenschaft) Wohnraums (ca. 50 Prozent). Die KWV verwaltet neben dem vom Staat errichteten Wohnraum auch die Grundstücke und Gebäude, die enteignet wurden oder deren Eigentümer sich im Ausland befinden. Da die staatlich festgesetzten Mieten weit geringer sind als die zur Werterhaltung notwendigen Kosten, ist die KWV ein staatliches Zuschußunternehmen. Dennoch reichen ihre Mittel und bauhandwerklichen Kapazitäten kaum für die notwendigsten Reparaturen aus. Davon zeugt der Gesamtzustand der städtischen Bausubstanz in der DDR. Seit zu Beginn der 70er Jahre die Modernisierung der Altbauten beschlossen wurde (→ Wohnungsbauprogramm), tritt hier allmählich Besserung ein. Die Zuweisung von Wohnraum regelt die → Wohnraumlenkung.

Kommunismus »Klassenlose Gesellschaftsordnung, in der alle Produktionsmittel einheitliches Volkseigentum und alle Mitglieder der Gesellschaft sozial gleichgestellt sein werden; zweite, höhere Phase der kommunistischen [→] Gesellschaftsformation nach der Phase des [→] Sozialismus«. Die Arbeit und die Verteilung des Erarbeiteten soll im K. nach dem Prinzip »Jeder nach seinen Fähigkeiten, jedem nach seinen Bedürfnissen« vor sich gehen, was eine Abschaffung des Leistungsprinzips bedeutet. Der K. ist das erklärte Ziel der gesellschaftlichen Entwicklung in der DDR und, nach marx.-len. Verständnis, auch das Entwicklungsziel der ganzen Menschheit (→ Charakter der Epoche).

kommunistische Weltbewegung Im offiziellen Verständnis all jene Kräfte, die weltweit dem → Kommunismus den Weg bahnen, nämlich 1. das → sozialistische Lager, die sog. Ostblockstaaten und die befreundeten quasi-sozialistischen Länder Asiens, Afrikas und Lateinamerikas, 2. die Arbeiterbewegung der kapitalistischen Industriestaaten, 3. die sogenannten »nationalen Befreiungsbewegungen« in den Ländern der Dritten Welt.

Komplex Mit dem raschen Avancement der Kybernetik zu einer Art Staatsphilosophie in den 60er Jahren, wurde der Begriff überall zum modischen Schlagwort, wo Systematisches, Ganzheitliches hervorgehoben werden bzw. per Begriff in die Praxis hineingetragen werden sollte. Die beabsichtigte Verganzheitlichung gesellschaftlicher (vor allem ökonomischer) Prozesse »von oben« blieb allerdings auch in ihrer Begrifflichkeit Stückwerk, so daß K. in den meisten Fällen schlechthin eine Summe von Gleichartigem, eine Sammlung oder Häufung bezeichnet, nicht den beabsichtigten Systemzusammenhang. Neubau- oder *Wohnk.e* sind Häuserviertel, deren Strukturlosigkeit oft besonders augenfällig ist. Eine *K.annahmestelle* ist eine Annahmestelle für verschiedene Dienstleistungszweige. *K.ernte* ist die Ernteweise, bei der mehrere landwirtschaftl. Betriebe ihren Maschinenpark vereinigen. Eine

K.brigade setzt sich aus Arbeitern unterschiedlicher Berufe zusammen. Das Attribut »k.« taucht in den verschiedensten Verbindungen im Sinne von allumfassend, übergreifend oder allseitig auf, wenn von k.er Entwicklung, k.er Mechanisierung, k.er Analyse die Rede ist.

Komplexprogramm (Eigentl.: »Komplexprogramm für die weitere Vertiefung und Vervollkommnung der Zusammenarbeit und Entwicklung der sozialistischen ökonomischen Integration der Mitgliedsländer des RGW«) Grundsatzdokument und Arbeitsprogramm des → Rats für gegenseitige Wirtschaftshilfe (RGW), das die Entwicklungsrichtung der → sozialistischen ökonomischen Integration bestimmt. Das K. wurde 1971 in Budapest beschlossen und soll im Laufe von 15 bis 20 Jahren etappenweise verwirklicht werden.

Konfliktkommission (Abk.: KK) Gewähltes Laiengericht, das in Betrieben und landwirtschaftl. → Produktionsgenossenschaften kleinere Verstöße gegen die Rechtsnormen (Eigentumsdelikte, Arbeitsbummelei, Beleidigung u. a.) vorgerichtlich klärt. K.en sind bei mehr als 50 Beschäftigten zu wählen, sie können Geldbußen und Wiedergutmachung durch Arbeit anordnen. Diese Form → gesellschaftlicher Gerichte existiert seit 1953: gegenwärtig gibt es ca. 25 000 K.en.

Konsultation Im Hochschulbereich für die Aussprache zwischen Studenten und Lehrkraft über inhaltliche und organisatorische Fragen des Studiums (meist → Fernstudiums). Für Fernstudenten gibt es Pflichtk.en, die Prüfungscharakter haben.

Konsum Mit kurzem »u« gesprochen, bezeichnet das Wort in der Umgangssprache eine Verkaufsstelle der → Konsumgenossenschaften bzw. (seltener) die → Staatssicherheit.

»Konsument« Name des zentralen Handels- und Produktionsbetriebes der → Konsumgenossenschaften der DDR. Der Name wird umgangssprachl. für die Warenhäuser des »K.« verwandt.

Konsumgenossenschaften Verbrauchergenossenschaft zum Handel mit Waren des täglichen Bedarfs. Die K. repräsentieren zusammen mit der → Handelsorganisation und einigen Sonderformen den soz. Einzelhandel, auf den ca. 88 Prozent des Umsatzes entfallen. Der Verband Deutscher Konsumgenossenschaften (VDK) wurde 1949 gegründet, er hat in der DDR eine andere Funktion als die K. der Weimarer Zeit, die Arbeiterselbsthilfe-Organisationen gegen Preistreiberei und Wucher waren. Der VDK ist mit seinen ca. 4,5 Mill. Mitgliedern drittgrößte → Massenorganisation, er zahlt an seine Mitglieder eine jährl. Rückvergütung entsprechend dem Umfang der Einkäufe. Die staatl. festgesetzten Preise (→ Einzelhandelsverkaufspreis) gelten auch für die K., deren Einrichtungen in ländlichen Gebieten häufiger anzutreffen sind. → »Konsum« meint in der Umgangssprache eine Verkaufsstelle der K.

Konsumtionsfonds Teil des Nationaleinkommens, der nicht produktiv, sondern für die individuelle und gesellschaftliche Konsumtion verwendet wird. Der K. umfaßt die Konsumtionsmittel für die individuelle Konsumtion (Konsumgüter) und die Materialien, die zur Funktionsfähigkeit des Staates und der nichtproduzierenden Bereiche benötigt werden. Ausgaben für gesellschaftliche Konsumtion sind dabei Staatsaufwendungen für Gesundheit, Wohnung, Bildung, die Subventionen der → Sozialversicherung und der Grundnahrungsmittel u. a. Diese gelten in der Sozialpolitik der SED als wichtige → Kennziffer zur Planung und Analyse des → Lebensniveaus.

Konzert- und Gastspieldirektion (Abk.: KGD) Inländische Vermittlung von Künstlern der ernsten und heiteren Muse. Veranstaltungsbüros der KGD bestehen als → volkseigene Betriebe in jedem → Bezirk der DDR. Für die internationale Vermittlung ist die Künstleragentur der DDR zuständig.

Konzil Interne Delegiertenversammlung in Hochschulen und Universitäten, die, jährlich vom Rektor einberufen, die zentralen Fragen von Lehre und Forschung berät.

Kooperation (Eigentl.: sozialistische Kooperation) Zentrale Kategorie der politischen Ökonomie des Sozialismus, die die planmäßige Zusammenarbeit der verschiedenen Zweige und Betriebe der soz. Wirtschaft meint. Die K. bringe »in entscheidendem Maße die Überlegenheit der soz. [→] Produktionsverhältnisse gegenüber denen des [→] Kapitalismus zum Ausdruck«. Es wird unterschieden zwischen innerbetrieblicher K., zwischenbetrieblicher K. und der K. unter den Ländern des → Rats für gegenseitige Wirtschaftshilfe. »K.« wird umgangssprachl. auch synonym mit → »kooperative Abteilung Pflanzenproduktion« verwendet. Als Kooperationsgemeinschaft (Abk.: KOG) wird der kooperative Zusammenschluß von juristisch selbständigen soz. Betrieben bezeichnet. Eine *Kooperationskette* ist eine spezielle Form dieses Zusammenschlusses; ein Produkt durchläuft in ihr mehrere Produktionsstufen. Die Betriebe einer K. sind in vertikaler Richtung miteinander verbunden, fungieren untereinander als → Zulieferbetriebe. Ein *Kooperationsverband* (Abk.: KOV) schließt neben arbeitsteilig verbundenen Produktionsbetrieben auch die notwendigen Einrichtungen für Forschung und Entwicklung sowie des Vertriebes ein.

Kooperative Abteilung Pflanzenproduktion (Abk.: KAP, umgangssprachl. auch »Kooperative« oder »Kooperation«) Zusammenschluß mehrerer landwirtschaftl. Betriebe zur Bearbeitung von Großflächen und zur Einführung industriegemäßer Methoden.

Kooperative Einrichtung Tierproduktion (Abk.: KET) Landwirtschaftl. Betriebsform zur Massentierhaltung, die aus → zwischenbetrieblichen Einrichtungen der Tierproduktion bzw. durch die Herauslösung bestimmter Teile der Tierproduktion aus den LPG entstanden ist. Der Anteil der KET, die ältere Abk. ist KOE (T), am gesamten Viehbestand ist jedoch noch relativ gering.

Kopp machen Sich einen bzw. keinen K. m. bezeichnet in der Umgangssprache häufig das Verhältnis zu öffentlichen Angelegenheiten, die, auch wenn man sich einen »Kopp macht«, d. h. darüber nachdenkt, nicht zu ändern sind. »Mach dir keinen Kopp« ist die wohlmeinende Aufforderung, bestimmte, das Öffentliche betreffende Regionen des Denkapparates stillzulegen.

Kosmonaut Astronaut.

Kosmopolitismus Im marx.-len. Verständnis eine reaktionäre → Ideologie des → Imperialismus, die das Nationalbewußtsein untergräbt und den imperialistischen Staaten dazu dient, ihre Weltherrschaftspläne zu begründen. Der Vorwurf des K. wurde in der stalinistischen Sowjetunion gern und häufig gegen mißliebige Intellektuelle erhoben, die sich eine gewisse Weltoffenheit bewahrt hatten.

Kraftverkehrskombinat (Abk.: KVK) → Kombinat.

Krankenschein Bescheinigung über Arbeitsunfähigkeit wegen Krankheit, die vom Arzt ausgestellt wird (→ SVK-Urlaub).

Kratzerplatte (Armeejargon) Auszeichnung für Armeeangehörige, die sich bei ihren Vorgesetzten »eingekratzt« haben (nach Meinung ihrer Kameraden); »Ehrenspange der NVA« (→ Nationale Volksarmee).

Kreis Territoriale und politisch-administrative Einheit im Staatsaufbau der DDR. Von den 218 K.en sind 191 Landk.e, 27 Stadtk.e. K.gericht; K.parteileitung; K.kulturhaus; u. a.

Krieg Der Begriff des K.s, wie ihn die marx.-len. Ideologie faßt, unterscheidet sich insofern grundsätzlich von westlichen Begriffsinhalten, als alle vorherrschenden westlichen Theorien über Kriegsursachen als feindliche → Ideologie abgelehnt werden. Als entscheidende Wurzel des K.s gelten allein sozialökonomische Ursachen; K.e seien mit der antagonistischen Klassengesellschaft in die Welt gekommen und verschwänden mit ihr auch wieder. Unter soz. → Produktionsverhältnissen gäbe es keine Gründe mehr, K. zu führen, weil keine Klasse mehr ein Interesse daran habe. Außerdem unterscheidet der Marx.-Len. zwischen gerechten und ungerechten K.en. Gerechte K.e sind demnach: K.e zur Verteidigung der soz. Heimat, nationale Befreiungsk.e (gegen »imperialistische Mutterländer«), revolutionäre Bürgerk.e gegen Reaktion und Konterrevolution innerhalb eines Landes. Die bewaffnete Intervention von Truppen des Warschauer Paktes 1968 in der ČSSR oder die gewaltsame Teilbesetzung Afghanistans durch sowjetische Truppen 1979 gelten in dieser Sicht als »brüderliche Hilfe«.

Kritik und Selbstkritik Im Statut der → SED verankerte Verpflichtung der Parteimitglieder, Fehler und Mängel im Sinne der soz. Gesellschaftsordnung aufzudecken. Als Tabus der K. u. S. gelten die Grundlagen dieser Ordnung, die Lehren des M.-L., die soz. Staatsmacht, das Bündnis mit der Sowjetunion u. a. Das Prinzip der K. u. S. soll als Motor der Entwicklung (→ Widerspruch) in der gesamten Gesellschaft durchgesetzt werden, dem steht allerdings eine teilweise berechtigte Ängstlichkeit und Resignation der dazu Aufgerufenen entgegen.

Krusta Die DDR-Version der Pizza, die des stärkeren Bodens wegen ihren Namen zu Recht trägt.

Kultur Der marx.-len. Kulturbegriff weicht mindestens darin vom allgemeinen Konsens ab, daß der K. in Klassengesellschaften eine Aufspaltung in die K.en der Herrschenden und der Unterdrückten zugeschrieben wird, womit auch dem Begriff der »deutschen Kulturnation« der Boden entzogen werden soll, da die kulturelle Spaltung der Nation in proletarische und bürgerliche K. weit in die Geschichte zurückreiche. Unter *sozialistischer K.* wird die in der soz. Gesellschaft entstehende »qualitativ höhere« K. verstanden, die das »gesamte progressive K.erbe der Menschheit« in sich aufnimmt. Die Auffassung von K. als etwas Anzueignendem, als ein Bildungsgut ist noch deutlicher im Begriff der sozialistischen *K.revolution,* die alle trennenden Schranken (z.B. das Bildungsprivileg) zwischen den → Werktätigen und »der K.« brechen soll, indem der soz. Staat seine »kulturell-erzieherische Funktion« entfaltet und »den Prozeß der kulturellen Entwicklung planmäßig« lenkt. Die »Erhöhung des *Kulturniveaus*« der Werktätigen ist ihr wichtigstes Ziel. Daher kommt der kulturellen Massenarbeit in der SED-Kulturpolitik besondere Bedeutung zu, die von verschiedenen → Massenorganisationen (vor allem dem → Freien Deutschen Gewerkschaftsbund) getragen wird und in der Existenz zahlreicher Institutionen zum Ausdruck kommt, deren Wirksamkeit allerdings selten ihrem Anspruch gerecht wird. *K.abgabe:* 5-Pfennig-Abgabe beim Kauf einer Theaterkarte, einer Schallplatte o.ä., die dem K.fonds zufließt. *K.bund* (eigentl.: K.bund der DDR; Abk.: KB): kulturpolitische Massenorganisation, die kulturell interessierte oder kulturtätige Bürger vereinigt zur thematisch vielseitigen Arbeit in Fach- und Ortsgruppen und zahlreiche → Klubs der Intelligenz unterhält. *K.erbe* (auch: kulturelles Erbe): in der DDR alle »humanistischen und revolutionären Traditionen der nationalen und internationalen Kultur.« Der Begriffsinhalt schwankt entsprechend der Kulturpolitik der SED. Als Kurzform wird häufig »Erbe« verwendet, so in den Komposita: Erbeaneignung, Erberezeption, Erbepflege, → Erberat. *K.fonds:* aus den Mitteln der Kulturabgabe gebildeter staatl. Fonds, der zur »Förderung sozialistischer Kunst« verwendet wird (Auftragswerke, Stipendien u.a.). *K.funktionär:* für kulturpolitische Aufgaben zuständiger Funktionär in Parteien und Massenorganisationen. *K.haus* (Abk.: KH): Vom Staat (z.B. Kreisk.), gesellschaftl. Organisationen (z.B Pionierpalast, FDGB-K.) oder soz. Betrieben unterhaltenes Gebäude für kulturelle Veranstaltungen und zur Freizeitgestaltung. An Stelle von K. ist auch die Bezeichnung »Klubhaus« üblich, im besonderen Falle auch »Kulturpalast«. *K.obmann:* der innerhalb einer → Gewerkschaftsgruppe für die kulturellen Belange seiner Kollegen Zuständige. Der K. hat für die Erfüllung des → Kultur- und Bildungsplanes zu sorgen. *K.park:* Parkanlage mit Einrichtungen zur kulturellen und sportlichen Betätigung. *K.raum* (auch: Kultursaal): Raum für kulturelle Veranstaltungen in soz. Betrieben. *K.- und Bildungsplan:* spezieller Arbeitsplan einer → Betriebsgewerkschaftsgruppe, der Bestandteil des → sozialistischen Wettbewerbs ist und für den Zeitraum eines → Planjahres gilt. Der K.- und Bildungsplan soll die fachliche und politische Weiterbildung fördern und zur Aneignung des Kulturerbes anregen. *K.- und Sozialfonds:* → Fonds für kulturelle und soziale Aufwendungen in soz. Betrieben, über dessen Verwendung der Betriebsleiter in Absprache mit der → Betriebsgewerkschaftsleitung gemäß den Festlegungen im → Betriebskollektivvertrag entscheidet. Der K-und-S-Fonds, wie er umgangssprachl. auch genannt wird, wird für das Werksessen, für Betriebskinderkrippen und -gärten, das betriebliche Erholungs- und Wohnungswesen u. a. verausgabt.

Kundenbuch In Geschäften und Gaststätten sichtbar ausliegendes Buch, in das die Kunden Wünsche, Anregungen und Kritik eintragen können, was der Folgenlosigkeit wegen allerdings selten geschieht.

Kundgebung Staatl. organisierte Massenveranstaltung politischen Inhalts, meist anläßlich von Jahrestagen. Synonym werden auch die Begriffe »Demonstration« und »Manifestation« verwendet, da es keine nichtstaatlichen Demonstrationen gibt. Maik.; K. zum »Tag der Republik«; K.saufruf u. a.

Kundschafter Offizielle Bezeichnung für Spione und Agenten, sofern sie im Dienste der DDR-Sicherheitsorgane stehen. Entsprechend steht »Kundschaftersatellit« für »Spionagesatellit«.

Künstler-Agentur der DDR Einzige Vermittlungsgesellschaft für DDR-Künstler ins Ausland und für ausländische Künstler in die DDR. Für die inländische Vermittlung ist die → Konzert- und Gastspieldirektion zuständig.

Künstlerisches Volksschaffen Staatl. organisierte laienkünstlerische Arbeit im → Arbeitertheater, → Dorftheater, in den Bewegungen → schreibender Arbeiter und → Junger Talente; Veranstaltungen wie die → Arbeiterfestspiele, → Betriebsfestspiele und die → Estraden der Volkskunst u. v. a.

Kybernetik Ein Begriff mit bewegter Geschichte. In den 50er Jahren galt die K. als »kapitalistische Pseudowissenschaft«, wurde in den 60ern zu einer Art zweiter Staatsphilosophie (»entwickeltes gesellschaftliches System des Sozialismus«), um nach dem VIII. Parteitag der SED 1971 wieder zu einer Hilfswissenschaft degradiert zu werden, womit der Begriff nahezu vollständig aus dem offiziellen Sprachgebrauch verschwand.

L

Lagerleiter Chef eines → Ferienlagers, der einen speziellen Kurs besucht hat, hauptamtlich aber einem anderen Beruf nachgeht. L. ist ein begehrter Job, weil man für die Zeit des Ferienlagers vom Betrieb bezahlten Sonderurlaub erhält und die Leitungsarbeit extra vergütet bekommt.

Lampengeschäft Mitte Spöttische umgangssprachl. Bezeichnung für den »Palast der Republik«, die auf die aufwendige und etwas aufdringliche Lämpchen-Illumination des großen Foyers Bezug nimmt.

Landbaukombinat (Abk.: LBK) → Kombinat.

Landeskulturgesetz Das Gesetz über die »planmäßige Gestaltung der sozialistischen Landeskultur in der DDR« enthält die wesentlichen in der DDR gültigen Bestimmungen über den Umweltschutz. Das L. gilt seit 1970, wurde aber erst in den folgenden Jahren durch die Festlegung genauer Grenzwerte (z.B. der Schadstoff-Emission) und Sanktionen ergänzt. Dennoch ist noch nicht absehbar, wann z.B. die hohen SO_2-Emissionen vor allem im Raum Halle/Leipzig (die höchsten je Quadratkilometer in Europa) eingeschränkt werden können. Landeskultur bzw. Umweltschutz erweist sich auch in der DDR als eine Frage der finanziellen Mittel, nicht vorrangig des politischen Systems, wie dort behauptet wird.

Landwirtschaftliche Produktionsgenossenschaft (Abk.: LPG) Zusammenschluß von Bauern und Landarbeitern und deren Betrieben zu landwirtschaftl. Großbetrieben, die gemeinsam bewirtschaftet werden. Nach der → Bodenreform wurde die Gründung von LPG auf der II. Parteikonferenz der SED 1952 beschlossen und in den Folgejahren allmählich durchgesetzt. Die LPG-Gründung wurde unter starkem Druck des Staates gefördert; heute bilden die LPG nahezu die ausschließliche Produktionsform auf dem Lande. Viele Bauern verließen in den Jahren der → Kollektivierung ihren Grund und Boden und siedelten in den → Westen über (→ Republikflucht). Man unterscheidet drei Typen der LPG: Zur gemeinsamen Produktion werden eingebracht bei Typ I: Ackerland, bei Typ II: Ackerland, Maschinen und Zugkräfte, bei Typ III: alle landwirtschaftl. Produktionsmittel mit Ausnahme der für die persönliche Hauswirtschaft genutzten. Das Land bleibt in jedem Fall gemeinsames Eigentum der → Genossenschaftsbauern. Heute sind viele LPG spezialisiert und industriemäßig organisiert als LPG Pflanzenproduktion (LPG P) oder LPG Tierproduktion (LPG T); erstere können sich zu KAP (→ Kooperative Abteilung Pflanzenproduktion) zusammenschließen. Andere landwirtschaftl. Betriebsformen sind die VEG (→ volkseigene Güter), KIM (→ Kombinat industrieller Mast) und zwischengenossenschaftliche Einrichtungen (→ zwischenbetriebliche Einrichtung).

Längerdienender Armeeinterne offizielle Bezeichnung für »Soldaten auf Zeit« (3 J. Dienstzeit) oder Offiziersanwärter (10–25 J. Dienstzeit). »L.« bezieht sich auf den normalen Wehrdienst von 18 Monaten.

Lebensniveau »Komplexe Kategorie, die das Niveau der Befriedigung materieller und wesentlicher geistig-kultureller Bedürfnisse der Bevölkerung kennzeichnet«. »L.« meint also etwa dasselbe wie Lebensstandard. Zum L. rechnet die individuelle Konsumtion, die Inanspruchnahme von Dienstleistungen, die Wohnungssituation, das Verhältnis von Arbeitszeit und Freizeit, auch das Freizeitangebot kultureller Institutionen, Ergebnisse des Umweltschutzes u. v. a. »L.« wird auch als ökonomischer Teil der »sozialistischen Lebensweise« beschrieben (→ Hauptaufgabe). Als ökonomische Kennziffer für die sog. gesellschaftliche Konsumtion (→ Konsumtionsfonds) ist der Begriff allerdings sehr eng gefaßt, zumal Lebenswerte wie Freizügigkeit nicht dazurechnen.

Lehrjahr Kurzform für Parteilehrjahr. Regelmäßige politisch-ideologische Schulung und Diskussion für SED-Mitglieder, -Kandidaten und Parteilose.

Lehrjahresauftrag Mit einem politischen Leitmotiv versehenes → »Kampfprogramm«, das für jedes Lehr- und Ausbildungsjahr an allen berufsbildenden Einrichtungen festgelegt wird und den Lehrlingen allgemeine Richtschnur ihrer fachlichen und politischen Ausbildung sein soll.

Lehrplan Für alle schulischen Bildungseinrichtungen verbindlicher staatlicher Plan der Bildungs- und Erziehungsziele für die einzelnen Unterrichtsfächer. Im L. sind die in den verschiedenen Klassenstufen zu behandelnden Stoffgebiete detailliert aufgeführt. Als L.werk der → allgemeinbildenden polytechnischen Oberschule wird die Gesamtheit aller L.e der verschiedenen Fächer und Klassenstufen bezeichnet.

Lehr- und Versuchsgut (Abk.: LVG) Landwirtschaftsbetrieb, an dem neben der Produktion wissenschaftliche Versuche und

Forschungsaufgaben durchgeführt werden bzw. landwirtschaftlicher Fachnachwuchs ausgebildet wird.

Leistungslohn Gemäß dem Prinzip »Jeder nach seinen Fähigkeiten, jedem nach seinen Leistungen«, das für den → Sozialismus, die erste Phase des → Kommunismus, gilt, wird jede Lohnform in der DDR als leistungsbezogen verstanden. Speziell meint »L.« etwas Ähnliches wie Akkordlohn, nämlich das am Maßstab einer best. Leistungsnorm pro Zeiteinheit gemessene Arbeitsentgelt, das häufig mit dem Stücklohn oder Objektlohn identisch ist.

Leistungsstipendium Staatl. Stipendium, das innerhalb der → Studienjahre und → Seminargruppen an die leistungsbesten Studenten vergeben werden kann. Vorschläge zur Vergabe von L. unterbreitet die FDJ-Gruppe.

Leiter (Eigentl.: staatlicher Leiter) Offizielle Bezeichnung für einen Staatsfunktionär (auch: L.persönlichkeit, Leitungskader u. a.).

Leitungswissenschaft Unter »sozialistischer L.« wird das notwendige Wissen eines staatlichen Leiters zusammengefaßt, das sich aus Erkenntnissen des → M.-L., der Soziologie, Psychologie, Staats- und Rechtswissenschaft u. a. zusammensetzt. L. dient dem Ziel der Führung und Erziehung zu bewußtem Handeln entsprechend den »objektiven« (→ Objektivität), d. h. der Parteilinie entsprechenden gesellschaftlichen Erfordernissen.

Leninismus Der von W. I. Lenin (1870–1924) geleistete Beitrag zur »wissenschaftlichen Weltanschauung der Arbeiterklasse«, dem → Marxismus-Leninismus.

Liberal-Demokratische Partei Deutschlands (Abk.: LDPD) Nach ihrer Gründung 1945 bürgerlich-liberale Partei, die zur zweitstärksten Partei nach der SED avancierte. Nach der Gründung der DDR 1949 wurde die Partei gleichgeschaltet, ihre Führer wurden Regierungsmitglieder, die LDPD, die sich nun zum »planmäßigen Aufbau des Sozialismus« bekannte, wurde zu einer → Blockpartei. Heute hat die Partei kein eigenes Programm, auf ihren Parteitagen orientiert sie sich an den Beschlüssen der SED-Parteitage. Ihre Funktion ist die Bindung ihrer sich aus städtischem Kleinbürgertum, Handwerkern und Teilen der → Intelligenz rekrutierenden Mitglieder an den soz. Aufbau (→ Nationale Front).

Liedersommer Von der FDJ (→ Freie Deutsche Jugend) in Berlin veranstaltete sommerliche Konzertreihe mit Folklore, Rock und Jazz.

Liga für Völkerfreundschaft Ende 1961 gegründete gesellschaftliche Organisation, die den wachsenden internationalen Ressentiments entgegenwirken sollte, denen sich die DDR-Führung nach dem Mauerbau (→ Mauer) gegenübersah. Nach offizieller Lesart hatte sie einem »Informationsbedürfnis aus wachsender Sympathie« zu genügen. In der L. f. V. sind DDR-Freundschaftsgesellschaften und -komitees vereinigt, die im westlichen Ausland wirken und folgende Periodika herausgeben: DDR-Revue, DDR-Journal, News, Nouvelles, Al Matschalla, Urafiki, Puente, RDA réalités, Novidades, Neue Heimat.

Linie Bezeichnung für die von der SED-Führung festgelegte Politik und die dazugehörige ideologische Rechtfertigung. Nichtlinientreue Parteimitglieder begehen eine → Abweichung, verstoßen als »Abweichler« gegen die → Parteidisziplin. Die L. (auch: Generallinie) der Partei wird strategisch im Parteiprogramm, taktisch in den Parteitagsbeschlüssen festgelegt und gilt in den Grundzügen als Orientierung für alle Bürger. Parteitagsbeschlüsse werden allen → Werktätigen in politischen Diskussionsveranstaltungen (FDJ-, Gewerkschafts-, Parteilehrjahr) nahegebracht.

Linienschiff Liebevoll-spöttische Bezeichnung für einen bestimmten Typ hausmütterlich beflissener, von jeglichem Zweifel unangefochtener weiblicher Funktionäre, die ganz im Dienst an der → Sache aufgehen und auf der → Linie segeln.

LITERA Markenname für die literarische Produktion des »VEB Deutsche Schallplatten«.

Literaturinstitut Das Institut für Literatur »J. R. Becher« besteht seit 1955 in Leipzig zur Ausbildung schriftstellerischen Nachwuchses in einem derzeit zweijährigen Lehrgang. Es wurde gegen den entschiedenen Widerstand des ehemaligen DDR-Kulturministers Becher gegründet und erhielt erst nach dessen Tod seinen Namen.

Lohnfonds Die für einen bestimmten Zeitraum geplante Summe der Arbeitseinkommen der Arbeiter und Angestellten. Die Planung des L. ist ein wichtiges Mittel der staatl. Einkommenspolitik. Tarifauseinandersetzungen gibt es in der DDR nicht.

M

Mach-mit-Wettbewerb Jährliche Aktion in der ganzen DDR zur Verschönerung der Wohn-Umwelt unter dem Motto: »Schöner unsere Städte und Gemeinden – Mach mit!« Dazu gehören der Um- und Ausbau von Wohnungen, Gaststätten und anderen Gebäuden des öffentlichen Lebens ebenso wie die Einrichtung und Pflege von Grünanlagen. Die Beteiligung gilt als moralische Verpflichtung und ist, da es um die eigenen Lebensbedingungen geht, nicht gering. Nach offiziellen Angaben belief sich 1983 der Wert der Leistungen im M.-m.-W. auf mind. 3,6 Mrd. Mark. An Mach-mit-Stützpunkten kann das nötige Arbeitsgerät ausgeliehen werden (auch: → Reparaturstützpunkt).

Machtfrage Wird eine theoretische oder praktische Frage zur M. erklärt, gibt es in ihrer Entscheidung nur noch die Alternative: für die Macht (der Arbeiterklasse, d. h. der → Partei) oder dagegen. Je defensiver die Position des real existierenden Sozialismus, desto mehr Fragen werden zu M.n, desto undifferenzierter werden die Entscheidungen in allen gesellschaftlichen Bereichen. Das verschleiernde Synonym ist → »Klassenfrage«.

Mahn- und Gedenkstätte Der Erinnerung an die Traditionen der kommunistischen und Arbeiterbewegung, die Verbrechen der faschistischen Diktatur, die Befreiung durch die Rote Armee und an hervorragende deutsche Kommunisten dienende Einrichtung. Dazu zählen u. a. die Gedenkstätten der SPD-Parteitage in Eisenach 1869, Gotha 1875 und Erfurt 1891, die Gedenkstätten revolutionärer Kämpfe 1918 bis 1923 in Halle, Hettstedt und Leuna, die M.-u. G. des antifaschistischen Widerstandes 1933–1945 wie die Konzentrationslager Buchenwald, Ravensbrück, Sachsenhausen, der »Friedhof der Sozialisten« in Berlin-Friedrichsfelde, das sowjetische Ehrenmal in Berlin-Treptow, das »Mahnmal für die Opfer des Faschismus und Militarismus« Unter den Linden in Berlin.

Maiparade Militärische Parade zum 1. Mai in Berlin, die bis 1977 stattfand.

Malimo Kunstwort aus *Ma*uersberger (Name des Erfinders des M. genannten Gewebes), *Li*mbach-Oberfrohna (Ort der Herstellung) und *Mo*lton (Art des Gewebes); Bezeichnung für eine in der DDR entwickelte Nähwirkmaschine, eine Kombination von Nähmaschine und Webstuhl, die ein textiles Flächengebilde herstellt, das für Bekleidungsstoffe ebenso verwendbar ist wie z. B. für Haushaltstextilien, Dekostoffe. M. ist auch das Warenzeichen für alle mit M.-Maschinen hergestellten Gewebe.

Manifestation M. meint dasselbe wie → Kundgebung oder → Demonstration, nämlich staatlich organisierte Massenaufzüge zu bestimmten offiziellen Anlässen (z. B. den Staatsfeiertagen am 1. Mai und am 7. Oktober, dem → Tag der Republik).

Manipulation Wird offiziell als eine »Herrschaftstechnik der imperialistischen Bourgeoisie« bestimmt, die das Volk »auch in der geistigen Sphäre zum vollständigen Objekt der Monopole« degradiere. Der Begriff findet somit ausschließlich auf nichtsozialistische Verhältnisse Anwendung.

Märchenauge Freundlich-ironische Bezeichnung für das SED-Parteiabzeichen, die aus der Jugendsprache kommt und wahrscheinlich auf märchenhafte Beschönigungen in der offiziellen SED-Geschichtsschreibung abzielt. Der auf dem Abzeichen dargestellte Händedruck des KPD-Vorsitzenden Pieck und des SPD-Vorsitzenden Grotewohl beim Vereinigungsparteitag 1946 kann als Symbol dieser Beschönigungen gelten: die Vereinigung war eher eine Vereinnahmung.

Mark der DDR (Abk.: M) Währungseinheit der DDR. Frühere Bezeichnungen: Deutsche Mark der Deutschen Notenbank (Abk.: DM, bis 1964) und Mark der Deutschen Notenbank (Abk.: MDN, bis 1967).

Marxismus-Leninismus »Wissenschaftliche Weltanschauung der Arbeiterklasse und ihrer marx.-len. Partei«, Lehre der → Klassiker des M.-L., Karl Marx, Friedrich Engels und W. I. Lenin, die sich in die drei Bestandteile Philosophie (dialektischer und historischer Materialismus), Politische Ökonomie (des Kapitalismus und des Sozialismus) und Wissenschaftlicher Kommunismus gliedert. Der M.-L. ist die Staatsphilosophie aller kommunistisch regierten Länder.
Der dialektische Materialismus gilt als Lehre von den allgemeinsten Gesetzmäßigkeiten in Natur, Gesellschaft und im Denken, er basiert u. a. auf der Lehre vom → Widerspruch als der Quelle und Triebkraft der Bewegung und Entwicklung. Der historische Materialismus ist die Lehre von den allgemeinen Entwicklungsgesetzen der Gesellschaft, d. i. die Lehre von der Abfolge ökonomischer → Gesellschaftsformationen, von der bestimmenden Rolle der materiellen Produktion und des → Klassenkampfes in der gesellschaftlichen Entwicklung u. a. In der politischen Ökonomie des Kapitalismus sind die → Mehrwert- und Krisentheorie wichtig

für den politischen Kampf, weil sie das Wesen kapitalistischer → Ausbeutung erklären sollen. Der Wissenschaftliche Kommunismus begründet die → historische Mission der → Arbeiterklasse. Marxismus und Leninismus lassen sich dahingehend unterscheiden, daß der M. die Lehre ist, nach der der → Kapitalismus die letzte der antagonistischen (→ Antagonismus) Klassengesellschaften darstellt und dem → Proletariat die → historische Mission zukommt, den bürgerlichen Staatsapparat in einer politischen → Revolution durch die → Diktatur des Proletariats zu ersetzen, um das Privateigentum an Produktionsmitteln zu beseitigen und den → Kommunismus aufzubauen. Im L. ist der M. aktualisiert und erweitert um die Lehre vom → Imperialismus als höchstem Stadium des Kapitalismus und von der → »Partei neuen Typus«, einer Elite-Kaderpartei, die die Führung und Erziehung der werktätigen → Massen zu übernehmen habe. Zahlr. Verbindungen mit marxistisch-leninistisch: m.-l.es → Grundstudium, m.-l.e Partei, m.-l.e Weltanschauung (→ m-l-WA), m.-l.e Grundeinstellung, m.-l.er Klassenstandpunkt u. v. a.

Maschinen-Traktoren-Station (Abk.: MTS) Frühere technische Hilfseinrichtung kollektiver Landwirtschaft, Ausleihstation für Landmaschinen, die Kleinbauern und später → Genossenschaftsbauern bevorzugt bediente.

Massen In zahlr. Verbindungen wie werktätige M., revolutionäre M., unterdrückte, ausgebeutete M., M.kundgebung (→ Kundgebung), → M.initiative, → M.organisation, M.propaganda, Volksm. bezeichnet der Begriff eine breite gesellschaftliche Mehrheit, die kein Eigentum an Produktionsmitteln und deshalb »objektiv« ein Interesse an der Beseitigung der kapitalistischen und dem Aufbau der sozialistischen Ordnung hat. In dieser von den Zielen des → Marxismus-Leninismus bestimmten Interpretation M. stets positiv bewertet. In Verbindungen wie M.kommunikationsmittel oder M.vernichtungswaffen findet der Begriff in der üblichen Bedeutung weiterhin Verwendung.

Masseninitiative Wunschbegriff, der die freiwillige (→ freiwillig) hohe Leistungsbereitschaft der werktätigen → Massen bei der täglichen Arbeit oder bei besonderen gesamtgesellschaftlichen Aufgaben bezeichnet. Die M. sei »eine objektive, gesetzmäßige Erscheinung unter soz. Produktionsverhältnissen« und »Ausdruck der schöpferischen Rolle der Volksmassen beim soz. Aufbau«. Die Spontaneität und Freiwilligkeit und das Motiv der Übereinstimmung von persönlichen und → gesellschaftlichen Interessen, die der M. zugesprochen werden, lassen sich in der Praxis kaum finden; M.n – das sind zentral initiierte und organisierte Hau-ruck-Aktionen. Institutionalisiert ist die M. in staatl. organisierten Kampagnen mit wohlklingenden Namen wie → »Mach-mit-Wettbewerb«, MMM-Bewegung (→ Messe der Meister von morgen), Neuererbewegung (→ Neuerer), → Subbotnik, volkskünstlerische M., → Volkswirtschaftliche M. u. a.

Massenorganisationen (auch: gesellschaftliche Organisationen) Unter der Führung der SED, »der höchsten Form gesellschaftlicher Organisation, organisieren sie ihre Mitglieder zur bewußten und aktiven Mitarbeit an der Erfüllung staatlicher und gesellschaftlicher Aufgaben und helfen mit, das [→] sozialistische Bewußtsein der [→] Werktätigen zu formen«. Zu den M. im engeren Sinn zählen der → Freie Deutsche Gewerkschaftsbund (FDGB), die → Freie Deutsche Jugend (FDJ), der → Demokratische Frauenbund Deutschlands (DFD), der Kulturbund der DDR (→ Kultur), die Pionierorganisation (→ Pionier), die → Gesellschaft für Deutsch-Sowjetische Freundschaft (DSF). Durch eine systematische → Kaderpolitik sichert sich die SED die ausschlaggebende Repräsentanz im Funktionskörper der M. Da es für die Mitwirkung an Leitungsentscheidungen in Betrieben, in den Schulen und Hochschulen, aber auch für die Verbandsarbeit von Künstlern oder Hobbyisten (Sport, Briefmarken, Laienspiel, Kleintierzucht) keine andere Möglichkeit gibt, als sich einer gesellschaftlichen Organisation anzuschließen, und weil es Usus ist, im entsprechenden Lebensalter (→ freiwillig) den → Pionieren, der FDJ und dem FDGB beizutreten, haben die M. sehr hohe Mitgliederzahlen. Nach dem Prinzip der M. sind auch die anderen Verbände aufgebaut; dies sind u. a. die Künstlerverbände, die → Vereinigung der gegenseitigen Bauernhilfe (VdgB), die → Konsumgenossenschaft, der »Verband der Kleingärtner, Siedler und Kleintierzüchter«.

massenpolitisch Die politische Beeinflussung aller betreffend. Beispiel: m. e Arbeit (→ Agitation; → Propaganda).

materialistisch Das Wort wird seltener als in der Bundesrepublik in seinem pejorativen Sinne verstanden, im Sinne einer sich an materiellen Werten orientierenden Weltanschauung. Vielmehr hat der massierte M.-L.-Unterricht die marx.-len. Bedeutung allgemein bekanntgemacht, wonach m. diejenige Weltanschauung ist, die die → Grundfrage der Philosophie im Sinne des Primats der Materie gegenüber dem Bewußtsein beantwortet. Diese Bedeutung ist natürlich positiv wertend, da sich der M.-L. als höchste Form materialistischen Denkens versteht.

Materialökonomie Sparsamer Umgang mit Rohstoffen. Der Begriff spielt in der → Produktionspropaganda seit der drastischen Verteuerung der Rohstoffe auf dem Weltmarkt in den 70er Jahren eine zentrale Rolle.

Materialwirtschaft In einer zentralistischen Planwirtschaft muß auch das Material zentral bewirtschaftet werden, zumal, wenn es knapp ist und die Devisen kostet, die das Endprodukt dann eventuell nicht mehr wert ist. M. – das ist in der DDR die aufwendige Verteilung des Mangels. Knapp sind in der DDR z.B. alle Edelmetalle, aber auch Holz, Baumwolle, Papier, Glas, Leder etc. Es gibt ein besonderes Ministerium für M., das die von den staatlichen Kontoren überprüften Materialanforderungen nach Dringlichkeitsstufen in Form von Kontingenten zuteilt. Aufgrund der angespannten Materiallage funktioniert das Recycling von → Sekundärrohstoffen in der DDR allerdings besser als z.B. in der Bundesrepublik.

materielle Anerkennung Finanzielle Zuwendung als Anerkennung geleisteter Arbeit ohne besondere Auszeichnung.

materieller Anreiz → materielle Interessiertheit.

materielle Interessiertheit Das Prinzip der m.I. meint weiter nichts, als die in anderen ökonomischen Systemen selbstverständliche Leistungsstimulation durch materielle Anreize und brauchte nicht zu einem »Grundprinzip der soz. Ökonomie« erklärt zu werden, wenn im → Kommunismus nicht ein Verteilungsprinzip nach Bedürfnissen herrschen sollte. Gemessen an diesem Ziel ist das Leistungsprinzip (das Prinzip der Verteilung nach Leistung in der niederen Phase dieser Gesellschaftsform, dem → Sozialismus) etwas Vorläufiges, Nichtselbstverständliches, das es besonders zu betonen gilt. Es gibt natürlich auch praktische Gründe, das Prinzip der m.I. zu propagieren, nämlich die Tatsache, daß eine m.I. aller am Wirtschaftsleben Beteiligten nicht wie im → Kapitalismus per System gegeben ist, sondern erst durch ein kompliziertes Netz → ökonomischer Hebel installiert werden muß. Die freiwillige Arbeit zum Wohle aller, die als wesentlicher Vorzug des Sozialismus propagiert wird, ist bisher die Einzelerscheinung geblieben, die sie immer war (→ Initiative). So muß die soz. Ökonomie auf Mittel zurückgreifen, die nicht systemimmanent sind und deshalb nur unzureichend greifen (→ Prämie).

materiell-technische Basis Ökonomische Grundlage eines bestimmten Gesellschaftssystems, wie sie sich aus der marx.-len. Theorie von der bestimmenden Rolle der → Produktivkräfte für den Charakter der → Produktionsverhältnisse, die Basis (→ Basis und Überbau) der Gesellschaft, herleitet. Demnach hat der → Sozialismus eine andere m.-t. B. als der → Kommunismus, dessen m.-t. B. durch einen hohen Grad der Automatisierung der Produktion gekennzeichnet sein soll.

Mathematik-Olympiade (eigentl.: Olympiade junger Mathematiker der DDR; Abk.: OJM.) Jährl. mathematische Schülerwettbewerbe in verschiedenen Altersstufen und auf verschiedenen Ebenen (Schul-, Kreis-, Bezirks- und DDR-Olympiade). Die Besten aus der DDR-Olympiade nehmen an der internationalen M. teil.

Mauer Umgangssprachl. für DDR-Staatsgrenze, speziell die um West-Berlin. Der Begriff hat in der DDR einen anderen konnotativen Hintergrund, er »klingt« dort vielleicht weniger verächtlich als peinlich und kommt weniger rasch und leichtfertig über die Lippen als → drüben, entsprechend dem Unterschied, den es macht, vor oder hinter der M. zu leben.

Mechanisator Techn. Fachkraft in der Landwirtschaft, vor allem als Fahr- und Wartungspersonal von Landmaschinen.

Medizinalrat Ehrentitel für Ärzte, die sich um das soz. Gesundheitswesen verdient gemacht haben (in der Bundesrepublik: Dienstrangbezeichnung).

Meeting Staatl. organisierte politische Versammlung, die durch die Bezeichnung einen Hauch von Spontaneität und quasi-westlicher Freiwilligkeit erhält. Der Begriff ist denen der → »Kundgebung«, → »Manifestation«, → »Demonstration« inhaltlich ungefähr gleichzusetzen, weil alle Arten von öffentlichen Versammlungen staatlich initiiert und kontrolliert werden und nur Varianten desselben Rituals bilden. Die DDR-Spezifik des M. wird an den Komposita deutlich: Arbeiterm., Kampfm., Freundschaftsm., Solidaritätsm.

Meinung → öffentliche Meinung.

Meisterbauer der genossenschaftlichen Produktion Staatl. Auszeichnung und Ehrentitel für Mitglieder einer → landwirtschaftlichen Produktionsgenossenschaft.

Meisterbereich Von einem Meister geleiteter Produktionsbereich eines soz. Betriebes.

Meister des Sports Staatl. Auszeichnung und Ehrentitel für Hochleistungssportler.

Meliorationsgenossenschaft Eine sich aus verschiedenen LPG rekrutierende Vereinigung zum Bau, Betrieb und zur Unterhaltung von Be- und Entwässerungsanlagen, zwischengenossenschaftliche Einrichtung (→ zwischenbetriebliche Einrichtung).

Menschengemeinschaft → sozialistische M., → politisch-moralische Einheit des Volkes.

Menschenhandel »Staatsfeindlicher Menschenhandel« gilt laut § 105 des StGB der DDR als Staatsverbrechen und wird mit 2 bis 15 Jahren Haft geahndet. Den Tatbestand erfüllt, wer DDR-Bürger »abwirbt, verschleppt, ausschleust«; seit dem Inkrafttreten des Transitabkommens mit der DDR gab es einige Fluchthelferprozesse, bei denen Bundesbürger zu 15 Jahren Haft verurteilt wurden.

Menschenrechte Im offiziellen Verständnis reflektieren sie die Interessen der jeweils herrschenden Klasse und haben »neben ihrer politischen auch eine ausgeprägt ideologische Funktion«. Daß der Begriff auch im Sozialismus diese Funktion erfüllt, zeigt sich darin, daß in der DDR das Recht auf Arbeit als das »elementarste und wichtigste Menschenrecht« gilt, wohingegen vom Recht auf Freizügigkeit nie die Rede ist.

Menüladen Einzelhandelsgeschäft zum Verkauf küchenfertiger Speisen und Delikatessen.

Messe der Meister von morgen (Abk.: MMM) »Politische Massenbewegung der Kinder und Jugendlichen zur Entwicklung ihres wissenschaftlich-technischen Schöpfertums ... Sie umfaßt sowohl das Basteln und Knobeln der Kinder und Schüler als auch das wiss.-techn. Schöpfertum der Lehrlinge, jungen Arbeiter, Genossenschaftsbauern, Studenten, Ingenieure, Wissenschaftler ...« Die MMM wird von der → Freien Deutschen Jugend (FDJ) initiiert und geleitet und vom → Freien Deutschen Gewerkschaftsbund (FDGB), der → Kammer der Technik und der → Gesellschaft für Deutsch-Sowjetische Freundschaft (DSF) unterstützt und gilt als Beitrag der Jugend (bis 25 Jahre) zur → Neuererbewegung. Die zentrale Messe findet jährl. in Leipzig statt, ihr gehen Ausstellungen in den Betrieben, Kreisen (Kreis-MMM) und Bezirken (Bezirks-MMM) voraus.

Militarismus »Reaktionäres politisches System herrschender Ausbeuterklassen«, das den militärischen Mitteln die Hauptrolle in der Politik zuweist, sowohl durch die Unterdrückung der eigenen Bevölkerung als auch durch systembedingte Expansionsbestrebungen nach außen. M. ist nach marx.-len. Auffassung eine gesetzmäßige Erscheinung des → Imperialismus und damit gesellschaftspolitisch eindeutig dem → Kapitalismus, d.h. der westlichen Welt zugeordnet (in der SED-Propaganda insbes. der Bundesrepublik und den USA).

militärpolitisches Kabinett Zeitweilige oder ständige Einrich-

tung der → Freien Deutschen Jugend (FDJ) zur militärpolitischen Propaganda an Schulen, Fachschulen, Berufsschulen u. a. zur Gewinnung von → Längerdienenden und Berufssoldaten.
Ministerium für Staatssicherheit (Abk.: MfS) → Staatssicherheit.
Ministerrat der DDR Spitze des DDR-Staatsapparates, Regierung der DDR. Der M. ist ein Gremium aus 45 von der → Volkskammer gewählten Mitgliedern, darunter alle Minister. Er tagt einmal wöchentlich und arbeitet unter Führung der SED (41 Mitglieder des M. sind in der SED, die übrigen vier gehören je einer → Blockpartei an) die Grundsätze der staatlichen Innen- und Außenpolitik aus. Als zentrales staatliches Exekutivorgan hat der M. außerdem die einheitliche Durchführung der Staatspolitik zu leiten.
Mitropa Kurzwort für: Mitteleuropäische Schlafwagen und Speisewagen-Aktiengesellschaft. Die 1917 gegründete M. ist heute ein volkseigenes Unternehmen zur Versorgung von Reisenden. Die vom Ministerium für Verkehrswesen der DDR geleitete M. betreibt gastronomische Einrichtungen im Bereich der → Deutschen Reichsbahn, der → Interflug, auf Passagierschiffen und an der Autobahn.
»Mit sozialistischem Gruß« Offizielle Grußformel in Geschäftsbriefen.
m-l-WA Kürzel für »marxistisch-leninistische Weltanschauung«, das vor allem in Heiratsannoncen Verwendung findet, um unüberbrückbare ideologische Gegensätze in der Partnerschaft von vornherein auszuschließen. Kürzel wie »kath.« oder »ev.« sind durch das abgekürzte Bekenntnis zur einzig wahren und fortschrittlichen »WA« des → Marxismus-Leninismus ersetzt worden.
Mockamix gemahlene Mischung aus Malz- und Bohnenkaffee (auch: → Erichs Krönung).
Modernismus In der marx.-len. Ästhetik negativ wertender Begriff, der das »Streben nach neuartigen Gestaltungsmitteln um jeden Preis« als ein Kennzeichen der spätbürgerlichen Kunst bezeichnet. Der (neutrale) Begriff der »Moderne« wird abgelehnt, weil er insbesondere das Wesen der bildenden Kunst des 20. Jahrhunderts verfälsche. Diese habe sich vor allem auf die »Eigengesetzlichkeit ihrer Mittel« konzentriert. Die Kunst im → Imperialismus (gemeint ist die westeuropäische Kunst nach der Jahrhundertwende) habe sich in eine Richtung entwickelt, »die das humanistische, auf die Erkenntnis und die ästhetische Wertung gesell-

schaftlicher Wirklichkeit gerichtete Wesen der Kunst ablehnt«. (Vgl. auch: → Dekadenz, → Parteilichkeit.)

Moral → sozialistische M., → Zehn Gebote der sozialistischen M.

moralischer Verschleiß Wertminderung von Arbeitsmitteln durch verbilligte Herstellung von Arbeitsmitteln mit gleichem Leistungsvermögen oder durch die Herstellung produktiverer Arbeitsmittel. M.V. bedeutet also z.B.: das Veralten von Maschinen und Anlagen, bevor sie verschlissen sind.

Mumienexpreß Ironische Bezeichnung für die auf DDR-Bahnhöfen haltenden Reisezüge in die Bundesrepublik. Der Begriff ist inzwischen veraltet, weil nicht mehr nur Rentner, sondern auch jüngere DDR-Bürger zu Besuchen in die Bundesrepublik reisen dürfen.

N

nachnutzen Übernahme von bereits in die Produktion eingeführten wiss.-techn. Neuerungen durch andere Betriebe. Der Begriff spielt propagandistisch seine Rolle, wenn dazu aufgerufen wird, die Ergebnisse der → Neuererbewegung auch in anderen Betrieben nachzunutzen. Nachnutzungsverträge sind Lizenzverträge, die nur innerhalb der DDR gelten.

Namensweihe Sozialistisches Pendant zur Taufe, wobei Eltern und Paten sich verpflichten, das Kind im Geiste des Sozialismus zu erziehen. Die N. ist ebenso selten wie der Gebrauch des Wortes.

NARVA Kunstwort aus *N*itrogenium + *Ar*gon + *Va*kuum, Warenzeichen für alle Glühlampenerzeugnisse der DDR.

Nation Durch die sich verändernde Deutschlandpolitik der SED war der Begriff einem Wandel unterworfen. 1960 sagte W. Ulbricht vor dem → Zentralkomitee der SED, daß »trotz vorübergehender Spaltung die Wiederherstellung der Einheit der Nation unvermeidlich« sei. Aus den 50er Jahren stammen Bezeichnungen für wesentliche politische Institutionen, die deren nationalen Charakter betonen (→ Nationale Front, → Nationale Volksarmee, → Nationales Aufbauwerk, nationale → Mahn- und Gedenkstätte u. a.). Seit dem Wechsel an der Parteispitze (Ulbricht/Honecker 1971) ist die Rede von der Koexistenz zweier grundverschiedener Typen von N., der bürgerlichen und der sozialistischen N., auf deutschem Boden. Die soziale Seite wurde für den Inhalt des Begriffes als bestimmend erklärt, »weil hierdurch ihr sozialhistorischer Typ, ihr Klassencharakter und ihre Entwicklungsrichtung festgelegt sind«. Der X. Parteitag der SED 1981 konstatierte die Entwicklung einer »sozialistischen deutschen Nation in der DDR«. Diese sei fester Bestandteil der internationalen sozialistischen Gemeinschaft und grenze sich (→ Abgrenzung) durch ihre weitere Konsolidierung von der kapitalistischen deutschen N. ab, die in der BRD weiterbestehe. Beide deutsche N.en hätten zwar eine gemeinsame Vergangenheit, aber keine gemeinsame Gegenwart und Zukunft mehr. Beide deutsche N.en setzten entgegengesetzte Traditionslinien dieser gemeinsamen Vergangenheit fort. Die soz. N. der DDR wurzle in dem »jahrhundertelangen Ringen des deutschen Volkes um den gesellschaftlichen Fortschritt« (→ Nationalhymne, → Deutschland).

National-Demokratische Partei Deutschlands (Abk.: NDPD) Die 1948 gegründete Partei stand von Anbeginn unter maßgeblichem Einfluß der SED; ihr Programm unterschied sich nur unwesentlich von denen der beiden anderen bürgerlichen Blockparteien (→ Liberal-Demokratische Partei Deutschlands, LDPD, → Christlich-Demokratische Union Deutschlands, CDU). Im Rahmen der → Bündnispolitik der SED kam ihr die Funktion zu, durch Umerziehung ehemaliger Nationalsozialisten und die Integration bürgerlicher und kleinbürgerlicher Schichten die Basis des → Demokratischen Blocks zu erweitern.

Nationale Front der DDR (Abk.: NF) Dachorganisation der Parteien (SED, CDU, LDPD, DBD, NDPD) und → Massenorganisationen (FDGB, FDJ, DFD, Kulturbund u.a.), deren Funktion in der DDR-Verfassung (Art. 3) verankert ist: »In der N.F. der DDR vereinigen die Parteien und Massenorganisationen alle Kräfte des Volkes zum gemeinsamen Handeln für die Entwicklung der sozialistischen Gesellschaft.« Die NF hat keine eingetragenen Mitglieder; sie basiert auf der ehrenamtlichen Tätigkeit von gegenwärtig 350 000 Bürgern in Orts-, Wohnbezirks-, Stadtbezirks-, Kreis- und Bezirksausschüssen. Bei ihrer Gründung 1949 als Bewegung »zur Rettung der deutschen Nation« konzipiert, wurde die NF durch die SED von einer »antifaschistisch-demokratischen« zu einer sozialistischen → Bewegung → entwickelt. Ihre Rolle als Bindeglied zwischen Staat und Gesellschaft spielt die NF u.a. bei den → Volkswahlen; sie nominiert die Kandidaten und stellt sie in Wählerforen zur Diskussion. Die NF ist mehr oder weniger an allen propagandistischen Aktivitäten in den → Wohnbezirken beteiligt, ebenso an der Ankurbelung des → Mach-mit-Wettbewerbes, der Tätigkeit der → Gesellschaftlichen Gerichte und der Aufklärung über Maßnahmen der → Zivilverteidigung.

Nationale Mahn- und Gedenkstätten → Mahn- und Gedenkstätten.

Nationale Volksarmee (Abk.: NVA) Land-, Luft- und Seestreitkräfte der DDR. Die NVA wurde am 1. März 1956 gegründet (Tag der N.V.) und ging aus der »Kasernierten Volkspolizei« hervor; sie gehört zu den → bewaffneten Organen der DDR. Synonym wird auch »Nationale Streitkräfte« und »Volksarmee« verwendet. Umgangsspachl. Bezeichnungen sind »Armee« oder → »Fahne«. NVA-Truppen; NVA-Wachregiment; NVA-Übungsgelände.

Nationales Aufbauwerk (Abk.: NAW) In den 50er und 60er

Jahren von der → Nationalen Front organisierte → freiwillige Arbeitseinsätze der Bevölkerung zum Wiederaufbau der Städte und Gemeinden. An Stelle des NAW traten seit Ende der 60er Jahre der → Mach-mit-Wettbewerb und die → volkswirtschaftliche Masseninitiative. NAW-Stunden; NAW-Einsatz.

Nationalfeiertag Der N. der DDR ist ihr Gründungstag, der 7. Oktober (Gründungsjahr: 1949), der mit Großkundgebungen und Festveranstaltungen begangen wird. Früher auch: »Tag der Republik«.

Nationalhymne Die seit Anfang der 70er Jahre (→ Abgrenzung) geübte Praxis, die N. nicht mehr zu singen, sondern nur noch deren Melodie zu spielen, verweist auf das Verhältnis der SED zu ihrer »gesamtdeutschen« Vergangenheit. Im Text der N. wird das Ziel der Wiedervereinigung angesprochen, das seit dem VIII. Parteitag nicht nur aufgegeben, sondern in seiner ehemaligen Gültigkeit tabuisiert wurde. Die N. ist seither auch für viele DDR-Bürger, für die sie es vordem nicht war, nur mehr ein Anlaß zum Schmunzeln (Text von Johannes R. Becher, Musik von Hanns Eisler).

Nationalkultur → sozialistische Nationalkultur.

Nationalpreis Hohe staatl. Auszeichnung, die jährl. am → Nationalfeiertag an Einzelpersonen und → Kollektive für hervorragende wiss.-techn. und künstl. Leistungen verliehen wird. Entsprechend unterschieden wird der »N. für Wissenschaft und Technik« und der »N. für Kunst und Literatur«. Die Verleihung der jährl. ca. 50 Auszeichnungen nimmt der Vorsitzende des → Staatsrates vor; der N. besteht in einer goldenen Medaille und einer in drei Klassen gestuften finanziellen Zuwendung (25 000 bis 100 000 Mark); er ist laut Gesetz auf der rechten oberen Brusthälfte zu tragen. Kompositum: N.träger (Abk.: NPT).

Nationalrat der Nationalen Front der DDR (auch: Nationalrat) Oberstes leitendes Gremium der → Nationalen Front der DDR.

Nebenwirtschaft → persönliche Hauswirtschaft.

Neubauern Durch die → Bodenreform zur eigenen Landwirtschaft gekommene Flüchtlinge, ehem. Fabrikarbeiter u. a.

Neu-Deli Ironische Bezeichnung für die neuen Geschäftspassagen um den Berliner Alexanderplatz, das Nikolaiviertel. In dem Namen steckt das Kürzel »Deli« für eine Häufung von teuren → Delikat-Läden ebenso wie eine Anspielung auf die Hauptstadt eines der ärmsten Länder der Welt.

Neuerer Werktätiger, der über seine Arbeitspflichten hinaus einen Beitrag zur Verbesserung von Arbeitsmethoden leistet. Die

Forscher- und Erfindertätigkeit der N. wird in den Rahmen der zentral geplanten und organisierten Neuererbewegung (→ Bewegung) gestellt. Diese gilt als »Form [→] schöpferischer [→] Masseninitiative der Werktätigen«. Hauptziel der N.bewegung, deren Anfänge in die frühen 50er Jahre zurückgehen, ist die ständige Vervollkommnung der Technik, Technologie und Organisation der Produktion. Etwa jeder vierte Berufstätige ist (statistisch) in der N.bewegung tätig; die Neuerervorschläge können finanziell prämiert oder auch patentiert werden. In der Neuererverordnung (NVO) werden die Aufgaben der Neuererbewegung und ihre planmäßige Entwicklung gesetzlich festgelegt. Unter anderem wird hier die Form einer Neuerervereinbarung vorgeschrieben, des detaillierten Vertrages zwischen einem soz. Betrieb und einer Arbeitsgruppe über Aufgabenstellung, Terminfragen und Vergütung einer zu erbringenden Neuerungsleistung. Ein Neueraktiv ist ein gewerkschaftliches Gremium zur Förderung der Neuererbewegung. Eine Neuererbrigade berät leitende Mitarbeiter in Sachen Neuererbewegung. Ein Neuererzentrum ist eine staatl. Einrichtung in den → Bezirken, die dem Erfahrungsaustausch von Neuerern aus verschiedenen Wirtschaftsbereichen und der Propagierung von Neuerungen dienen soll (→ nachnutzen). Der organisatorische Aufwand des Neuererwesens steht in keinem Verhältnis zu seiner wirtschaftlichen Effizienz. Die eigentliche Funktion dieser wie auch der anderen → Masseninitiativen ist weniger ökonomischer als sozialpolitischer Art und erfüllt sich in einer Atmosphäre ständiger Mobilmachung, der nolens volens nachzugeben eine weitgehende Lähmung der Eigeninitiative bedeutet.

›**Neues Deutschland**‹ Zentralorgan (→ Zentral-) der Sozialistischen Einheitspartei Deutschlands (→ Partei).

Neulehrer Im Zuge der → antifaschistisch-demokratischen Umgestaltung in den Schuldienst aufgenommene Nicht- oder Minderqualifizierte, die den in der Nachkriegszeit hohen Vorzug hatten, nicht im Dritten Reich Lehrer gewesen zu sein.

Nichteinmischung Propagandistisches Schlagwort; im offiziellen Verständnis »eines der wichtigsten Grundprinzipien des heute geltenden Völkerrechts«. Das Prinzip der N. wurde in der Schlußakte der Konferenz von Helsinki 1978 als Norm der internationalen Beziehungen festgeschrieben; die DDR-Führung führt es immer dann ins Feld, wenn sie die »ideologische → Diversion« des Westens fürchtet.

nichtpaktgebunden Blockfrei, keinem Militärbündnis angehörend.

nichtsozialistisches Wirtschaftsgebiet (Abk.: NSW) Offizielle Bezeichnung für die wirtschaftliche Sphäre außerhalb der kommunistisch regierten Staaten der Welt.

Nomenklatur 1. Bezeichnung für Verzeichnisse zur einheitlichen Verfahrensweise in der Planung der Wirtschaft, z. B. »Erzeugnis- und Leistungsn. der DDR«. 2. Bezeichnung für ein Verzeichnis von Führungspositionen in Partei, Staat und Gesellschaft. Diese Verzeichnisse werden von bestimmten N.stellen, der Haupt-, der Kontroll- oder der Registratur-N. geführt und ausgewertet. In der Haupt-N. sind u. a. alle Minister, die Vorsitzenden der → Räte der Bezirke und Kreise, die Direktoren der → Vereinigung Volkseigener Betriebe (VVB), Spitzenfunktionäre der → Parteien und → Massenorganisationen und leitende Redakteure von Zeitungen, Rundfunk und Fernsehen erfaßt. Die Inhaber dieser wie auch der anderen in den Kontroll- und Registraturn.en erfaßten Positionen werden als Nomenklaturkader bezeichnet. Deren → Kaderakten werden nicht von den → Kaderabteilungen der beschäftigenden Betriebe, sondern von der jeweils übergeordneten Stelle geführt, die auch über Versetzung und Entlassung entscheidet.

Die Nomenklatur ist wesentliches Instrument der Kaderpolitik der SED, die mit deren Hilfe über alle Führungspositionen in Politik, Wirtschaft und Gesellschaft entweder direkt entscheidet oder verbindliche Modalitäten der Besetzung festlegt.

normal Umgangssprachl. oft zur lakonischen bis zynischen Kennzeichnung einer »unnormalen Normalität« der DDR-Lebenswirklichkeit.

Normativ, das »Allgemeine, wissenschaftlich begründete Kennziffer über den Aufwand und die Ergebnisse gesellschaftlicher Arbeit sowie über die Dauer von Prozessen«. N.e gelten als allgemeingültige Richtwerte bei der Festlegung von Arbeitsnormen, sie werden von staatl. Organen für die Wirtschaft vorgegeben.

NÖSPL Abkürzungswort für Neues Ökonomisches System der Planung und Leitung der Volkswirtschaft, eine wirtschaftspolitische Reformkonzeption zur Modernisierung und Rationalisierung in den Jahren 1963 bis 1967. Ziel war »eine gewisse Selbstregulierung« der Wirtschaft auf der Grundlage des → Plans. Nach dem offenbaren Scheitern von NÖSPL setzte eine Diskussion unter Wirtschaftswissenschaftlern über das Paradoxon einer »sozialistischen Marktwirtschaft« ein.

Notizen zum Plan 1974 eingeführte → Bewegung zur Arbeitsintensivierung innerhalb des → sozialistischen Wettbewerbs.

N. z. P. sind schriftlich fixierte Reserven zur Intensivierung der Produktion, deren Aufdeckung und Erschließung von den »fortgeschrittensten Werktätigen« erwartet wird.

notwendig Im offiziellen Sprachgebrauch oft gleichbedeutend mit → »gesetzmäßig« verwendet, was von der im → Marxismus-Leninismus begründeten Gewißheit zeugt, daß das zu tun Notwendige mit dem Gang der Geschichte, der »gesellschaftlichen Gesetzmäßigkeit« prinzipiell übereinstimme. In diesem Sinne trägt alles als »notwendig« ausgegebene schon seine geschichtliche Rechtfertigung in sich.

NOVA Markenname des Labels für neue »ernste« Musik, vor allem von Komponisten der DDR beim VEB Deutsche Schallplatten.

»Nuttenbrosche« Spitzname für den kitschigen goldenbunten Brunnen auf dem Alexanderplatz in Berlin.

O

Oberliga Höchste Spielklasse im DDR-Fußball (14 Mannschaften).
Oberschule Alle DDR-Schulen heißen »O.«, was nichts über ihr Niveau, um so mehr aber über einen Bildungs-Komplex der zuständigen Funktionäre aussagt (→ allgemeinbildende polytechnische Oberschule, → erweiterte Oberschule).
Oberstes Gericht der DDR Höchstes Organ der Rechtsprechung in der DDR.
Objekt Neben der üblichen Bedeutung auch 1. ein bestimmtes Plan- oder Produktionsvorhaben (z. B. → Jugendobjekt), im bundesdeutschen Sprachgebrauch meist »Projekt«; 2. Teil eines soz. Betriebes; 3. Bezeichnung für große gastronomische oder Verkaufseinrichtungen. Ein Ferieno. ist z. B. ein Betriebsferienheim. Ein O.leiter ist z. B. ein HO-Gaststättenleiter.
Objektivismus Abwertende Bezeichnung des → M.-L. für das philosophische Prinzip, Objektivität und Parteinahme voneinander zu trennen. Nach Auffassung des M.-L. hat »Wissenschaftlichkeit«, d. h. Objektivität, nicht Unparteilichkeit, → politisch-ideologische Neutralität, sondern im Gegenteil gerade einen bestimmten → Klassenstandpunkt (nämlich den der Arbeiterklasse) zur Voraussetzung, während sich hinter der von der bürgerlichen Wissenschaft beanspruchten »Objektivität« nur das Klasseninteresse der → Bourgeoisie verberge.
Objektivität O. wird in der Philosophie des → M.-L. als durch Klasseninteressen bedingt dargestellt. Während die von der bürgerlichen Wissenschaft beanspruchte O. nur eine Verschleierung ihrer ideologischen Interessen sei (→ Objektivismus), wird behauptet, daß dem M.-L., »der sich durch seine offene Parteilichkeit für die Interessen der Arbeiterklasse auszeichnet«, deshalb eine wahre O. zukomme, »weil die Arbeiterklasse aufgrund ihrer historischen Stellung und Mission an der Aufdeckung der objektiven historischen Wahrheit interessiert ist«. Der hieraus abgeleitete Anspruch apriorischer O. hatte u. a. für die → Gesellschaftswissenschaften der DDR verheerende Folgen.
Objektprämie → Prämie.
Oder-Neiße-Grenze → Friedensgrenze.
öffentliche Meinung Der Begriff ist weitgehend aus dem DDR-Sprachgebrauch verschwunden, da eine ö. M. sich innerhalb der

DDR nicht Gehör verschaffen kann. Es gibt eine von den SED-gelenkten Medien produzierte offizielle Meinung für die Öffentlichkeit, die von der Bevölkerung kaum angenommen wird, und es gibt eine inoffizielle gesellschaftliche Meinung, die kaum Publizität erlangt. Dahinter steht das politische Konzept einer »einheitlichen sozialistischen ö. M.«.

öffentlicher Tadel Gerichtlich verhängte Strafe für geringe Vergehen, die auch ins Strafregister eingetragen werden kann.

ökonomische Hebel Mit dem »Neuen ökonomischen System der Planung und Leitung« 1963 (→ NÖSPL) eingeführter Begriff für die entscheidenden Rentabilitäts-Kennziffern (→ Kennziffer) der Wirtschaft und »leistungsabhängige Lohnarten« sowie → Prämien, die auf der betrieblichen bzw. auf der individuellen Ebene das Prinzip der → materiellen Interessiertheit anwendbarer machen sollten. Mit dem »System ökonomischer Hebel« wurde eine gewisse Selbstregulierung der Wirtschaft auf der Grundlage des Plans angestrebt. Umgangssprachlich sind mit ö. H. meist die individuellen Leistungsstimulatoren der soz. Wirtschaft (→ Prämie) scherzhaft bezeichnet.

ökonomisches Grundgesetz Mit dem ö. G. sollen die mannigfaltigen Erscheinungen einer Gesellschaftsordnung auf eine vorrangige ökonomische Gesetzmäßigkeit zurückgeführt werden; so sieht der → Marxismus-Leninismus das ö. G. des Kapitalismus in der »Erzeugung von Mehrwert als Ziel der kapitalistischen Produktion«. Das ö. G. des Soz. bestehe in der »immer vollständigeren Befriedigung der wachsenden materiellen und geistig-kulturellen Bedürfnisse der Werktätigen und der allseitigen Entwicklung des Menschen der soz. Gesellschaft durch die ständige Erhöhung und Vervollkommnung der Produktion auf der Grundlage der fortgeschrittensten Wissenschaft und Technik und der ständigen Steigerung der Arbeitsproduktivität«.

Oktoberklub Erster und wohl bekanntester Singeklub (→ Singebewegung) der DDR; Paradepferd der → Partei bei → Festivals und → Kundgebungen.

Ökulei Kurzwort für »ökonomisch-kultureller Leistungsvergleich«, der zwischen Arbeitsgruppen oder Abteilungen eines oder mehrerer Betriebe ausgetragen wird.

Olympiade junger Mathematiker der DDR → Mathematik-Olympiade.

operativ Bezeichnung für eine bestimmte Art von Leitungsentscheidungen, die aus der Situation heraus getroffen werden müssen, ohne durch eine Vorschrift, einen Plan oder eine höhere

Weisung detailliert → abgesichert zu sein. Z. B.: etwas o. entscheiden, eine o.e Entscheidung treffen. Ein Operativplan ist ein zusätzlicher Plan für eine bestimmte betriebliche Situation (Schwerpunktaufgaben, Nachholen von Planrückständen u. a.). Ein Operativstab ist für akut auftretende Probleme zuständig.

Opposition Auf die DDR bezogen wird der Begriff kaum gebraucht, weil seit den fünfziger Jahren in der DDR keine ernst zu nehmende O. mehr in Erscheinung getreten ist. Das mag in einer tiefsitzenden Angst vor Repressionen eher seinen Grund haben als darin, daß »in sozialistischen Staaten für O. keine objektive politische oder soziale Grundlage existiert«, wie es offiziell heißt.

Ordnungsgruppen der FDJ Einsatzgruppen von vormilitärisch geschulten FDJlern, die z. B. bei Großveranstaltungen mit den Ordnungskräften der → Deutschen Volkspolizei zusammenarbeiten.

Organ Bezeichnung für untergeordnete, ausführende Personen, Gruppen, Institutionen in den Hierarchien des Staates und der Parteien und → Massenorganisationen. So gibt es → bewaffnete O.e, Grenzsicherungs-, Kontroll-, Leitungs-, Sicherheits-, Partei-, Gewerkschafts-, Volksbildungso.e. Örtliche O.e der Staatsmacht sind z. B. Bezirks- und Kreistag, Stadtverordnetenversammlung, Gemeindevertretung. Die → Volkskammer wird als höchstes staatl. O. bezeichnet. Die O.e werden auch als »ausführende O.e« bezeichnet, was zutreffend ist und ein Licht auf die Praxis des → Demokratischen Zentralismus wirft. Umgangssprachlich werden unter »den O.en« meist Polizei und → Staatssicherheit verstanden.

organisieren umgangssprachl. für: etwas auf inoffiziellem, möglicherweise auch illegalem Wege beschaffen. Beim O. spielen Beziehungen und Tauschgebote oft eine größere Rolle als Geld.

orientieren Jmdn. auf etwas o. meint, jmdn. auf etwas hinlenken, ausrichten, auf eine bestimmte → Linie bringen. Z. B. ». . . die Werktätigen auf die Planerfüllung o.«, »Die Kreisleitung orientiert alle Grundorganisationen auf . . .« Diese Neubedeutung spiegelt die Tatsache wider, daß es einem in der DDR von der → Partei abgenommen wird, sich selbst zu o.

ORWO Kunstwort aus »*Or*iginal *Wo*lfen«, Warenzeichen für Film-, Fotomaterial, Magnetbänder u. a. aus der VEB Filmfabrik Wolfen – Fotochemisches Kombinat (ehem. Agfa). ORWOCOLOR: Warenbezeichnung für Wolfener Farbfilme.

Ostseewoche Von 1958 bis 1975 alljährlich in Rostock veranstaltete Festwoche, zu der Delegationen der Ostsee-Anliegerstaaten sowie Norwegens und Islands eingeladen wurden. Nach der diplomatischen Anerkennung der DDR durch die skandinavischen Staaten hatte die O. ihre propagandistische Aufgabe offenbar erfüllt und wurde – ohne Begründung – 1976 abgeschafft.

P

Pädagogischer Rat Beratendes Gremium des Direktors einer allgemeinbildenden Schule. Dem P. R. gehören neben der Schulleitung und der gesamten Lehrerschaft der → Pionierleiter, der Vorsitzende des → Elternbeirates und ein Vertreter des → Patenbetriebes an.

»Palazzo Protzi« Umgangssprachl. spöttische Bezeichnung für den »Palast der Republik« auf dem Berliner Marx-Engels-Platz.

Panorama DDR Auslandspresseagentur der DDR, die mehrsprachige Informationsbulletins herausgibt und Interviews, Kommentare, Artikel an ausländische Interessenten vermittelt. Sie ist ebenso an die SED-Informationspolitik gebunden wie der → Allgemeine Deutsche Nachrichtendienst (ADN).

Pappe Abfällige umgangssprachl. Bezeichnung für den Pkw »Trabant« (→ Trabbi), dessen erster Typ in den 50er Jahren Karosserieteile aus Preßpappe hatte.

Parlament In der Sicht der SED-Ideologie ein »Bestandteil des Machtmechanismus des bürgerlichen Staates«. Mit dem Parlamentarismus versuche die → Bourgeoisie, »ihre Herrschaft demokratisch zu verbrämen und den Klassencharakter des Staates zu verschleiern«. → Volksvertretungen in soz. Staaten trügen einen »grundsätzlich anderen Charakter«. Das Parlament der FDJ ist das höchste Organ der → Freien Deutschen Jugend, es tagt alle vier Jahre (in kurzem Abstand nach den SED-Parteitagen), um die Parteibeschlüsse in Aufgaben der FDJ- und Pionierarbeit (→ Pionier) umzusetzen.

Partei »Die Partei« meint in der DDR stets die Sozialistische Einheitspartei Deutschlands (1946 gegr. durch Zusammenschluß von KPD und SPD; → sozialistisch); die folgenden Komposita beziehen sich also auf die SED. Als → »Partei neuen Typus« ist die SED zugleich Kader- und Massenpartei; die Parteiaktivisten schließen sich in *Parteiaktivs* zusammen. Diese Gruppen besonders zuverlässiger, engagierter Parteimitglieder bilden auf den verschiedenen Leitungsebenen den aktiven Kern der Partei, sie werden entsprechend den aktuellen Aufgaben von der jeweiligen Parteileitung zusammengerufen zu Parteitagungen (auch: Parteiaktivtagung). Ein *Parteiauftrag* ist ein verbindlicher terminierter Auftrag der übergeordneten Leitung an einen oder mehrere Genossen, um die *Parteibeschlüsse* (die Beschlüsse des letzten Parteitages oder Parteiplenums, s.u.) in allen gesellschaftlichen Bereichen durchzusetzen. Sich einem Parteiauftrag zu widersetzen bedeutet einen Verstoß gegen die *Parteidisziplin,* die im SED-Statut dargelegten verbindlichen Verhaltensnormen für alle Mitglieder. Die Parteiarbeit wird von der Parteikontrollkommission überwacht, disziplinarische Verstöße werden mit *Parteistrafen* (Rüge, strenge Rüge, Ausschluß) geahndet. Als *Parteidokument* (oft nur: Dokument) wird das Mitgliedsbuch bzw. die Kandidatenkarte (→ Kandidat) der SED bezeichnet. Die Pluralform bezeichnet hingegen meist die schriftlich fixierten aktuellen Beschlüsse der zentralen Parteiorgane (Parteitag), die auch Parteitagsdokumente oder Dokumente der Partei heißen. Eine Parteigruppe ist die kleinste organisatorische Einheit der SED, sie wird von einem *Parteigruppenorganisator* (Abk. PO) geleitet. Die Parteihochschule »Karl Marx« in Berlin ist die oberste Aus- und Weiterbildungsstätte für Parteikader (→ Kader), sie bildet hohe Parteifunktionäre in mehrjährigen Studiengängen zu Diplom-Gesellschaftswissenschaftlern (→ Gesellschaftswissenschaften) aus. Die Parteischulung der mittleren Funktionäre übernehmen die Bezirks-, Kreis- und Betriebsparteischulen. Das *Parteilehrjahr* umfaßt die monatlichen ideologischen Schulungsseminare vom Oktober bis Juni, die für Mitglieder und →Kandidaten obligatorisch sind, aber auch Parteilosen offenstehen. Als *Parteiplenum* (oder nur: Plenum) werden die Plenartagungen des → Zentralkomitees der SED bezeichnet, die laut Statut mindestens halbjährlich stattfinden und die Beschlüsse des jeweils vorangegangenen Parteitages konkretisieren. »Das Plenum studieren« heißt, die Dokumente (Parteidokument) der letzten Plenartagung durchzuarbeiten. Ein *Parteisekretär* ist der Chef einer → Grundorganisation der SED, deren »1. Sekretär«. Die Chefs der übergeordneten Parteisekretariate heißen Kreis-, Bezirks-, Generalsekretär. Der *Parteitag* ist das höchste Organ der SED, die Delegierten werden auf Bezirksdelegiertenkonferenzen gewählt. Parteitage finden seit der Statutenänderung vom Juni 1971 alle 5 Jahre in Berlin statt und legen die Generallinie und Taktik der Partei fest. Als *Parteiveteran* (oder auch nur: Veteran) wird ein älteres verdientes Parteimitglied bezeichnet, das nicht mehr aktiv am Parteileben teilnimmt. Veteranen werden gern zu Jugendstunden oder ins FDJ-Studienjahr (→ Studienjahr) eingeladen, um ihre Erfahrungen der jungen Generation zugänglich zu machen.

Parteilichkeit P. bedeutet im offiziellen Sprachgebrauch Parteinahme für die Sache der Arbeiterklasse und ihrer marx.-len. Partei; P., auch »parteilich« zu denken und zu handeln, wird in diesem Sinne grundsätzlich positiv bewertet. Nach marx.-len. Auffassung ist jedes Denken, jede Auffassung, jede Kunst parteilich, doch nur die »wissenschaftliche Weltanschauung der Arbeiterklasse«, der → Marxismus-Leninismus, bringe seine P. offen zum Ausdruck, er brauche seinen parteilichen Charakter nicht, wie die bürgerliche Ideologie, zu verschleiern, da er zugleich → Objektivität, Wissenschaftlichkeit bedeute. Auch die Wissenschaften und Künste im Sozialismus müßten sich von P. leiten lassen, denn »eine wirklich objektive Erkenntnis gesellschaftlicher Erscheinungen garantiert nur die proletarische bzw. sozialistische P., da die Arbeiterklasse mit dem gesellschaftlichen Fortschritt verbunden ist«. In der soz.-realistischen Kunst durchdringe die P. alle ästhetischen Elemente und bestimme den soz. Gehalt des Kunstwerkes (vgl. auch: → Dekadenz, → Modernismus). Als ethisches Postulat und Erkenntnismethode positiv bewertet, hat der Begriff die pejorative Intention von »parteiisch« im offiziellen Gebrauch gänzlich eingebüßt.

Partei neuen Typus Von Lenin geprägte Bezeichnung für eine marx.-len. Partei; als solche verstehen sich alle führenden Parteien der Ostblockländer. Als »revolutionäre Kampfpartei der Arbeiterklasse« verwirklicht die P. deren → historische Mission. Entsprechend der Abgehobenheit ihrer revolutionären Ziele von den tatsächlichen Zielen der Arbeiterschaft agiert die P. als Kaderpartei, als »Vortrupp« und »Avantgarde« der Klasse, deren »objektive Interessen« sie wahrzunehmen beansprucht. Unter soz. Bedingungen wird die P. zur »Massenpartei des werktätigen Volkes« (SED-Mitglieder 1984: 2,2 Mill.).

Partnerbetrieb Soz. Betrieb, der mit einem anderen soz. Betrieb zusammenarbeitet.

Patenschaft Vereinbarung zwischen soz. Betrieben bzw. → Produktionsgenossenschaften oder Armee-Einheiten und Bildungseinrichtungen (Kindergärten, Schulen, Heimen, Fach- und Hochschulen) über gegenseitige Unterstützung und Zusammenarbeit. Den P.en kommt in der → polytechnischen Bildung und Erziehung große Bedeutung zu, sie haben für viele Jugendliche berufsorientierende Funktionen. Zur typischen Praxis der P. gehören Betriebsbesichtigungen und die Mitwirkung der Kinder und Jugendlichen bei Betriebsfeiern. P.en werden in Patenschaftsverträgen schriftlich fixiert; sie verbinden Patenbetriebe bzw. Patenbrigaden oder Pateneinheiten (der NVA) mit Patenklassen oder Patenschulen.

Pazifismus Im offiziellen Verständnis eine »bürgerliche bzw. kleinbürgerliche Strömung und Ideologie, die unter der Losung des Friedens um jeden Preis gegen alle Arten von Kriegen« auftrete und den → Klassencharakter des → Krieges außer acht lasse, also auch »gerechte Kriege« ablehne.

Perfol Kunstwort, Warenzeichen für eine Folie aus Polyamid, die für Verpackungen und Schutzbekleidung verwendet wird.

Personenkennzahl (Abk: PKZ) Zwölfstellige Kennzahl in Personalausweisen der DDR, deren erste sechs Stellen das Geburtsdatum ausweisen.

persönliche Hauswirtschaft → Hauswirtschaft.

Persönlichkeit → sozialistische P.

persönlich-schöpferischer Plan Form der staatl. gelenkten → Masseninitiative zur Steigerung der Arbeitsproduktivität; individuelle Verpflichtung einzelner Arbeiter zu genau fixierten hohen Leistungen in der Produktion (→ schöpferisch).

Perspektivplan Wirtschaftspolitisches Programm für den Zeitraum mehrerer Jahre (Perspektivzeitraum), das die Hauptlinien der ökonomischen Entwicklung bestimmt.

Pflanzenproduktion Industriemäßige Erzeugung von Getreide, Futtermitteln, Obst, Gemüse. Das Wort wird ebenso wie → Tierproduktion seit den frühen 70er Jahren für bestimmte Formen der soz. Landwirtschaft, aber auch anstelle von »Feld-« oder »Ackerbau« allgemein verwendet, so in Bezeichnungen für bestimmte Betriebsformen (→ Kooperative Abteilung P., → Landwirtschaftliche Produktionsgenossenschaft P., Volkseigenes Gut P., → volkseigen) bzw. für die → Sektionen landwirtschaftl. Fakultäten an Hoch- und Fachschulen (»Sektion P.«).

Philosophie Der Begriff verbindet sich meist mit dem, was man als DDR-Bürger an den Schulen, Berufsschulen, Fachschulen, Hochschulen, in den verschiedenen → Lehr- und → Studienjahren als »Philosophie« geboten bekommt, nämlich die P. des → Marxismus-Leninismus, den »dialektischen und historischen Materialismus« (→ Diplom-Philosoph).

Pionier (eigentl.: Junger Pionier) Mitglied der Pionierorganisation »Ernst Thälmann«; der Beitritt wird von den Schulen für alle Klassen gemeinschaftlich organisiert und ist quasi-obligatorisch. Der Nichtbeitritt schließt das Kind von außerschulischen Unternehmungen der Klasse aus. Die Pionierorganisation »Ernst Thälmann« ist die soz. → Massenorganisation für Kinder der 1. bis 7. Klasse und die einzige Kinderorganisation der DDR. Sie wird von der → Freien Deutschen Jugend (FDJ) geleitet und hat die

Erziehung der Kinder zu »allseitig entwickelten [→] sozialistischen Persönlichkeiten« zum Ziel. Von der 1. bis 3. Klasse heißen ihre Mitglieder »Jungpioniere«, von der 4. bis 7. »Thälmannpioniere«. Erstere tragen ein blaues, letztere ein rotes (gleich den Pionieren der SU) Pionierhalstuch (auch: Pioniertuch). Alle Pioniere einer Schule bilden eine Pionierfreundschaft (auch: Freundschaft), die von einem hauptamtlichen FDJ-Funktionär, dem *Pionierleiter,* geführt wird und sich in die einzelnen *Pioniergruppen* der Klassen unterteilt. In diesen Gruppen, die meist mit den Mitgliedern einer Klasse identisch sind, werden *Pionierräte* gewählt, das sind für die Gruppe der Gruppenrat, für die Freundschaft der Freundschaftsrat, in den je ein Gruppenmitglied entsandt wird. Die Pionierarbeit eines Schuljahres wird in einem Arbeitsplan festgelegt und im Rahmen der wöchentlichen *Pioniernachmittage* abgeleistet. Beim *Pioniergruß* wird die rechte Hand über den Kopf gewinkelt; die Grußformel lautet: »Für Frieden und Sozialismus – Seid bereit!«, Antwort: »Immer bereit!«. In den *Pionierparks,* die es in einigen großen Städten gibt, laden Pionierhäuser oder gar Pionierpaläste zu Sport, Spiel, Basteln; dort fahren Pioniereisenbahnen, die von Kindern (Pioniereisenbahnern) betrieben werden. Ein *Pioniermanöver* ist eine wehrsportliche Massenveranstaltung für Kinder, ein Pionierauftrag eine verpflichtende Aufgabe an einen einzelnen Pionier, an eine Gruppe, Freundschaft oder von der → Partei an die ganze Pionierorganisation. In der *Pionierrepublik* »Wilhelm Pieck«, einer zentralen Ausbildungs- und Erholungsstätte in Berlin, werden Angehörige der Pionierräte für die Pionierarbeit qualifiziert. Zeitschriften für Pioniere sind die ›ABC-Zeitung‹ und die ›Trommel‹.

Piviacid Kunstwort, Warenbezeichnung für in der DDR hergestellte Chemiefaserstoffe aus Polyvinylchlorid.

Plan Kurzform für den jeweils ein Jahr geltenden Volkswirtschaftsplan (auch: Jahresvolkswirtschaftsplan oder Staatsplan), die detaillierte Richtlinie für die Entwicklung der verschiedenen Volkswirtschaftsbereiche, deren allgemeine Ziele auf den SED-Parteitagen festgelegt und die durch Beschluß der → Volkskammer zum Gesetz erhoben wird. Da in der DDR aber nicht nur die Wirtschaft, sondern alle gesellschaftlichen Bereiche einer Planung unterliegen, gibt es zahlreiche Verbindungen des Begriffes in einem weiteren Sinne, z. B. Kultur- und Bildungsp. (→ Kultur), → Frauenförderungsp. Auf den Volkswirtschaftsplan beziehen sich Begriffe wie: *Planauflage,* das ist eine Leistungsvorgabe zur Planerfüllung anhand bestimmter → Kennziffern und Richtlinien; Plandiskussion, womit die jährliche Aussprache mit Betriebsangehörigen über die gestellten Planauflagen (auch: Planaufgaben) gemeint ist; *Plandisziplin,* worunter die Erfüllung bzw. Übererfüllung des Planes verstanden wird, die auch als *Plantreue* gilt, während Rückstände in der Planerfüllung als *Planschulden* bezeichnet werden. *Plansilvester* ist der Tag, an dem der Jahresplan erfüllt ist; die Betriebsleitungen sind bestrebt, diesen Tag vor dem eigentlichen Silvester zu feiern, einen Planvorlauf (Planvorsprung) zu erwirtschaften.

Plast, der   Weichkunststoff, Plastik. Der Plural wird in der Umgangssprache auch singularisch verstanden: die Plaste. Folgende Komposita werden mit »P.«, häufiger jedoch mit »P.e« gebildet: P.beutel, P.eimer, P.folie, P.tüte, P.facharbeiter.

Plattform   Russ. Lehnwort in der Parteisprache, das von der Parteilinie (→ Linie) abweichende programmatische Gedanken oder Schriften meint, die geeignet sind, die geistige Grundlage einer → Fraktion innerhalb der → Partei zu bilden.

plazieren   In einigen DDR-Gaststätten übliche Form der Einweisung der Gäste an freie Tische, die gewiß dem gaststätteninternen Arbeitsablauf, nicht aber den Wünschen der Gäste entgegenkommt. Oft stoppt schon am Eingang ein Schild den Gast: »Bitte warten Sie; Sie werden plaziert!«

Plenum   Kurzwort für Parteiplenum (→ Partei).

PM 12, die   Provisorischer Personalausweis, der für den eingezogenen Personalausweis ausgestellt wird, und nicht zu Auslandsreisen (auch nicht in die Länder des Ostblocks) berechtigt. Die PM 12 wird von den Behörden der → Deutschen Volkspolizei ohne nähere Begründung und ohne zeitliche Befristung an »kriminell gefährdete Elemente« ausgegeben, das sind z.B. Haftentlassene, wegen versuchter → Republikflucht Verurteilte oder der Republikflucht Verdächtige.

Poetenseminar   Vortrags- und Diskussionsveranstaltung der → Freien Deutschen Jugend (FDJ) für Nachwuchslyriker.

Polit-   Kurzform für »politisch« in zahlreichen Verbindungen wie: P.abteilung, P.information, P.offizier, P.schulung (sämtlich aus dem Bereich der → Nationalen Volksarmee). Das Politbüro des Zentralkomitees der SED ist das oberste Führungsgremium der Partei, es umfaßt z.Zt. 22 Mitglieder und 5 Kandidaten und tagt wöchentlich unter der Leitung des → Generalsekretärs des ZK der SED. Polit-Ökonomie ist die umgangssprachl. Kurzform (auch: Pol-Ök) für → »Politische Ökonomie«.

Politische Hauptverwaltung   (der → Nationalen Volksarmee)

Wichtigste politische Schaltstelle zwischen der SED-Führung und den Streitkräften des Landes.

Politische Ökonomie (Abk.: Polit-Ökonomie oder Pol-Ök) Marxistische Wirtschaftslehre, deren besonderer Anspruch, »politisch« zu sein, daher rührt, daß in der Geschichtsbetrachtung des → historischen Materialismus die »Ökonomie«, die → Produktionsweise einer Gesellschaft, als bestimmend für den politischen und ideologischen → Überbau angesehen wird. Andererseits gilt die Art und Weise des Produzierens (und die entsprechenden Eigentums- und Machtverhältnisse) als grundlegendes Politikum.

politisch-ideologisch Sehr beliebte und sehr verwaschene offizielle Bezeichnung für etwas, das sich auf das Verhältnis zur → Partei bzw. deren → Linie bezieht. So kann man z.B. ein in p.-i.er Hinsicht vorbildlicher → Kader genannt oder auf p.-i.e Unsicherheiten in einem Vortrag hingewiesen werden. Man kann seine p.-i.e Reife unter Beweis stellen, indem man von einem gefestigten (→ festigen) → Klassenstandpunkt aus zu p.-i.en Fragen »eindeutig Stellung bezieht«.

politisch-moralische Einheit des Volkes Offizielle Formel zur Beschreibung des gesellschaftlichen Zusammenlebens in der DDR, die nach dem VIII. Parteitag (1971) auch die Ulbrichtsche von der »Sozialistischen Menschengemeinschaft« zu ersetzen hatte. Letztere galt seit dem Wechsel Ulbricht/Honecker als »lebensfernem Wunschdenken verhaftet«, was man bei nüchterner Betrachtung allerdings auch für die neue Formel nicht ausschließen kann.

polytechnische Bildung und Erziehung Allgemeines Postulat des soz. Bildungswesens in der DDR (→ einheitliches soz. Bildungssystem), das sich in verschiedenen Bezeichnungen und Institutionen manifestiert, dessen inhaltliche Verwirklichung jedoch zweifelhaft bleibt (→ allgemeinbildende polytechnische Oberschule).

polytechnischer Unterricht (Abk.: PU) ist ein Unterrichtsfach in den Schulen, das sich in die theoretischen Veranstaltungen »Einführung in die sozialistische Produktion« (Abk.: ESP), »technisches Zeichnen« und einen praktischen Teil »Produktive Arbeit der Schüler in sozialistischen Betrieben« (Abk.: PA, früher: Unterrichtstag in der soz. Produktion, Abk.: UTP) gliedert. Der Werk- und Schulgartenunterricht in den Klassen 1 bis 6 wird auch als p.U. bezeichnet.

postgradual Nach einem Hoch- oder Fachschulabschluß. P.e Studiengänge für hochqualifizierte Fachkräfte dienen der Aktualisierung und Spezialisierung des Wissens: die Berufstätigkeit wird während der p.en Weiterbildung in der Regel nicht unterbrochen.

Postmietbehälter (Abk.: PMB) Von der → Deutschen Post vermieteter Versandkarton.

Postzeitungsvertrieb (Abk.: PZV) Handelsmonopol der → Deutschen Post für alle Zeitungen und Zeitschriften der DDR (ausgenommen Betriebszeitungen).

Prämie Geldbetrag, seltener auch Sachwert (z.B. Buchp.), der für Leistungen im → sozialistischen Wettbewerb vergeben wird. Als Hauptform der P. stellt die *Jahresendprämie* als steuer- und abgabefreies Einkommen in Höhe von etwa einem 13. Monatsgehalt eine wesentliche Erweiterung des Arbeitseinkommens dar. Die J. wird je nach Planerfüllung in Abstimmung mit der → Betriebsgewerkschaftsleitung (BGL) in der Regel an alle Mitarbeiter vergeben, der Höchst- und Mindestbetrag liegt fest. Im Sinne der beabsichtigten Leistungsstimulierung (→ materielle Interessiertheit) wirksamer können Objektp.n (an eine best. Aufgabe gebunden), Sofortp.n (unmittelbar nach besonderer Leistung gezahlt) oder Zielp.n (an die vorfristige Erfüllung einer Aufgabe gebunden) eingesetzt werden. Alle P.n werden aus einem speziellen P.fonds gezahlt, der von jedem soz. Betrieb in eigener Verantwortung geführt und dessen Verwendung in der P.vereinbarung des → Betriebskollektivvertrages festgelegt wird.

Preispolitik Da die Preise in der DDR nicht den Gesetzen eines freien Marktes folgen, werden sie, zumal sie von politischer Bedeutung sind, staatlich festgelegt. So werden seit Jahren die Preise einer Reihe von Grundnahrungsmitteln, aber auch von Kinderbekleidung und Dienstleistungen (z.B. Mieten, Verkehrstarife, Leistungen von Friseuren und Wäschereien) durch staatl. Subventionen niedriggehalten. Andererseits werden Erzeugnisse des »gehobenen Bedarfs« (z.B. Fernsehgeräte, Autos, Waschmaschinen, Kühlschränke) mit hohen Produktionsabgaben belastet. Im Zusammenhang mit den hohen Preisen der → Delikat- und → Exquisitläden wird offiziell von der Abschöpfung eines Kaufkraftüberhangs gesprochen.

Presse Im → Sozialismus ist die P. ein »Instrument der Partei der Arbeiterklasse und des soz. Staates«, um das »wissenschaftliche Weltbild der Arbeiterklasse zu formen« und das »bewußte politische, klassenmäßige Verhalten des Volkes ... zu fördern«. Für alle periodisch erscheinenden P.-Erzeugnisse hat der → Postzeitungsvertrieb das Vertriebsmonopol; sie müssen durch das

P.amt lizensiert und in die Postzeitungsliste des Ministeriums für Post- und Fernmeldewesen eingetragen sein. Anhand der Tageszeitungen, die die »politisch-ideologische Einheit in Inhalt und Wirkung« zu gewährleisten haben, läßt sich die trockene Langeweile einer propagandistischen Zwecken dienstbar gemachten P. am deutlichsten nachweisen. Ein Pressefest ist die jährliche volksfestartige Massenveranstaltung des → ›Neuen Deutschland‹ bzw. der SED-Bezirksorgane (Bezirkszeitungen), die die Verbundenheit der »Volksmassen« mit der Parteipresse festigen soll.

Prinzip der Kritik und Selbstkritik → Kritik und Selbstkritik.

Prinzip der materiellen Interessiertheit → materielle Interessiertheit.

privat Im offiziellen Sprachgebrauch wird »p.« negativ bewertet im Sinne von gesellschaftsfern bis gesellschaftsfremd, -schädlich, -feindlich. Diskreditiert wurde das Wort durch seinen Gebrauch in der marx.-len. Theorie, etwa bei der Formulierung des Grundübels der Klassengesellschaften, das im Privateigentum an Produktionsmitteln gesehen wird oder des Grundwiderspruchs des Kapitalismus zwischen gesellschaftlicher Produktion und privatkapitalistischer Aneignung. Es widerspricht aber auch der gesellschaftsbezogenen Intention der → sozialistischen Persönlichkeit und wird daher in den Sozialismus betreffenden Zusammenhängen durch »persönlich« oder »individuell« umschrieben.

Privat geht vor Katastrophe Umgangssprachlicher Slogan, der die → Einstellung breiter Bevölkerungsschichten zum sozialistischen → Eigentum kennzeichnet.

Produktionsgenossenschaft Produktions- oder Dienstleistungsbetrieb mit einer spezifischen Form des soz. Eigentums an Produktionsmitteln. Die in der P. zusammengeschlossenen Bauern, Handwerker etc. verwalten ihr genossenschaftliches Eigentum gemeinsam nach staatlich festgesetzten Statuten. Außer den → landwirtschaftlichen P.en gibt es z.B. gärtnerische P.en (GPG), P.en werktätiger Fischer (PWF) und P.en des Handwerks (PGH).

Produktionspropaganda »Systematische und zweckbestimmte Aufklärungs-, Überzeugungs- und Erziehungsarbeit« bezüglich der soz. Produktion, um alle Werktätigen zum → sozialistischen Wettbewerb zu mobilisieren. Dazu gehören die täglichen Aufmacher der Tagespresse mit Erfolgsmeldungen aus dem Produktionsbereich ebenso wie die → Straße der Besten, Betriebsfunk und -zeitung, die Wettbewerbsauswertung auf Sichttafeln oder in Versammlungen u.a.m. (→ Propaganda).

Produktionsverhältnisse Sozialökonomische Verhältnisse unter Menschen; Beziehungen, die Menschen untereinander im Prozeß der Produktion, des Austauschs und der Verteilung materieller Güter eingehen. Der Charakter der P. entspricht nach marx.-len. Auffassung dem Entwicklungsgrad der → Produktivkräfte; wichtigstes und bestimmendes P. ist das Eigentumsverhältnis zu den Produktionsmitteln. Entsprechend den ökonomischen → Gesellschaftsformationen werden z.B. feudalistische, kapitalistische, sozialistische, kommunistische P. unterschieden.

Produktionsweise Gesellschaftliche Produktion auf einer bestimmten historischen Entwicklungsstufe, das heißt in der Sicht des historischen Materialismus: durch bestimmte → Produktionsverhältnisse wesentlich bestimmt. Die P.n werden in feudalistische, kapitalistische, sozialistische unterschieden.

Produktivkräfte Alle jene Kräfte, die den Produktivitätsgrad der Arbeit bestimmen, das sind: der Mensch mit seinen Fähigkeiten und Fertigkeiten, die jeweiligen Produktionsmittel, Organisation, Technologie und Wissenschaft in der Produktion. Die P. sind nach marx.-len. Auffassung das entscheidende Kriterium des gesellschaftlichen → Fortschritts, denn ihr Entwicklungsniveau bestimme den Charakter der → Produktionsverhältnisse, somit die → Produktionsweise, welche die materielle → Basis jeder Gesellschaftsformation ausmache, die ihrerseits den geistigen → Überbau bestimme.

Progress-Filmverleih Verleihzentrale für sämtliche in der DDR eingesetzten Kinofilme.

progressiv → Fortschritt.

Proletariat Der Begriff steht bei Karl Marx für die unterdrückte und ausgebeutete Klasse der Arbeiter seiner Zeit. Als → Klassiker-Zitat wird er noch heute synonym für → Arbeiterklasse gebraucht, mit Vorliebe in weihevollen, die Traditionen der Arbeiterbewegung beschwörenden Formeln wie → »proletarischer Internationalismus«, »Proletarier aller Länder, vereinigt euch!«, → »Diktatur des Proletariats«, u.a. »P.« steht nicht nur für die unterdrückteste, sondern auch für die fortschrittlichste und revolutionärste Klasse im → Kapitalismus; der Gebrauch des Wortes ist daher stets positiv wertend.

proletarischer Internationalismus Postulat der internationalen Solidarität der Arbeiterklasse (unter kapitalistischen Verhältnissen, um der Internationalisierung des Kapitals gewachsen zu sein, unter soz. Verhältnissen, um die → sozialistische Revolution und die junge soz. Staatsmacht in anderen Ländern zu unterstützen, wie z. B. in Kuba, Angola, Nicaragua und der imperialistischen → Globalstrategie zu begegnen).

Propaganda »Systematische Verbreitung und gründliche Erläuterung politischer ... u. a. Lehren und Ideen. Im Gegensatz zur imperialistischen (→ Imperialismus) P., die vor dem Volk die wirklichen Ziele kapitalistischer Klassenherrschaft zu verschleiern sucht und das Bewußtsein manipuliert, vermittelt die marx.-len. P. ... die wissenschaftliche Theorie und Politik ... der Regierungen der soz. Staaten.« Im Gegensatz zur → Agitation, die eine breite Öffentlichkeit ansprechen soll, richtet sich die P. in Schulungen der → Partei und der → Massenorganisationen an kleinere Zirkel, um die anstehenden Fragen zur Grundlinie und aktuellen Politik der SED gründlich erörtern zu können. Ein Propagandist ist ein speziell als Redner und Diskussionsleiter bei solchen Veranstaltungen (→ Studienjahr, → Schule der sozialistischen Arbeit u. a.) ausgebildeter Funktionär der SED oder einer der Massenorganisationen. Durch den »ehrenvollen« Zweck der Propaganda und des Dienstes der Propagandisten sollen beide Begriffe von negativer Intention reingewaschen sein, was aber zumindest für den umgangssprachlichen Gebrauch nicht zutrifft.

Protest 1. (vergleichbar mit »Berufung« oder »Revision« in der Bundesrepublik) Rechtsmittel der Staatsanwaltschaft gegen Gerichtsurteile in Straf- und Zivilprozessen. 2. Politischer »P.«, womit offiziell stets etwas gemeint ist, das sich im kapitalistischen Ausland abspielt bzw. auf Ereignisse jenseits der → Mauer bezieht. »Protestkundgebungen« in der DDR richten sich grundsätzlich nicht gegen Mißstände im eigenen Land. Der politische Widerstand in der DDR meidet den P., die Auflehnung, den offenen Gegensatz zur Staatsmacht; verbreitet sind – oft nur halbbewußte – Formen des passiven Widerstandes bzw. des Widerstandes durch Passivität.

Protzkeule Umgangssprachliche Bezeichnung für den Berliner Fernsehturm neben Namen wie Sankt Walter oder Telespargel.

Q

Q Das Q steht für »Qualität« als höchstes Gütezeichen auf DDR-Erzeugnissen und spielt in der → Produktionspropaganda eine Rolle, wenn es z. B. um den »Kampf um das Gütezeichen Q« geht oder einem Erzeugnis »das Q verliehen« wird.

Qualifikationsmerkmal Kennzeichen einer bestimmten Arbeitsaufgabe in bezug auf die für sie nötige → Qualifikationsstufe.

Qualifikationsniveau Stand der beruflichen Bildung.

Qualifikationsstufe Gliederung des beruflichen Bildungsgrades, so z. B. in der Industrie in: Ungelernte, Angelernte, Facharbeiter, Meister, Techniker, Fachschul-, Diplom- und Doktoringenieure.

Qualifizierungsvertrag Arbeitsrechtliche Vereinbarung zwischen einem Werktätigen und seinem Betrieb über die Teilnahme an Aus- und Weiterbildungsmaßnahmen. Der Q. enthält u. a. Bestimmungen über die Freistellung des Werktätigen, die Kontrolle der Lernergebnisse und die eventuelle Übernahme der Qualifizierungskosten durch den Betrieb.

Qualitätskennziffern Qualitative Vergleichswerte, die die wichtigsten Eigenschaften eines Erzeugnisses charakterisieren (z. B. Q. der Zweckbestimmung, der Zuverlässigkeit, der Umweltverträglichkeit, der Formgestaltung). Da es in der soz. Planwirtschaft keine freie Konkurrenz gibt, der Wettbewerb der Erzeuger also kein Stimulans für die Qualität der Erzeugnisse sein kann, müssen Hilfskonstruktionen geschaffen werden, die »Qualität« meßbar und bewertbar machen. Allerdings ist es bisher nur unzureichend gelungen, die Qualität der Erzeugnisse mit Hilfe von Q. zu stimulieren, wenn auch andererseits auf diese Weise kein Motiv für die Produktion von Wegwerfprodukten gegeben ist. Qualitätsstimulation ist im Soz. nicht systemimmanent und bedarf daher umständlichen administrativen Aufwandes, so der ständigen Qualitätskontrolle, eines komplizierten Qualitätssicherungssystems, eines staatlichen Qualitätsprogramms, das die Maßnahmen der Qualitätspolitik der Regierung beinhaltet, weiterhin der Initiierung von Qualitätswettbewerben um hohe Qualitätsproduktion und möglichst niedrige Qualitätskosten etc. Auch hier deutet die Häufung eines Wortes auf praktische Probleme hin und den Versuch, sie verbal zu meistern.

R

Rahmenkollektivvertrag (Abk.: RKV) Arbeitsrechtliche Rahmenbedingungen, die innerhalb eines bestimmten Wirtschaftszweiges jeweils von der zuständigen staatlichen Stelle und dem → Freien Deutschen Gewerkschaftsbund (FDGB) vereinbart und festgelegt werden. Der R. ist die Grundlage für die → Betriebskollektivverträge in dem entsprechenden Wirtschaftszweig. Der R. enthält u. a. die Einstufungsmerkmale in die verschiedenen Lohn- und Gehaltsgruppen.

Rat Vollziehendes Staatsorgan (im Gegensatz zu westlichen Ländern, wo ein R. nur beratendes und beschließendes Organ ist), z. B. R. des → Bezirkes; R. des → Kreises; R. der Stadt; R. der Gemeinde (dessen Vorsitzender der Bürgermeister ist). Als Organe der jeweiligen örtlichen Volksvertretungen (z. B. Kreistag, Bezirkstag, Stadtverordnetenversammlung) sind die R.e gemäß dem Prinzip des → demokratischen Zentralismus doppelt unterstellt, nämlich außer ihren → Volksvertretungen auch dem jeweils übergeordneten R.

Rat für gegenseitige Wirtschaftshilfe (Abk.: RGW) Internationale Wirtschaftsorganisation sozialistischer Staaten, 1949 in Moskau gegründet (in westlichen Ländern unter der Abkürzung COMECON bekannt). Dem RGW gehören alle europäischen Ostblockländer an, darüber hinaus Kuba, die Mongolei und Vietnam; enge Beziehungen mit Jugoslawien; Vertreter der Volksdemokratien Laos, Jemen, Afghanistan, Moçambique und Äthiopien haben Beobachterstatus. Seit 1970 ist ein Komplexprogramm (→ Komplex) zur Vertiefung der → sozialistischen ökonomischen Integration in Kraft. RGW-Länder; RGW-Staaten, RGW-Tagung u. a.

Rationalisator Werktätiger, der einen Beitrag zur Rationalisierung der Produktion geleistet hat. Die R.enbewegung ist wie die Neuererbewegung (→ Neuerer) Teil des → sozialistischen Wettbewerbs.

Rationalisierung Im → Sozialismus heißt sie soz. R. und soll sich grundlegend von kapitalistischer R. unterscheiden, weil sie den arbeitenden Menschen, nicht aber dem Kapital dient. In der Tat werden durch R. freigesetzte Arbeitskräfte nicht entlassen, sondern umgesetzt, da genereller Mangel an Arbeitskräften herrscht. Etwas wegrationalisieren meint daher nicht Arbeitsplätze, sondern solche nicht durchaus entbehrlichen Annehmlichkeiten wie z.B. die Hausbriefkästen, die in Landgemeinden zugunsten von → Hauspostschließfachanlagen aufgegeben wurden, oder auch Details des Wohnkomforts in Neubauten, preisgünstige Industriewaren u.a.

Rationalisierungsmittel (auch: Ratiomittel) sind »Arbeitsmittel, die zur Intensivierung der vorhandenen Produktionsanlagen eingesetzt werden«.

...-Raum-Wohnung Die Ein-, Zwei- oder Drei-Raum-Wohnung wurde statt der Ein-, Zwei- oder Drei-Zimmer-Wohnung üblich in dem Maße, als die Räume in den Neubauten immer kleiner wurden und daher immer weniger als »Zimmer« gelten konnten. Seitens der → Wohnraumlenkung wollte man müßigen Streitereien um Quadratmeterzahlen von »halben oder dreiviertel Zimmern« aus dem Weg gehen. Der einer Familie entsprechend ihrer Personenzahl und der Altersstruktur zustehende Wohnraum wird nicht in Quadratmetern, sondern in Räumen ausgedrückt, womit die Beliebtheit auch von unkomfortablen Altbauwohnungen angesichts der sog. »Karnickelställe« oder »Wohnsilos« (Neubaublocks) hinlänglich erklärt ist.

real existierender Sozialismus → Sozialismus.

Realismus → sozialistischer R.

Recht Der sehr unterschiedlichen Rechtsauffassungen in beiden deutschen Staaten wegen sei hier in einigen kurzen Zitaten der Begriff des »sozialistischen Rechts« umrissen. »Das soz. Recht stellt ein Instrument des soz. Staates dar, mit dessen Hilfe die Gesellschaft durch die Arbeiterklasse und ihre marx.-len. Partei geführt wird.« Das soz. Recht der DDR sei »Ausdruck der Macht der herrschenden Arbeiterklasse und ihrer Verbündeten ...«, »der zum Gesetz erhobene Wille der Arbeiterklasse ...« Mit diesen Definitionen läßt sich nahezu jeder politische Eingriff in die Rechtspflege rechtfertigen.

Recht auf Arbeit In der DDR-Verfassung ist das R. a. A., aber auch die Pflicht zur Arbeit gesetzlich verankert. Das R. a. A. ist in der DDR insofern verwirklicht, als – von ganz wenigen, vor allem politisch bedingten Ausnahmen abgesehen (z.B. ein Teil der → Antragsteller) – jeder Arbeitswillige einen Arbeitsplatz findet oder ihm eine Beschäftigung vermittelt werden kann (→ Amt für Arbeit), die dann allerdings nicht mit den beruflichen Wünschen und der fachlichen Qualifikation übereinstimmen muß. Die Verpflichtung zur Arbeit wird in der Regel nur dann durchgesetzt, wenn Nichterwerbstätige Ansprüche auf öffentliche Leistungen erheben oder sozial auffällig werden.

Rechtssicherheit Über Jahrzehnte als Begriff des »bürgerlichen Demokratismus« in der DDR verpönt und durch den Terminus der »sozialistischen Gesetzlichkeit« ersetzt (»Einheit von strikter Einhaltung der Gesetze und Parteilichkeit ihrer Anwendung«), taucht das Wort R. neuerdings in offiziellen Verlautbarungen wieder auf – offenbar unter dem Eindruck einer Kritik am → real existierenden Sozialismus, die die mangelnde R. in der DDR beklagt. Egon Krenz nannte die R. auf einer Konferenz der Staats- und Rechtswissenschaftler (1985) eine »kostbare Errungenschaft der sozialistischen Gesellschaft«. Gemeint ist allerdings nicht die Verläßlichkeit und Berechenbarkeit der Rechtsordnung, sondern die »Geborgenheit in den sicheren Verhältnissen unserer Arbeiter- und Bauernmacht« (→ Sicherheit).

Reformismus In marx.-len. Sicht eine Erscheinungsform bürgerlicher Ideologie in der Arbeiterbewegung. Der R. vertrete die irrige Auffassung, daß man ohne proletarische → Revolution über Reformen zum → Sozialismus gelangen könne. Heute richtet sich der Vorwurf des R. hauptsächlich gegen die sozialdemokratischen Arbeiterparteien.

Regan Kunstwort, Warenzeichen für Chemiefaserstoffe aus regenerierter Zellulose. Entsprechende Bezeichnungen in der Bundesrepublik sind: »Reyon« und »Acetatseide«.

Regelleistung Wiederkehrende gleichartige Dienstleistungen des Handwerks, deren staatlich festgesetzter Höchstpreis R.spreis heißt.

Regierungskrankenhaus Spezielle medizinische Einrichtung für hohe Funktionäre und deren Angehörige.

Rehabilitierungen Der Begriff verbindet sich in der DDR mit den R. der Opfer politischer Säuberungen zwischen 1948 und 1953, die nach Stalins Tod und dem XX. Parteitag der KPdSU bzw. der 3. Parteikonferenz der SED (1956) wieder in die Partei aufgenommen und z.T. mit politischen Aufgaben betraut wurden. Die R. verliefen meist stillschweigend; auch die von der KPdSU posthum ausgesprochenen R. prominenter deutscher KPD-Führer, die bei stalinistischen Säuberungen in den 30er Jahren umgekommen waren, sind durch die SED nie veröffentlicht worden.

Reichsbahn → Deutsche Reichsbahn.

Reisebüro der DDR Einziges Reiseunternehmen der DDR.

Reisedirektive Detaillierte Anweisung fürs Verhalten und den politischen Auftrag im westlichen Ausland, die jeder dienstlich in den Westen Reisende von der für ihn zuständigen SED-Organisation erhält. Der heimgekehrte (dienstlich) Westreisende hat in der Regel einen detaillierten Bericht über Begegnungen und Gespräche im Westen abzuliefern, den sog. Reisebericht.

Reisekader Funktionär, Wissenschaftler, Künstler, Sportler o. ä., der die Erlaubnis hat, regelmäßig ins westliche Ausland zu reisen, um die DDR würdig zu vertreten (→ Kader).

reisen In der DDR ist r. ein Privileg, dessen man sich durch politisches Wohlverhalten würdig erweisen kann und dessen man durch politisch ungenehmes Verhalten verlustig gehen kann. Dies gilt auch für Reisen ins sozialistische Ausland (politisch oder sozial auffällige Bürger erhalten einen provisorischen Personalausweis, die sogenannte → PM 12), und es gilt auch nach den Reiseerleichterungen für jüngere DDR-Bürger ins westliche Ausland. Die ständige Möglichkeit zu Westreisen bleibt nach wie vor bestimmten → Reisekadern vorbehalten.

Reiseschecks Berechtigungsschein für eine Ferienreise. Auch die → Ferienschecks des → Freien Deutschen Gewerkschaftsbundes (FDGB) können als R. bezeichnet werden.

Reisestelle Bei den Volkspolizei-Dienststellen eingerichtete Büros, wo Reisen in die Bundesrepublik beantragt und DDR-Reisepässe abgeholt werden können. Diese Stellen wurden zunächst provisorisch eingerichtet, um einem seit 1986 sprunghaft gewachsenen Andrang bei den Polizeiämtern abzuhelfen, nachdem auch jüngeren DDR-Bürgern Reisemöglichkeiten ins westliche Ausland eingeräumt worden waren.

Rekonstruktion In der aus dem Russ. übernommenen Bedeutung wird das Wort im Sinne von »Erneuerung«, »Renovierung«, »Wiederherstellung« alter Gebäude, Industrieanlagen, techn. Einrichtungen gebraucht. R.sarbeiten oder R.smaßnahmen nach einem speziellen R.splan sind in diesem Sinne Maßnahmen zur Modernisierung, zur erneuernden Umgestaltung.

Relativismus In marx.-len. Sicht eine philosophische Auffassung, die das Relative menschlicher Erkenntnisfähigkeit und moralischer Normen und Werte verabsolutiert. R. trete vor allem in Niedergangsepochen auf und sei Bestandteil geschichtlich überlebter Ideologien wie der imperialistischen Philosophie (→ Imperialismus), insbes. des Positivismus, Pragmatismus und Existentialismus.

Reniek-Schiebekreis »Jeder Parteisekretär kennt den sogenannten Reniek-Schiebekreis, das Parteirezept für das Abschieben von Verantwortung: Robert schiebt seine Verantwortung auf Emil ab. Emil auf Norbert. Norbert auf Ingrid. Ingrid auf Eva.

Eva auf Karl. Und Karl wieder auf Robert. Überzeugen Sie sich selbst. Es ist unmöglich, einen Verantwortlichen zu finden. Doch hier zeigt sich der sensationelle Wert des Reniek-Schiebekreises. Man braucht nur den Reniek-Schiebekreis rückwärts zu verfolgen, und schon läßt sich an den Anfangsbuchstaben der Schieber, der Verantwortliche bloßstellen: KEINER!« (Franz Loeser: Über die Parteilichkeit des Parteisekretärs. In: Werner Filmer, Heribert Schwan [Hrsg.]: Alltag im anderen Deutschland. Econ Verlag, Düsseldorf 1985, S. 237–242, hier S. 240.)

Reparaturstützpunkt Einrichtung der → Kommunalen Wohnungsverwaltung in den Wohngebieten (→ Wohnbezirk). Der R. bietet vor allem ausleihbare Werkzeuge und Material für Werterhaltungsmaßnahmen (Reparaturen, Renovierungen) in Eigenleistung der Mieter, kann aber auch Fachkräfte vermitteln, was erfahrungsgemäß bedeutend länger dauert. R.e heißen auch »Mach-mit-Stützpunkt« (→ Mach-mit-Wettbewerb).

Republikflucht Offizielle Bezeichnung für das Verlassen der DDR ohne behördliche Genehmigung. R. ist strafbar und wird mit rel. hohen Freiheitsstrafen geahndet. Das Wort erinnert an »Fahnenflucht«, weil auch R. das Vergehen des Verrats intendiert, des Verrats an der »heiligen Sache des → Sozialismus«, die mit quasi-militärischem Ritual verfochten wird. Allen Republikflüchtigen vor 1972 wurde die Staatsbürgerschaft aberkannt und Straffreiheit gewährt. (→ Ausreiseantrag.)

Reservistenkollektiv Zusammenschluß gedienter Reservisten in Betrieben und Einrichtungen; mit militär. Übungen und Sportwettkämpfen soll die Kampfkraft erhalten werden, außerdem sind R.e angehalten, militärischen Führungsnachwuchs zu werben. R.e arbeiten dabei mit den → Kampfgruppen und der → Gesellschaft für Sport und Technik eng zusammen.

Revisionskommission Organ der → Sozialistischen Einheitspartei Deutschlands (SED); die R.en haben Kontrollfunktionen bezüglich der Arbeit der anderen Parteiorgane, der Arbeit mit → Eingaben und Kritiken und der Finanzwirtschaft der Partei.

Revolution Der offizielle Gebrauch des Wortes ist stets positiv bewertend. Soziale R. meint die Beseitigung einer überlebten und die Errichtung einer höheren → Gesellschaftsordnung, einen Machtwechsel von der reaktionären zu einer progressiven → Klasse. In diesem Sinne wird auch die Etablierung einer soz. Gesellschaftsordnung in der DDR als soziale R. bezeichnet. Die durchweg positive Konnotation von industrieller R., wissenschaftlich-technischer R., Kultur-R. deutet auf den ungebrochenen Fortschrittsglauben in der Partei-Ideologie hin. Im pro-sozialistischen Sinne wird auch »revolutionär« gebraucht; wenn z. B. vom revolutionären Elan der FDJ die Rede ist, so sind damit keineswegs umstürzlerische Absichten gemeint. Der revolutionäre Weltprozeß ist in parteiideologischem Verständnis der weltweite Übergang vom Kapitalismus zum → Sozialismus und → Kommunismus, der den → Charakter unserer Epoche bestimme und mit der → Großen Sozialistischen Oktoberrevolution 1917 eingesetzt habe.

Robotron Elektronik-Betrieb in Dresden, einziger Hersteller von EDV-Anlagen, Rechnern, Computern in der DDR (→ CAD/CAM; → Schlüsseltechnologien).

Robur Name des in der DDR vorwiegenden Transporter-Typs einer mittleren Klasse.

Rostquietsch Umgangssprachl. abwertende Bezeichnung für den Pkw »Moskwitsch« aus sowj. Produktion.

Roter Oktober Aus dem Russ. übernommene Umschreibung für die → Große Sozialistische Oktoberrevolution 1917.

Rotlichtbestrahlung Ironische umgangssprachl. Bezeichnung für Politschulungen bei der Armee.

Rucksackbulle Im Volksmund: Mitarbeiter einer Besamungsstation, der, den Samen im Rucksack, auf einem Motorrad über die Dörfer zu den zu besamenden Kühen fährt.

Rundtischgespräch In offiziellen Nachrichtentexten bevorzugte Bezeichnung für Gespräche unter Fachleuten im engeren Kreise, die eher propagandistische als politische Bedeutung haben, also nicht den Charakter von Verhandlungen oder Konferenzen, sondern den des allgemeinen (propagandistisch verwertbaren) Räsonnements. Bei Gesprächen am runden Tisch gibt es keine Hierarchie der Teilnehmer, solche Gespräche sind ihrer Struktur nach machtfrei (→ Diskussion).

S

Sache »Die S.« bedeutet in offiziellen Texten stets: Die Sache des → Sozialismus, der → Arbeiterklasse. Z.B.: die Sache verlangt ...; im Dienst der S.
Sacko und Jacketti Umgangssprachl. spöttische Bezeichnung für das neue Marx-Engels-Denkmal vor dem Palast der Republik in Berlin, gebildet in wortspielerischer Anlehnung an Sacco und Vanzetti, die nach einem umstrittenen Urteil 1927 in den USA hingerichteten Anarchisten.
saften (auch: herum- oder 'rumsaften) Sich Worte, Gedankengänge und Formeln abpressen, die eigentlich gar nicht herauswollen; schwafeln.
Saisonkrippe Säuglings- und Kleinkindereinrichtung zur Entlastung in der Landwirtschaft tätiger Mütter, vorwiegend während der Erntezeit.
›Sandmännchen‹ Abendgruß für Kinder im DDR-Fernsehen.
Sanitätsrat Ehrentitel für verdiente Ärzte.
Sankt Walter Umgangssprachl. Bezeichnung für den Berliner Fernsehturm, dessen Bau unter der Ägide Walter Ulbrichts begonnen wurde und dessen metallisch glänzende Kuppel bei Sonnenlicht ein deutliches Kreuz zeigt.
Sättigungsbeilage Auf Speisekarten für eine nicht näher bezeichnete Teigwaren- oder Gemüsebeilage zu Fleischgerichten.
-schaffende Im gehobenen Parteideutsch Bezeichnung für → Werktätige einer bestimmten Spezies, z.B. Baus., Kunsts., Theaters.
Schallplattenunterhalter Speziell ausgebildeter und geprüfter Diskjockey mit Berufslizenz (→ Diskothek).
Schiedskommission Gremium juristischer Laien, das in Wohngebieten (→ Wohnbezirk) oder → Produktionsgenossenschaften über zivilrechtl. Streitigkeiten oder kleinere Strafvergehen entscheidet. Eine S. ist u.a. für Eigentumsdelikte, Beleidigung, Hausfriedensbruch, Schulpflichtverletzungen und arbeitsscheues Verhalten zuständig. Seltener gebräuchlich ist das Wort »S.« zur Bezeichnung einer Spruchabteilung des → Staatlichen Vertragsgerichts bei wirtschaftl. wichtigen Schiedsverfahren, die aus Schiedsrichtern von soz. Betrieben oder staatl. Wirtschaftsinstitutionen gebildet wird.
Schienenersatzverkehr Busverkehr von Bahnhof zu Bahnhof,

der die reparaturbedürftigen Strecken der → Deutschen Reichsbahn überbrückt oder ersetzt, solange es an Reparaturkapazitäten mangelt.

Schirmbildstelle Medizin. Einrichtung auf Rädern, die zu den regelmäßigen Röntgen-Reihenuntersuchungen über Land rollt; auch stationär.

Schlüsseltechnologien Der Begriff S. steht für High Technology, die den »Schlüssel« zur Automatisierung verschiedener Produktionszweige liefern soll.

Schnelle Medizinische Hilfe (Abk.: SMH) Bezeichnung für den Krankentransportdienst in Rettungs- und Notfällen. SMH-Wagen sind weiße Krankenwagen mit rotem Kreuz und Blaulicht. Teilweise ist auch noch die ältere Bezeichnung »Dringende Medizinische Hilfe« (Abk.: DMH) gebräuchlich.

Schnitz Umgangssprachl. Witzwort, Bezeichnung für die Zeiteinheit, die benötigt wird, um montagabends nach dem von vielen gerngesehenen alten Film im DDR-Fernsehen um- bzw. auszuschalten, bevor die unbeliebte Sendung »Der Schwarze Kanal«, eine polemische Auseinandersetzung mit dem Westfernsehen, beginnt. Vom Namen des langjährigen Autors und Moderators der Sendereihe, Karl-Eduard von Schnitzler bleibt wegen des raschen Abschaltens oft nur die erste Silbe hörbar.

Schonarbeit Weniger anspruchsvolle befristete Tätigkeit für vorübergehend gesundheitlich beeinträchtigte Werktätige wie Rehabilitanden, Schwangere u. dergl. Der zur S. zugewiesene Arbeitsplatz heißt Schonplatz, die Entlohnung muß mindestens dem bisherigen Durchschnittsverdienst entsprechen.

schöpferisch Propagandistisch strapaziertes Wort, das gebraucht wird, eine Idealvorstellung vom »Schöpfertum der Massen« in der soz. Wirklichkeit zu bestätigen. Persönlich-schöpferische und kollektiv-schöpferische Pläne werden als konkret abrechenbare Mehrleistungsverpflichtungen auf Grundlage der betrieblichen Planvorhaben im Rahmen des → sozialistischen Wettbewerbs propagiert. Der soz. Wettbewerb insgesamt wird als Form der »schöpferischen Masseninitiative« gewertet.

schreibender Arbeiter In der »Bewegung s. A.« erfaßter schriftstellerisch tätiger Laie (die Berufszugehörigkeit ist dabei nicht entscheidend). Die genannte Bewegung ging aus von der 1. Bitterfelder Konferenz 1959 (→ Bitterfelder Weg), die unter dem Motto stand: »Greif zur Feder, Kumpel, die deutsche sozialistische Nationalliteratur braucht dich!« S. A. werden in sogenannten »Zirkeln s. A.« angeleitet und staatlich protegiert.

Schrittmacher Modewort der → Produktionspropaganda in den 60er Jahren; besonders aktiver (→ Aktivist), erfinderischer (→ Neuerer), → gesellschaftlich engagierter → Werktätiger, der den Schritt angibt beim »Vormarsch des Sozialismus«.

Schule der sozialistischen Arbeit Politische Massenschulung des → Freien Deutschen Gewerkschaftsbundes (FDGB) am Arbeitsplatz, die einmal monatlich nach einem verbindlichen Jahresprogramm im Kreis von 15 bis 25 Gewerkschaftsmitgliedern stattfindet. Die S., die in Analogie zum Parteilehrjahr (→ Partei) auch Gewerkschaftslehrjahr genannt wird, hat die Lehren des → Marxismus-Leninismus und die aktuelle Politik der → Partei zum Gegenstand. Ökonomische, den → sozialistischen Wettbewerb unmittelbar betreffende Themen haben Vorrang.

Schulhort Kindertagesstätte für Schüler, deren beide Eltern berufstätig sind; im S. werden Schüler vor und nach der Schule betreut.

Schuljahresauftrag der FDJ Schwerpunkte der polit.-ideolog. Arbeit im FDJ-Schuljahr und der gesamten FDJ- und Pionierarbeit (→ Freie Deutsche Jugend; → Pionier).

Schülerbrigade Arbeitsgruppe von Schülern, die während der Schulferien in einem soz. Betrieb arbeiten.

Schülerproduktionsabteilung Abteilung in soz. Betrieben für die Erteilung des Unterrichtsfaches »produktive Arbeit« im Rahmen des → polytechnischen Unterrichts.

Schund- und Schmutzliteratur Im Strafgesetzbuch der DDR § 146 (3) wie folgt definiert: »Schund- und Schmutzerzeugnisse sind Druck- oder ähnliche Erzeugnisse, die geeignet sind, bei Kindern und Jugendlichen Neigungen zu Rassen- und Völkerhaß, Grausamkeit, Menschenverachtung, Gewalttätigkeit ... sowie geschlechtliche Verirrungen hervorzurufen.« Unter Berufung auf diese Bestimmungen unterbinden DDR-Staatsorgane die Einfuhr westlicher Trivial- bzw. der sog. Kiosk-Literatur.

›Schwarzer Kanal‹ Name einer Fernseh-Sendereihe, die sich polemisch mit dem West-Fernsehen auseinandersetzt. Die Sendung wurde jahrzehntelang von Karl-Eduard von Schnitzler moderiert (→ Schnitz).

Schwarztaxi Wegen des Mangels an zugelassenen Taxis befördern auch Privatpersonen in ihren Autos die dankbare Taxikundschaft. Eine Initiative, die von den Behörden nicht genehmigt ist, aber geduldet wird.

»Schwerter zu Pflugscharen!« Motto der → Friedensdekade der ev. Kirche der DDR im November 1981. Das Prophetenwort

(Micha 4) findet sich mit der Abbildung des sowj. Denkmals gleichen Inhalts, das auf dem UNO-Gelände in New York steht, auf den → Aufnähern, die 1981 in großer Auflage im kirchlichen Bereich hergestellt wurden und als Zeichen inoffiziellen Friedensbekenntnisses starke Verbreitung fanden. Im Frühjahr 1982 wurde das Tragen des Aufnähers »Schwerter zu Pflugscharen!« durch disziplinäre Maßnahmen und Ordnungsstrafen unterbunden. Die → Freie Deutsche Jugend (FDJ) leitete daraufhin eine Kampagne ein: »Der Friede muß bewaffnet sein« (→ Friedensbewegung).

Schwindelkurs Offizielle Bezeichnung für den inoffiziellen Wechselkurs von → Mark der DDR zu DM, der bei ca. 7:1 liegt, also dem Kurs nahekommt, zu dem die Mark der DDR in der Bundesrepublik gehandelt wird; der offizielle Wechselkurs ist mit 1:1 festgesetzt.

Sekretär Leitender Mitarbeiter im Staatsapparat (z.B. »S. des Rates, des Kreises, des Bezirks«), leitender Funktionär bei Parteien und → Massenorganisationen (z.B. FDJ-S., Parteis. (→ Partei), → Generals. des Zentralkomitees der SED).

Sektion Universitäre Struktureinheit, die einen Wissenschaftszweig umfaßt mit allen in ihm tätigen Lehrkräften, Studenten u.a. Mitarbeitern. Die Lehrveranstaltungen der S. stellen ein verbindliches Lehrprogramm dar; die S. überschreitende Studiengänge sind die Ausnahme und bedürfen, sofern sektionseigene Veranstaltungen dadurch nicht wahrgenommen werden können, eines genehmigten Sonderstudienplanes.

Sekundärrohstoffe Aus Nebenprodukten oder Abfällen gewonnenes Rohmaterial. Die Rückgewinnung von S.n spielt in der Pionier- und FDJ-Arbeit eine große Rolle; regelmäßige Sammlungen von Altpapier, Flaschen und Schrott, die sich auch für die Sammelnden finanziell lohnen, führen in der DDR zu einem hohen Wiederverwertungsgrad von → Altstoffen (drei Viertel der Stahlerzeugung und zwei Drittel der Papierproduktion stützen sich auf S.e). Altstoffe werden in S.erfassungsstellen (sog. »Sero-Läden«) aufgekauft.

selbständige politische Einheit West-Berlin Veraltete Umschreibung für Berlin-West.

Selbstbedienungstelegramm (Abk.: SB-Telegramm) Telegramm, das auch bei geschlossenem Postschalter direkt in die Rohrpost aufgegeben werden kann; die Wortanzahl ist beschränkt.

Selbstverpflichtung Das merkwürdig Tautologische des Begriffes gewinnt Sinn durch die Praxis des Verpflichtetwerdens, der gegenüber die freiwillige, selbstbestimmte Übernahme einer Verpflichtung der besonderen Betonung bedarf.

Seminargruppe Schulklassenähnliche Form der Studienorganisation an Hoch- und Fachschulen sowie Universitäten der DDR. Studenten desselben Fachs und Studienjahres werden von der Hochschul-(Fachschul-, Universitäts-)administration in S.n eingeteilt; in diesem Verband werden die weitaus meisten, wenn nicht alle Lehrveranstaltungen (oft mit Anwesenheitslisten) und die FDJ-Arbeit absolviert. Ein Mitglied des Lehrkörpers fungiert als Seminargruppenberater (Abk.: SGB) zur fachlichen und politisch-ideologischen Betreuung der S.

Sero-Laden → Sekundärrohstoffe.

Sicherheit Das Wort S. ist durch seinen offiziellen Gebrauch in Verruf geraten, weil es in → Agitation und → Propaganda zur Rechtfertigung restriktiver Maßnahmen dient, die mit der S. der Regierenden mehr zu tun haben als mit der der Regierten. Der Gebrauch des Wortes erinnert zudem unvermeidlich an die für → Staatssicherheit zuständige Institution, die wegen ausgebreiteter Spitzeleien und Überwachungstätigkeit sehr unbeliebt ist. »Die S.« gilt nicht selten schlechthin als Synonym für Organe der Staatssicherheit, womit sich der ursprüngliche Begriffsinhalt ins Gegenteil verkehrt hat für die, die sich durch »Die S.« bedroht und eingeschüchtert fühlen. *Sicherheitsorgane* sind außer dem Staatssicherheitsdienst auch die → Deutsche Volkspolizei und die → Nationale Volksarmee. Die Formel »Ordnung und S.« spielt in der → Produktions- und politischen Propaganda, vor allem aber im Sprachgebrauch der Sicherheitsorgane die Rolle einer ultima ratio. Ein *Sicherheitsbeauftragter* hingegen ist ein Mitarbeiter in kleineren Betrieben, der nebenberuflich die Aufgaben des Arbeits- und Gesundheitsschutzes wahrnimmt, Aufgaben, für die es an größeren Betrieben eine besondere Abteilung gibt, die *Sicherheitsinspektion*.

Sichtagitation Politische und → Produktionspropaganda auf Großplakaten, → Wandzeitungen oder → Transparenten.

Singebewegung 1967 offiziell von der FDJ begründete und seither staatlich protegierte Arbeit der FDJ-Singeklubs, die aus Singegruppen von Schülern, Studenten, Lehrlingen, Volksarmisten bestehen. Zum Repertoire gehören alte Arbeiter- und Kampflieder, deutsche und internationale Folklore und politische Lieder. Regelmäßige Veranstaltungen sind die Werkstattwochen der FDJ-Singeklubs (jährl.) und das »Festival des politischen Liedes« (→ Festival). Der älteste Singeklub, der noch heute als künstle-

risch führend gilt, ist der Berliner »Oktoberklub«; viele seiner Lieder sind zum festen Repertoire der Singebewegung geworden.
›Sinn und Form‹ Von Johannes R. Becher und Paul Wiegler 1948 begründete, ab 1950 von der Akademie der Künste der DDR herausgegebene »für die deutsche Nachkriegszeit wohl unvergleichliche literaturpolitische Zeitschrift« (Peter Härtling im ›Börsenblatt für den Deutschen Buchhandel‹, Nr. 10, Frankfurt am Main, 3. Februar 1989, S. 333). Zwischen 1949 und 1962 war Peter Huchel Chefredakteur. In deutsch-deutscher Kooperation zwischen den Verlagen Greno (Nördlingen) und Aufbau/Rütten & Loening (Berlin) erschien 1988 ein Reprint der ersten zehn Jahrgänge.
Sofortprämie → Prämie.
Solidarität S. wird im offiziellen DDR-Sprachgebrauch als eine Eigenschaft verstanden, die ausschließlich der → Arbeiterklasse zukommt, und auch nur unter der Bedingung ihrer spezifischen Organisiertheit durch eine marx.-len. Partei. In der DDR hat der Begriff stets einen außenpolitischen Akzent: da im eigenen Lande der → Sozialismus gesiegt habe, müsse sich die S. der Klasse nunmehr auf die Länder richten, wo Kommunisten hinter Gittern säßen, die soz. Revolution begonnen oder eben gesiegt habe. Diese S. mit fernen »Freiheitskämpfern« ist in der DDR zur Routine geworden, wenn zum monatlichen Gewerkschaftsbeitrag eine *Soli-Marke* geklebt wird, eine Beitragsmarke für den S.sfonds des FDGB zur Unterstützung »des Kampfes der internationalen Arbeiterklasse«, wenn auf *Soli-Basaren* Selbstgebasteltes zu Spendenzwecken verkauft wird oder wenn in S.sschichten oder -einsätzen außerhalb der regulären Arbeitszeit für spezielle S.saktionen gearbeitet wird. Solcherart Spenden gehen meist mit einer S.sadresse einher, die von allen Gewerkschaftsmitgliedern unterschrieben zu werden erwartet wird. Ein S.skonzert ist ein Wunschkonzert im DDR-Rundfunk, bei dem die Erfüllung eines Musikwunsches eine Spende auf das ständige S.skonto voraussetzt; eine beliebte Serie dieser Art trägt den merkwürdigen Titel: »Dem Frieden die Freiheit.« Merkwürdig um so mehr, als andererseits nirgends genau zu erfahren ist, wie die S.sspenden verwendet werden und wahrscheinlich ist, daß die linksgerichteten Organisationen und prokommunistischen Staaten in Afrika, Asien und Lateinamerika, denen sie vorrangig zufließen, damit nicht nur Friedliches und Freiheitliches bewerkstelligen. Seit dem Aufkommen der freien Gewerkschaft »Solidarität« in Polen wurde das Wort zumindest in der Umgangssprache doppeldeutig, weshalb

der Name der polnischen Gewerkschaft zumeist polnisch ausgesprochen wird.

Soljanka (auch Solyanka) In DDR-Gaststätten sehr verbreitetes russisches Suppengericht, das in seinen Zutaten variabel und in seiner jeweiligen Konstitution vom übrigen Speiseplan abhängig ist, so daß man immer aufs Neue gespannt sein darf, wenn man eine S. bestellt hat.

Soll, das Bezeichnung für die einer bestimmten Norm entsprechende Arbeits- oder Produktionsleistung.

Sonderkontingente Besondere Zuteilungen, die, weil sie im Zeichen allgemeinen Mangels von der → Partei veranlaßt werden, einen leichten Hauch der Korruption haben. Ein Beispiel ist die Art der Verteilung von limitierten PKW-Importen (Citroën, Renault, Volvo, VW) an Leitungskader (→ Kader) bzw. nach der Befürwortung durch den beschäftigenden Betrieb.

Sorben Einzige nationale Minderheit der DDR. Die etwa 100 000 Sorben leben in der Lausitz zwischen Cottbus und Bautzen. Sie sprechen eine eigene Sprache (die als Verwaltungssprache anerkannt ist) und pflegen die kulturellen Eigenarten. Die S. sind in der → Domowina zusammengeschlossen.

Sowjetisch-Deutsche Aktiengesellschaft Wismut (Abk.: SDAG Wismut) → Wismut.

Sozialbevollmächtigter Gewählter Funktionär einer Gewerkschaftsgruppe (→ Freier Deutscher Gewerkschaftsbund), der von der → Sozialversicherung die Einhaltung der Krankenordnung zu gewährleisten und den Mißbrauch sozialer Leistungen zu verhindern beauftragt ist (→ SVK-Urlaub). Der S. soll engen Kontakt mit der → Ärzteberatungskommission pflegen.

Sozialdemokratismus Ursprünglich Leninscher Begriff, der der SED-Propaganda zur Kennzeichnung verschiedener → Abweichungen dient, Abweichungen in den eigenen Reihen (z.B. früherer SPD-Mitglieder), anderer kommunistischer Parteien (z.B. KPČ 1968) oder ideologischer Strömungen (z.B. »Demokratischer Soz.«) von der Lehre des → Marxismus-Leninismus als der einzig wahren und wissenschaftlichen Weltanschauung der → Arbeiterklasse in Richtung einer »reformistischen«, »opportunistischen«, »versöhnlerischen« etc. Politik. Auch die bundesdeutsche SPD wird des S. geziehen, weil ihre Politik als Verrat an den »objektiven« revolutionären Interessen der Arbeiterklasse gesehen und ihr die Rolle eines »Arztes am Krankenbett des Kapitalismus« zugeschrieben wird.

Sozialismus Offiziell wird S. stets als Synonym für »sozialistische Gesellschaft« gebraucht; soz. Theorien heißen »wissenschaftlicher S.« (→ M.-L.), »utopischer S.«, »demokratischer S.« etc. Nach marx.-len. Verständnis ist der S. die niedere Phase der kommunistischen → Gesellschaftsformation, die allmählich in die höhere, den → Kommunismus, hinüberwächst. Wesentliche Merkmale des S. seien das → gesellschaftliche Eigentum an Produktionsmitteln und die politische Herrschaft der Arbeiterklasse unter Führung ihrer marx.-len. Partei (→ Diktatur des Proletariats). Der S. sei noch mit »Muttermalen« der alten Gesellschaftsordnung behaftet, aus der er hervorging, was sich vor allem an einem unterentwickelten → Bewußtsein der Bevölkerung zeige. Da der kommunistische Mensch, der nach dem Prinzip »Jeder nach seinen Fähigkeiten, jedem nach seinen Bedürfnissen« leben soll, ein weit »höheres Bewußtsein« haben muß als der sozialistische, ist die »Bewußtseinsbildung« durch Agitation und Propaganda ein Schwerpunkt der Parteipolitik auf dem Wege zum Kommunismus. Mit der Formel vom (einzigen) »real existierenden S.« machte die SED-Propaganda gegen andere (nur theoretisch existierende) S.modelle Front.

sozialistisch Propagandistisch beliebtes Adjektiv, das weniger geeignet ist, seine Beziehungswörter genau zu bestimmen, als vielmehr dazu, sie im Sinne des Neuen, Höheren, Fortschrittlichen, Zukunftsweisenden des Sozialismus aufzuwerten. S. meint also im Gegensatz zu → Sozialismus nur in Ausnahmefällen etwas real Existierendes, es macht seine Beziehungswörter zu Bezeichnungen einer erwünschten, angestrebten, idealen Wirklichkeit. So bedeutet z.B. »s.e Lebensweise« nicht nur: Lebensweise im Sozialismus, tatsächliche Art des Lebens unter s.en Verhältnissen, sondern auch ein Postulat, dem das wirkliche Leben sich annähern soll. Die Uneindeutigkeit, ob s. etwas Empirisches oder etwas Seinsollendes meint, wird bewußt aufrechterhalten und legt für diejenigen, die dessen bedürfen, einen verklärenden Schleier über die schnöde Tatsächlichkeit. Von der Art des o.g. Beispiels sind: s.e Menschengemeinschaft (→ politisch-moralische Einheit), s.e Arbeitsmoral, -kultur, -disziplin, s.e Persönlichkeit. s.es Bewußtsein u.v.a. Übrigens ist trotz aufwendiger, anspruchsvoller Definitionen dieser Verbindungen zumindest für die beiden letzteren die Loyalität gegenüber Staat und Partei ausschlaggebend. S.e Moral ist die zur Moral des ganzen Volkes gewordene Moral d. → Arbeiterklasse, deren Eckpfeiler sind: die s.e Arbeitsmoral, der s.e Patriotismus, der → proletarische Internationalismus, der Haß auf die Gegner des Soz. Als s.e Nationalkultur gilt die Gesamtheit der materiellen, geistigen und künstlerischen Produkte in der DDR. S.e ökonomische Integration heißt der Prozeß des wirtschaftlichen Zusammenwachsens innerhalb des Rats für gegenseitige Wirtschaftshilfe (RGW). Mit s.er Staatengemeinschaft sind die Ostblockländer gemeint (auch: s.es Lager, s.es Weltsystem). Die Definition von s.em Bewußtsein ist ein Beispiel für die genannte Vermengung von empirischer und ideologischer Definition; es wird als Gesamtheit der Anschauungen und Theorien der Mitglieder einer s.en Gesellschaft beschrieben und soll zugleich die Widerspiegelung der Interessen und Lebensbedingungen der → Arbeiterklasse sein bzw. werden. Sind »Humanismus«, »Staatsbewußtsein« oder »Patriotismus« recht abstrakte Beziehungswörter, die der genannten Verschleierung durch das Adj. »s.« gewissermaßen Vorschub leisten, so läßt sich mit »s.em Journalismus«, »s.em Realismus« oder »s.em Wettbewerb« etwas verbinden, das man in der DDR anhand eigener Erfahrungen leichter beurteilen kann. Diese Verbindungen wenden sich deshalb in der Umgangssprache häufig ins Ironische; andere, wie z.B. »s.e Ersatzteilversorgung« oder »s.e Freizügigkeit« haben sogar den Charakter von politischen Witzen. S.es Eigentum: → gesellschaftliches Eigentum. *Sozialistischer Realismus:* Prinzipien einer künstlerischen Methode, die durch »den sozialistischen Klassencharakter der Literatur und Kunst« bestimmt wird. Die *Sozialistische Einheitspartei Deutschlands* ist die 1946 durch die Vereinigung von KPD und SPD im Ostteil von Berlin gegründete marx.-len. Führungspartei des soz. Staates der DDR (→ Partei). Der *sozialistische Wettbewerb* ist eine ständige Massenkampagne zur Produktionssteigerung in der soz. Wirtschaft und Leistungssteigerung in allen gesellschaftlichen Bereichen. Er wird vom → Freien Deutschen Gewerkschaftsbund organisiert und stellt den Versuch dar, die Leistungsstimulation, die eine moderne Industriegesellschaft braucht, ohne den ökonomischen Zwang kapitalistischer Konkurrenz herzustellen. *Sozialistische Demokratie* ist im DDR-Selbstverständnis »politische Machtausübung der von der Arbeiterklasse und ihrer marx.-len. Partei geführten werktätigen Massen des Volkes, die mit der Errichtung der [→] Diktatur des Proletariats die formale bürgerliche Demokratie überwindet und ablöst.« Als Wesensmerkmal der s.D. wird die Mitwirkung der Bevölkerung in allen gesellschaftlichen Bereichen angesehen; die Tätigkeit der → Massenorganisationen sei ein wichtiger Ausdruck der s.D. Im Gegensatz zur völlig neuen Demokratie der Diktatur des Proletariats, die die

Herrschaft der Mehrheit über die Minderheit sei, stelle die bürgerliche Demokratie nur eine Verschleierung bürgerlicher Klassenherrschaft, d. h. der Herrschaft der Minderheit über die Mehrheit dar. *Sozialistische Hilfe* meint im offiziellen Sprachgebrauch die gegenseitige Unterstützung in Schwierigkeiten geratener soz. Betriebe, Einrichtungen etc. In der Umgangssprache steht »s.e Hilfe« für all die kleinen Tricks, Gaunereien, Mogeleien, mit deren Hilfe man sich gegenseitig (auch auf Kosten des Staates) »Mangelware« verschafft (z. B. Baumaterialien, Transportkapazität, arbeitsfreie Zeit). In der Schülersprache zählt Abschreiben beim Nachbarn zur »s.en Hilfe«. Die *sozialistische Persönlichkeit* ist das Persönlichkeitsideal des → »Marxismus-Leninismus, das an das frühbürgerlich-humanistische Ideal »der allseitig und harmonisch entwickelten, körperlich und geistig gebildeten, sich in der Erfüllung gesellschaftlicher Aufgaben entfaltenden Persönlichkeit« anknüpft, es aber nicht im »Allgemeinmenschlichen« beläßt. Denken und Handeln der s.en Persönlichkeit solle vom soz. Patriotismus und proletarischen Internationalismus gekennzeichnet sein, wozu das »Eintreten für die revolutionäre Sache der Arbeiterklasse« ebenso gehöre wie die »Treue zum Sozialismus und die Bereitschaft, seine Errungenschaften zu schützen und zu verteidigen«. »Die Herausbildung der s.en Persönlichkeit« wird als vorrangige Aufgabe von Staat und Partei betrachtet, vor allem in der →Volksbildung. Wieweit die in der DDR aufgewachsenen jungen Menschen diesem Ideal entsprechen, ist jedoch ungewiß, da es darüber kaum empirische Untersuchungen gibt, und diese wiederum in den Panzerschränken der entsprechenden »Zentralinstitute« verschwinden.

Sozialversicherung (Abk.: SV, ältere Bezeichnung: Sozialversicherungskasse, Abk.: SVK) Institution des → Freien Deutschen Gewerkschaftsbundes (FDGB), die mit erheblichen staatl. Mitteln und rel. niedrigen Mitgliedsbeiträgen nahezu die gesamte Gesundheits- und Altersversorgung der DDR-Bürger bestreitet und eine Reihe sozialpolitischer Maßnahmen finanziert (→ Babyjahr). Die SV ist die einzige Kranken- und Rentenversicherung der DDR, zur Mitgliedschaft sind alle DDR-Bürger mit dem Beginn der Lehrzeit bzw. des Studiums verpflichtet. Zur Aufbesserung der Rente dient eine »freiwillige Zusatzrentenversicherung« (Abk.: FZR). Gremien des → Freien Deutschen Gewerkschaftsbundes (Kurkommissionen, → Sozialbevollmächtigte) nehmen in den Betrieben die Interessen der SV wahr (→ SVK-Urlaub).

Spartakiade Sportwettkampf, nach Spartacus, dem Führer des römischen Sklavenaufstandes (73–71 v.Ch.), genannt. Seit 1965 werden in der DDR → Kinder- und Jugends.n veranstaltet, deren Zeremoniell und Wettkampfprogramm den Olympischen Spielen angeglichen sind. Vorwettkämpfe (Kreiss., Bezirkss.) bereiten die zweijährigen Sommer- und Winterfinalwettkämpfe vor. Die Kinder- und Jugends.n sind von hoher leistungssportl. Bedeutung.

Spee, das Beliebtes Allzweckwaschmittel der DDR.

Sperrbrecher Im Sprachgebrauch des DDR-Strafgesetzbuches bezeichnet das Wort einen Menschen, der den Versuch unternommen hat, die DDR-Grenzbefestigungsanlagen zu überwinden.

spezitex Warenzeichen und Gütemarke für abwaschbare, knitterfreie Textilerzeugnisse.

spitzenmäßig Anpassungsform des spontanen Ausrufs »Das ist ja Spitze!« an die im Zeitungsjargon beliebte Endung »-mäßig«. Das Wort trifft einen DDR-typischen Ton, der Halbherzigkeit und gemischte Gefühle parodiert.

Spontaneität S. wird vom → Marx.-Len. als eine Art und Weise gesellschaftlichen Handelns definiert, die »nicht auf der Kenntnis und aktiven Ausnutzung gesellschaftlicher Gesetze beruht und daher im Gegensatz zur [→] Bewußtheit die gesellschaftliche Entwicklung nicht beherrscht, sondern sie mehr oder minder dem Selbstlauf überläßt«. In diesem Sinne seien gerade sozialistische Revolutionen von »Bewußtheit« und keineswegs von S. getragen.

Sprachmittler Offizielles Neuwort für »Dolmetscher«, das bisher nur an den philologischen → Sektionen der Universitäten gebräuchlich ist.

Spreerosetten Konditoreiprodukt; Ersatzbezeichnung für »Mohrenköpfe«. Die ursprüngliche Bezeichnung erschien den Verantwortlichen offenbar zu rassistisch.

Sprelacart, das Kunstwort aus *Spre*mberg & *La*usitz & *Cart*on. Warenbezeichnung für einen aus Kunstharz und Papier aufgebauten plattenförmigen Schichtpreßstoff, der z.B. in der Küchenmöbelproduktion Verwendung findet.

»Sputnik« Umgangssprachl. ironischer Name für einen Pendelzug, der, gleich dem ersten sowj. Raumflugkörper »S.«, eine kreisende Bewegung vollführt und um das gesperrte West-Berlin herum Ost-Berlin mit den westlich gelegenen Randgebieten der Stadt verbindet.

Staatliche Plankommission (Abk.: SPK) Gremium des → Ministerrates, das für die gesamte Planung der DDR-Volkswirtschaft und deren Abstimmung mit den anderen RGW-Ländern (→ Rat für gegenseitige Wirtschaftshilfe) zuständig ist.

staatlicher Bodenfonds Mit der demokratischen → Bodenreform entstandener staatl. Grundbesitz, der z. T. an → Neubauern abgegeben, zum anderen Teil in volkseigene Güter (→ volkseigen) und staatl. Forstwirtschaftsbetriebe aufgeteilt wurde.

Staatliches Vertragsgericht Ein dem → Ministerrat unterstelltes staatl. Organ zur Entscheidung über Vertragsstreitigkeiten zwischen soz. Betrieben (→ Schiedskommission).

Staatsbürgerkunde (Abk.: Stabü) Unterrichtsfach der Klassen 7–10 (mit 5 Wochenstunden), 11 und 12 (mit 3 Wochenstunden) und in der Berufsausbildung (mit insgesamt 74 Stunden) mit der speziellen Aufgabe, die politisch-ideologischen Kenntnisse und Überzeugungen der Schüler/Lehrlinge systematisch zu entwickeln. Der S.-Unterricht soll die Schüler davon überzeugen, »daß der soz. Staat eine wahre Volksmacht ist, weil er von allen Bürgern unter Führung der SED getragen wird und den Interessen der Arbeiterklasse und aller anderen Werktätigen dient«.

Staatsgrenze West Offizielle Bezeichnung für die Grenze der DDR zur Bundesrepublik (→ antifaschistischer Schutzwall).

Staatsplan Der jährliche Volkswirtschaftsplan, der vom → Staatsrat, vom → Ministerrat und der → Volkskammer verabschiedet wird (→ Plan).

Staatsrat Kollektives Staatsoberhaupt der DDR (ca. 25 Mitglieder), wird von der → Volkskammer auf je 5 Jahre gewählt. Der Vorsitzende des S.s ist der höchste Repräsentant der DDR. Seit der Gründung des S.s 1960 ist der → Generalsekretär des → Zentralkomitees der SED zugleich der Vorsitzende des S.s (Ausnahme: 1971–1976). Die Bezeichnung »Staatsratsvorsitzender« ist seit dem Tod Walter Ulbrichts nicht mehr gebräuchlich.

Staatssicherheit Umgangssprachl. Kurzform für → Staatssicherheitsdienst.

Staatssicherheitsdienst Die vom Ministerium für Staatssicherheit (Abk.: MfS) geleiteten Sicherheitsorgane der DDR. Im S. bündeln sich die Kompetenzen einer politischen Geheimpolizei, einer mit exekutiven Befugnissen ausgestatteten Untersuchungsbehörde für politische Strafsachen und eines geheimen Nachrichtendienstes im Ausland. Die Verfügungstruppe des MfS ist das Wachregiment »Feliks Dzierzynski« in Berlin, das mit speziellen Aufgaben der Objektsicherung betraut ist. Neben ca. 25 000 hauptamtlichen Mitarbeitern verfügt das MfS über ein weitverzweigtes Informations- und Spitzelwesen; seine im Dienstsprachgebrauch sogenannten »Inoffiziellen Mitarbeiter« und »Gesellschaftlichen Mitarbeiter Sicherheit« werden auf 60 000 bis 80 000 geschätzt. Die Anwerbung dieser nebenamtlichen Mitarbeiter geschieht durch materielle (Bezahlung, Hilfe bei der Versorgung mit Wohnraum, Telefon, Auto etc.), politisch-moralische Stimulation oder durch Nötigung in einer gewissen Zwangslage befindlicher Personen (z. B. inhaftierter, von der Exmatrikulation bedrohter oder mit einer → PM 12 lebender junger Menschen), oft auch in einer Kombination der drei Möglichkeiten. Zur Abschirmung und Überwachung gehört auch die routinemäßige bzw. gezielte Kontrolle des Post- und Fernmeldeverkehrs in der DDR durch spezielle Diensteinheiten des MfS (→ Deutsche Post). Die Untersuchungsorgane des MfS verfügen über zwei Untersuchungsgefängnisse in Berlin sowie weitere in den 14 Bezirkshauptstädten. Obwohl sie formal den Bestimmungen der Strafprozeßordnung unterliegen, haben die Zwecke dieses »Organs der Diktatur des Proletariats« demgegenüber Vorrang. Die Spionageaffären des MfS in der Bundesrepublik sind hinreichend bekannt. Die umgangssprachl. Kurzform für »S.« lautet »Stasi«; auch »die Firma« ist gebräuchlich, »Memfis« (von MfS) oder »der Konsum«. Wie weitgehend die Befugnisse des S. auslegbar sind, belegt das Selbstverständnis seiner Aufgaben, zu denen es gehört, »feindliche Einflüsse und andere Bedingungen und Umstände, die Staatsverbrechen oder andere die sozialistische Entwicklung hemmende Handlungen begünstigen«, aufzudecken und bei deren Überwindung mitzuwirken. Außerdem obliegt dem S. die »Mitwirkung an der Gewährleistung eines hohen Maßes an Ordnung, [→] Sicherheit und Disziplin in allen gesellschaftlichen Bereichen der DDR«.

Staatsverleumdung S. ist die frühere Bezeichnung für den Straftatbestand der »öffentlichen Herabwürdigung« (§ 220 StGB), der darin besteht, daß in der Öffentlichkeit »die staatliche Ordnung oder staatliche Organe, Einrichtungen oder gesellschaftliche Organisationen oder deren Tätigkeit oder Maßnahmen herabgewürdigt werden« (Strafandrohung: Freiheitsstrafe bis zu 3 Jahren).

Stadtbezirksversammlung Örtliche Volksvertretung in Stadtbezirken.

Stadtbilderklärer Offiziell eingeführtes Ersatzwort für »Stadtführer«; vielleicht, weil »Führer« eines der wenigen deutschen Worte ist, das in die DDR reisende Ausländer kennen, und sie daran nicht erinnert werden sollen.

Stamokap Kurzform für »staatsmonopolistischer Kapitalismus«, eine Formel der Leninschen Imperialismus-Theorie, die durch die 68er Studentenbewegung auch in der Bundesrepublik Verbreitung fand.

Ständige Produktionsberatung (Abk.: StPB) Gewerkschaftl. Gremium in soz. Betrieben zur Mitwirkung an Leitung und Planung der Produktion.

Standard Industrienorm; rechtsverbindliche techn. Vorschrift des Amtes für Standardisierung, Meßwesen und Warenprüfung (→ Gütezeichen) zur Vereinheitlichung von Erzeugnis- und Verfahrensmerkmalen. Besondere S.s für die DDR-Wirtschaft wurden zu Beginn der 60er Jahre eingeführt, ihr Symbol ist »TGL« (»Technische Normen, Gütevorschriften und Lieferbedingungen«) in Verbindung mit einer bestimmten Nummer. Die Maßnahmen zur Ausarbeitung, Einführung und Kontrolle von S.s heißen Standardisierung und sind durch eine Standardisierungsverordnung gesetzlich geregelt.

Station junger Techniker (eigentl.: »Station junger Techniker und Naturforscher«) Außerschulische Bildungseinrichtung für Schüler der Klassen 4 bis 12. Hier werden naturwissenschaftliche und technische Arbeitsgemeinschaften betreut.

Stempel Umgangssprachl. für »Stempeleintragung«, Vermerk der Verkehrspolizei auf der →Berechtigungskarte bei Verletzungen der Straßenverkehrsordnung.

Stern der Völkerfreundschaft Hohe staatl. Auszeichnung und Orden. Der S. wird in drei Stufen vom → Staatsrat verliehen »in Würdigung außerordentlicher Verdienste um die DDR sowie um eine sozialistische Politik des Friedens und der Völkerverständigung«.

Stoffeinheit Thematisch geschlossener Teil des → Lehrplans für ein bestimmtes Unterrichtsfach in der Schule. Die S. ist wie der Lehrplan inhaltlich und zeitlich genau fixiert und für alle Schulen der DDR gesetzlich vorgeschrieben.

Stoffverteilungsplan Persönliche Planung der Lehrer, wie sie den Lehrstoff unter Berücksichtigung der detaillierten Zeitvorgaben des → Lehrplans auf die zur Verfügung stehenden Stunden verteilen wollen.

Straße der Besten Schauwände in Betrieben, Schulen, auf öffentlichen Plätzen, die in Text und Bild hervorragende Arbeiter, Schüler, Lehrlinge etc. vorstellen. Die S. ist ein Element des öffentlich geführten → sozialistischen Wettbewerbs.

Streik Im offiziellen Sprachgebrauch bezieht sich das Wort S. stets auf etwas, das sich im westlichen Ausland oder in der Vergangenheit abspielt bzw. -spielte. Zwar gab es auch in der soz. Staatengemeinschaft (auch in der DDR) vereinzelte S.s, doch findet sich darüber nichts in den eigenen Medien, es sei denn unter sorgfältiger Vermeidung des Wortes »S.« In der ersten DDR-Verfassung von 1949 war noch ein S.recht vorgesehen, das jedoch vom → Freien Deutschen Gewerkschaftsbund (FDGB) nie in Anspruch genommen und mit der Begründung abgelehnt wurde, daß im Sozialismus die Arbeiter gegen sich selbst streiken würden.

Studentenbrigade In den Sommerferien werden die DDR-Studenten für drei Wochen in S.n eingeteilt, um auf Baustellen, in der Landwirtschaft oder in Industriebetrieben zu arbeiten. Die S.n werden von der FDJ (→ Freie Deutsche Jugend) organisiert; die Teilnahme ist quasi-obligatorisch. Im sogenannten FDJ-Studentensommer leben die Studenten oft in Zeltlagern, die Arbeit wird bezahlt und ist – auch als Einblick in die Produktionssphäre – nicht nur unbeliebt (→ Brigade).

Studententage der FDJ Mehrtägige, von der → Freien Deutschen Jugend (FDJ) organisierte Veranstaltungen an Universitäten und Hochschulen mit polit. → Diskussionen und wissenschaftlichen oder künstlerischen Leistungsvergleichen.

Studiengruppe Studentische Organisationsform; kleine Gruppe regelmäßig zusammenarbeitender Studenten einer → Seminargruppe, die sich meist auf Initiative der FDJ- oder Parteileitung formiert.

Studienjahr 1. Organisationsform des Studiums an Universitäten, Hoch- und Fachschulen, wobei alle Studenten desselben Semesters und derselben Fachrichtung zu einem S. zusammengefaßt werden. Ein S. besteht aus mehreren → Seminargruppen und trifft sich außer in den gemeinsamen Vorlesungen bei den S.esvollversammlungen der FDJ. 2. »S. der FDJ« oder »FDJ-S.«; regelmäßige politisch-ideologische Schulung der FDJ-Mitglieder an Universitäten, Hoch- und Fachschulen. Das FDJ-S. schließt mit einer Prüfung für das → Abzeichen »Für gutes Wissen« ab.

Stunde der Musik Von der → Konzert- und Gastspieldirektion veranstaltete Kammerkonzertreihe.

Stützpunkt Eine Anleihe aus der Militärsprache, um so zivile Dinge wie einen Getränkegroßmarkt (Getränkestützpunkt), eine Wäscherei (Waschstützpunkt) oder einen Klempnerbetrieb (Regenerierungsstützpunkt für Sanitärarmaturen) zu bezeichnen.

Subbotnik In der arbeitsfreien Zeit, vorwiegend an Samstagen (Subbota, russ.: Samstag) geleisteter unentgeltlicher Arbeitseinsatz. Der S. ist den Propagandisten wichtiges Indiz für sozialistische Arbeitsmoral und den → Werktätigen oft willkommener Anlaß zu geselligem Beisammensein.

Subversion → Diversion.

Sudel-Ede Umgangssprachl. Bezeichnung für den langjährigen Autor und Moderator der unbeliebten Sendereihe des DDR-Fernsehens → »Der Schwarze Kanal«, Karl-Eduard von Schnitzler.

SVK-Urlaub Umgangssprachl. Umschreibung für die Inanspruchnahme von Krankengeld und einer Arbeitsbefreiung durch Krankschreibung ohne triftigen Grund.

T

Tag der..., des... 1. Jährliche Ehrentage für bestimmte Berufs- oder soziale Gruppen, anläßlich derer in der Regel Feierstunden stattfinden und Auszeichnungen vorgenommen werden. Dies sind u.a. der »T.d. → Nationalen Volksarmee« (1. März), der »Internationale Frauentag« (8. März), der »Internationale Tag des Kindes« (1. Juni), der T.d. Eisenbahners, des Chemiefacharbeiters, des Metallurgen, des Werktätigen des Post- und Fernmeldewesens, des Lehrers, des Volkspolizei, des Bergmannes etc. Die meisten der letztgenannten Festtage haben kein festes Datum und werden jeweils auf einen Sonntag in einem best. Monat gelegt. 2. Jährliche Feier- und Gedenktage: der (arbeitsfreie) »T.d. Republik« (7. Oktober; → Nationalfeiertag); der »T.d. Befreiung« (8. Mai); der »T.d. → Großen Sozialistischen Oktoberrevolution« (7. November); der »T.d. Opfer des Faschismus« (14. September); »Weltfriedenstag« (1. September) u.a.

Tagesarbeitsnorm (auch: Tagesnorm) Richtwert für die Bemessung der täglichen Arbeitsleistung in → landwirtschaftlichen Produktionsgenossenschaften. Nach den T.en werden die → Arbeitseinheiten festgelegt.

Tagesilo Armeejargon; spöttische Bezeichnung für einen → Längerdienenden, dessen Dasein in diesem Bild angefüllt ist mit einer unüberschaubaren Zahl bevorstehender Diensttage, der sich daran schleppt wie ein Silo an seinem Inhalt.

Taigawolf Umgangssprachl. abwertende Bezeichnung für eine aus der Sowjetunion importierte Diesel-Lokomotive, die ihren Namen einem weithin hörbaren Motorheulen verdankt.

Tal der Ahnungslosen Bezeichnung für jene Elbtal-Senke, die den Empfang westlicher Fernsehsender für die Dresdener beinahe unmöglich macht. Die Abkürzung ARD steht in der Umgangssprache auch für »Außer Raum Dresden«.

Telespargel Bezeichnung für den Berliner Fernsehturm, die sich auch im offiziellen Sprachgebrauch findet. Inoffizielle Namen sind → »Sankt Walter« oder »Protzkeule«.

Termintreue Termingerechte Planerfüllung.

territorial- Häufig für gebiets-, regional-; z.B. in: t.e Arbeitsteilung, t.e Optimierung, t.e Produktionsstruktur, T.prinzip, T.struktur u.a.

Thälmannpionier → Pionier.

Theaterschaffende Offizielle Bezeichnung für Menschen, die am Theater arbeiten; z.B. in »Verband der T.n der DDR« (→ -schaffende).

tiefgreifend Propagandistisch beliebte Kennzeichnung für gesellschaftliche Veränderungen im Sinne des Sozialismus. So ist z.B. von t.en Umgestaltungen im soz. Bildungswesen die Rede oder von einem t.en Wandel des gesellschaftlichen Bewußtseins (→ umfassend, → allseitig).

Tierproduktion Viehhaltung, bzw. industriemäßige Zucht, Haltung, Verarbeitung landwirtschaftlicher Nutztiere (das Pendant ist: → Pflanzenproduktion). Das Wort ist Bestandteil einiger feststehender Bezeichnungen wie z.B. → Kooperative Einrichtung T. (KET), → Landwirtschaftliche Produktionsgenossenschaft T. (LPG T), Volkseigenes Gut T. (VEG T; → volkseigen), → Zwischenbetriebliche Einrichtung T. (ZBE T). An Landwirtschaftsfakultäten der Hoch- und Fachschulen gibt es »Sektionen T«.

Timurtrupp Gruppe von → Pionieren, die nach dem Vorbild des russ. Kinderbuches ›Timur und sein Trupp‹ von Arkadi Gaidar in ihrer Freizeit Timur-Hilfe leisten, z.B. älteren Menschen bei der Hausarbeit behilflich sind. Eine Timur-Bewegung gibt es in allen kommunistischen Kinderorganisationen.

Totalvision Cinemascope-Verfahren der → DEFA zur Aufnahme und Wiedergabe von Breitwandfilmen.

Touristenexpreß Reisezug der → Deutschen Reichsbahn, der meist im Auftrag des → Reisebüros, speziell für Urlaubsreisen eingesetzt wird. Der »Tourex«, wie er auch genannt wird, ist besonders komfortabel eingerichtet und verfügt neben Schlaf- und Speisewagen über verschiedene Aufenthaltswagen.

Trabbi Spöttisch-zärtliche umgangssprachl. Bezeichnung für das meistgekaufte DDR-Auto, den PKW »Trabant« (600 cm^3, 2-Zyl.-2-Takt-Motor, 26 PS, Spitze: 100 km/h, Verbrauch: 7 bis 9 l/100 km, Preis: ca. 13 000 M). Die Tatsache, daß der T. eine Karosserieschale aus Duroplast (→ Plast), früher aus Preßpappe, hat bzw. hatte, trug ihm so häßliche Namen wie »Plastepanzer« oder »Schüssel« oder »Pappe« ein, die nur neidische Seelen erfinden können.

Traditionsecke Ausstellungsartige Einrichtung in Betrieben, Schulen, bei der → Nationalen Volksarmee, die die Tradition der entspr. Institution dokumentieren und in Ehren halten soll. Mit Blumen und Fahnen geschmückt gewinnen T.n mitunter den Charakter eines Altarersatzes. Wird für denselben Zweck ein größerer Raum zur Verfügung gestellt, spricht man von einem Traditionskabinett oder Traditionszimmer.

Tränenpavillon Umgangssprachl. Bezeichnung für die Grenzübergangsstelle Bahnhof Friedrichstraße in Berlin. Es ist ein zur Halle erweiterter Zugang zur unterirdischen S-Bahn nach West-Berlin. Seinen Namen verdankt der T. der Tatsache, daß er ausschließlich für Ausreisende vorgesehen ist, also ein Ort des Abschieds. Gelegentlich auch: Tränenbunker.

Transfer-Rubel Gemeinsame Währung der »Internationalen Bank für wirtschaftliche Zusammenarbeit« (IBWZ) der RGW-Länder (→ Rat für gegenseitige Wirtschaftshilfe).

Transparent Das T. ist in der Umgangssprache zum Reizwort geworden, weil sich damit alles verbindet, was sich an Spruchbändern und -tafeln über und neben den Straßen, an Schulen, Behörden und anderen öffentlichen Gebäuden, sogar in den Auslagen von Lebensmittelgeschäften findet. (→ Sichtagitation.) T. steht für eine tägliche Überflutung mit allbekannten und kaum mehr registrierten Losungen, Aufrufen, Selbstverherrlichungen der Staatsmacht. T.e mit davon abweichendem Inhalt werden in Demonstrationszügen rasch ausfindig gemacht, ihre Träger werden festgenommen. Rote T.e gehen auf Initiative der SED (→ Partei) zurück, blaue auf die der → Freien Deutschen Jugend (→ Agitation). Die T.e wirken ähnlich wie die Werbung im Westen: Sie bewirken öffentliches Desinteresse und zugleich die (unbewußte) Gewißheit, daß da eine Macht das Öffentliche besetzt hält, der man auch durch Desinteresse nicht entrinnen kann.

Trapo Umgangssprachl. Kurzform für Transportpolizei. Als Dienstzweig der → Deutschen Volkspolizei ist die T. für Ordnung und Sicherheit auf den Anlagen und Einrichtungen der → Deutschen Reichsbahn verantwortlich. Zu ihren Aufgaben gehört auch die Kontrolle der Reisenden; hierzu werden Zugbegleitkommandos eingesetzt.

Triebkräfte Begriff des → Marxismus-Leninismus, der oft für »soziale Triebkräfte« steht (also nicht für personale, psychische). Wesentliche T. in den → Klassengesellschaften ergeben sich aus dem → Widerspruch zwischen → Produktivkräften und → Produktionsverhältnissen und kommen im → Klassenkampf zum Ausdruck. Für den → Sozialismus wird behauptet, daß seine T. vor allem aus der Gemeinsamkeit der Grundinteressen aller Klassen und Schichten entspringen – ein theoretischer Bruch mit der Lehre vom Widerspruch als »Quelle und Triebkraft aller Bewegung und Entwicklung«.

Trinkröhrchen Strohhalm, Trinkhalm.
Truppe Umgangssprachl. Bezeichnung für alle möglichen Arten von Basis-Gemeinschaft im Arbeits- oder Freizeitbereich. Von »unserer T.« ist die Rede, wenn von einer Sportgemeinschaft, einem Freundeskreis, einer Arbeitsgemeinschaft im Betrieb etc. gesprochen wird, wo man sich zugehörig fühlt. Das Wort nimmt den quasi-militärischen Ton des offiziellen Sprachgebrauchs auf und deutet ihn positiv um.
Tschekist der DDR Ehrenvolle Bezeichnung für einen Mitarbeiter des → Staatssicherheitsdienstes in offiziellen Texten und Ansprachen. Die Benennung geht zurück auf die Tschekisten der Sowjetunion, die Mitarbeiter der legendären Geheimpolizei »Tscheka« (1917–1922).
Turn- und Sportfest der DDR »Nationalfest der sozialistischen Körperkultur und des Sports in der DDR«, das in unregelmäßigen mehrjährigen Abständen in Leipzig veranstaltet wird.

U

Überbau Marx.-len. Kategorie zur Bezeichnung des »Systems des gesellschaftlichen Bewußtseins« einer bestimmten → Gesellschaftsformation, d. i. die Gesamtheit der gesellschaftlichen Institutionen und Organisationen (politische, juristische, kulturelle, pädagogische etc.) und Anschauungen (wissenschaftliche, moralische, künstlerische etc.). Der Ü. werde bestimmt durch die → Basis einer Gesellschaftsformation, ihre ökonomischen Verhältnisse.

übererfüllen Den → Plan oder die Norm durch Mehrleistung überbieten. Beliebte propagandistische Formel: »Erfüllung und Übererfüllung« der Pläne, Normen, Exportprogramme etc.

Übergangsperiode Im marx.-len. Sprachgebrauch ist die Ü. vom → Kapitalismus zum → Sozialismus eine »Etappe der revolutionären Umgestaltung, der Eroberung der politischen Macht der Arbeiterklasse, der [→] Diktatur des Proletariats« (auch: Übergangsgesellschaft).

Überleitungsvertrag Arbeitsrechtliche Vereinbarung zur Überleitung eines → Werktätigen in einen anderen Betrieb.

Überzeugungsarbeit Ü. meint meist → Agitation im Detailbereich und zu Detailfragen, z. B. zu betriebsinternen Entscheidungen, wie Umbesetzungen, Einführung des 3-Schicht-Systems, Delegierung zum → Abendstudium, Vorschlag zur Wahl in eine verantwortliche Funktion. In all diesen Fällen muß unter Umständen seitens der Betriebs-, Gewerkschafts-, Partei- oder FDJ-Leitung Ü. geleistet werden bei einzelnen → Werktätigen oder → Kollektiven. »Aufklärungsarbeit« (→ Aufklärung) hingegen meint zumeist die politische Agitation zu allgemeinen Themen.

umfassend In → Agitation und → Propaganda ist »u.« beliebtes Attribut zur Kennzeichnung gesellschaftspolitischer Umgestaltungen, wenn die ehernen Gesetze der historischen Notwendigkeit u. oder gar »allumfassend« zur Wirkung gebracht zu werden verheißen wird. Beispiele: u.er Aufbau des Sozialismus, u.e Durchsetzung sozialistischer Gesetzlichkeit, u.e Bildung und Erziehung zu sozialistischen Persönlichkeiten (→ allseitig, → tiefgreifend).

Umlaufmittel Materielle und finanzielle Mittel der soz. Betriebe für den Produktions-, Waren- und Geldumlauf.

Umsatzplan Plan über Art, Höhe und Umfang des Umsatzes eines soz. Betriebes.

Unionsfreund Bezeichnung und Anredeform für Mitglieder der → Christlich-Demokratischen Union Deutschlands (CDU) der DDR.

unser Beliebt zur Vereinnahmung derer, an die sich die → Propaganda wendet, in ein großes Wir-Gefühl (z. B. u. soz. Vaterland, u.e Werktätigen, u. Kampf für Frieden und Fortschritt). Wie wenig das fruchtet, offenbart der DDR-Witz, daß die drei größten Staaten der Welt mit »U« anfingen, nämlich USA, UdSSR und Unsere Deutsche Demokratische Republik (→ Wir).

Unterhaltungskunst Keine spezifische Kunstform, sondern jede künstlerische Produktion, die der Entspannung, Geselligkeit, Unterhaltung dient. Die soz. U. dient der »Befriedigung und Ausprägung sozialistischer Unterhaltungsbedürfnisse« und bedarf der bewußten Führung durch → Partei und Staat (→ Diskothek).

Unterrichtstag in der sozialistischen Produktion (Abk.: UTP) → polytechnischer Unterricht.

unverbrüchlich Propagandistisch beliebtes Attribut, das die eherne Dauer oft recht labiler Beziehungen zum Ausdruck bringen soll, so z. B. der Freundschaft mit der Sowjetunion, der Einheit des → sozialistischen Lagers, der Verbundenheit von → Partei und werktätigen Massen.

URANIA Gesellschaft zur Verbreitung neuer Erkenntnisse aus den Natur- und Gesellschaftswissenschaften sowie aus Kunst, Kultur und Technik. U.-Veranstaltungen finden häufig in den Betriebs- und Dorfakademien statt (→ Akademie), auch in Klub- oder Kulturhäusern (→ Klub; → Kultur). Die U. gestaltet außerdem Rundfunk- und Fernsehsendungen und verfügt über einen eigenen Verlag (Urania-Verlag), in dem die Zeitschrift ›Urania‹ erscheint.

Urgesellschaft »Erste ökonomische [→] Gesellschaftsformation in der Geschichte der menschlichen Gesellschaft«. Die U. war nach marx.-len. Auffassung eine klassenlose Gesellschaft und ist insofern dem → Kommunismus Vorbild.

Urlaubsvereinbarung Im → Betriebskollektivvertrag festgelegte Vereinbarung zwischen Betriebs- und Gewerkschaftsleitung über die Gewährung von Zusatzurlaub an Mitarbeiter mit besonderer Arbeitsbelastung.

utopischer Sozialismus und Kommunismus »Vormarxistische«

kommunistische Theorien wie die von Morus, Campanella, Weitling, Fourier, Owen u.a. Der u.S. gilt als eine Quelle des → Marxismus-Leninismus.

Uwubu Abkürzung für »*U*lbrichts *Wu*cher*bu*de«, ältere umgangssprachl. Bezeichnung für die ersten → Exquisit-Läden, die unter W. Ulbrichts Ägide entstanden.

V

Valuta Devisen. Da die → Mark der DDR keine international akzeptierte Währung ist, spielen V. für die Handelsbeziehungen der DDR eine große Rolle. Es gibt einen V.fonds, das sind die im internationalen Zahlungsverkehr einsetzbaren Mittel, die Devisenreserven des Staates. Die V.mark ist keine Währung, sondern eine Verrechnungseinheit ausländischer Währungen zur Mark der DDR; sie ermöglicht es, die Außenhandelsumsätze der DDR in Mark auszudrücken und in die Planung einzubeziehen. Das V.monopol des Staates bedeutet dessen ausschließliches Recht, Handel mit dem Ausland zu treiben, alle Devisenbestände im Land zentral zu erfassen und zu kontrollieren (ausgenommen die privaten). Im V.plan sind die zu erwirtschaftenden und zu zahlenden Devisen festgelegt. Alle ausländischen Preise sind V.preise.

Vaterländischer Verdienstorden Hohe staatliche Auszeichnung, die in Bronze, Silber und Gold an Einzelpersonen, → Kollektive, soz. Betriebe und Institutionen alljährlich zum → Nationalfeiertag verliehen wird.

VEB Horch und Guck Umgangssprachl. für den → Staatssicherheitsdienst, der auch als GHG bezeichnet wird: Gucken, horchen, greifen (GHG offiziell: → Großhandelsgesellschaft).

Verbandsauftrag Verpflichtender Auftrag an Mitglieder der → Freien Deutschen Jugend.

Verbesserungsvorschlag Ältere Bezeichnung für Neuerervorschlag (→ Neuerer).

Verbraucherendpreis (Abk.: VEP) → Einzelhandelsverkaufspreis.

Verdienter... Als Attribut verschiedener Berufsbezeichnungen ist das Wort Bestandteil von Ehrentiteln, die jährlich meist aus Anlaß der berufsspezifischen Ehrentage (→ Tag des ...) zusammen mit einer Medaille und einer Geldprämie verliehen werden. Beispiele: »V. Arzt des Volkes«, »V. Erfinder«, »V. Lehrer des Volkes«, »V. Seemann«, V. Meister des Sports« u. v. a.

Vereinigung der gegenseitigen Bauernhilfe (Abk.: VdgB) Staatl. Versorgungseinrichtung für landwirtschaftliche Produzenten in den verschiedenen Zweigen (Genossenschaftsbauern, -gärtner, -winzer), die eine Monopolstellung innehat. Die Versorgungs- und Handelseinrichtung der VdgB, die Bäuerliche

Handelsgenossenschaft (Abk.: BHG), versorgt die Landbevölkerung der DDR mit notwendigen Arbeitsgeräten, Dünge- und Futtermitteln sowie mit Dienstleistungen von Mühlen, Brütereien u. a. Zu den politischen Aufgaben der BHG gehört es, das Stadt-Land-Gefälle im Versorgungsbereich zu verringern.

Vereinigung Volkseigener Betriebe (Abk.: VVB) Mehreren soz. Betrieben übergeordnete Verwaltungseinrichtung, die von einem Generaldirektor geleitet wird und die Produktion koordiniert.

Verflechtungsbilanz Darstellung der materiellen Beziehungen zwischen den Produktionszweigen einerseits und zwischen Produktion und Konsumtion, Investition, Außenhandel andererseits in Input-Output-Tabellen. V.en erlauben die Ermittlung von Entscheidungsalternativen mittels elektronischer Rechentechnik.

Vergaserkraftstoff Offizielle Bezeichnung für Benzin an DDR-Tankstellen; an Tanksäulen in der Abkürzung mit Oktanzahl, wie »VK 79«, »VK 88«, »VK 90«.

Vergesellschaftung der Produktion 1. Die durch den → Kapitalismus vorangetriebene historische Entwicklung von Arbeitsteilung und Kooperation. Sie schuf die moderne Fabrikarbeit als massenhafte gleichartige Tätigkeit und das moderne Industrieproletariat. 2. Oft fälschlich für: Vergesellschaftung der → Produktionsmittel, d.h. deren Überführung aus Privateigentum in → gesellschaftliches Eigentum. Den Widerspruch zwischen vergesellschafteter Produktion und nichtvergesellschafteten Produktionsmitteln im Kapitalismus sieht der → Marx.-Len. als → Grundwiderspruch der kapitalistischen Gesellschaft, den aufzulösen dem Sozialismus vorbehalten bleibe.

Verhaltensnoten Die Zensuren, die in der Schule fürs Verhalten erteilt werden, nämlich für Ordnung, Fleiß und Mitarbeit, Betragen und Gesamtverhalten.

Verkaufsstellenausschuß Gewähltes leitendes Gremium der Mitglieder einer → Konsumgenossenschaft.

Verkehrshelfer Schüler, die jüngeren Mitschülern im Straßenverkehr behilflich sind, vergleichbar den »Schülerlotsen« in der Bundesrepublik.

Verkehrssicherheitsaktiv (Abk.: VSA) Ehrenamtliches Gremium in Betrieben, Schulen und anderen Einrichtungen, das verkehrserzieherisch tätig sein soll (z.B. anläßlich der Heimfahrt nach einem feucht-fröhlichen Beisammensein). (→ Aktiv.)

VERSINA Dem Ministerium für Außenhandel direkt unterstellter Versorgungsbetrieb mit reichhaltigem Angebot, für Angehörige des diplomatischen Korps.

Versöhnlertum Politisch inopportune Kompromißbereitschaft gegenüber dem → Klassengegner.

Versorgung der Bevölkerung Terminus der → Politischen Ökonomie des Sozialismus, der eine Auffassung der Bürger als zu Versorgender und des Staates als großen Versorger offenbart, eine Auffassung, die auch in der Bezeichnung »*Versorgungseinrichtung*« für Läden, Gaststätten und Dienstleistungsbetriebe zum Ausdruck kommt. Das Gefühl des Versorgtwerdens liegt allerdings in der DDR sehr nahe, einerseits durch die offenbare Widerwilligkeit und Unzulänglichkeit, mit welcher der Staat diese selbstauferlegte Pflicht wahrnimmt, zum anderen durch die Undurchschaubarkeit des Verhältnisses von eigener Leistung und Konsumtion, die in der Staatswirtschaft mit ihren indirekten Besteuerungen und hohen Subventionen für die lebensnotwendigen Waren und Dienstleistungen zustande kommt. Dabei ist die V. d. B. nicht der Zweck innerhalb des ökonomischen Systems, sondern sie wird als Mittel zu höheren Zwecken begriffen: »Die immer bessere Versorgung stimuliert die Leistungsbereitschaft der Werktätigen und damit die Steigerung der Arbeitsproduktivität, sowie das Wachstum der Produktion und des Nationaleinkommens.«

Vertragsgericht → Staatliches Vertragsgericht.

Vertrauensmann Gewählter Leiter einer → Betriebsgewerkschaftsgruppe. Die Vertrauensleutevollversammlung beschließt den → Betriebskollektivvertrag, nimmt die Rechenschaftsberichte der → Betriebsgewerkschaftsleitung (BGL) und des Betriebsdirektors entgegen und erarbeitet die Stellungnahme der → Betriebsgewerkschaftsorganisation (BGO) zum Betriebsplan.

Veteran 1. Häufige Kurzform für Arbeiter- oder Parteiveteran (→ Partei), verdienter alter → Genosse. 2. Alter Mensch; z. B. in den Verbindungen V.enbetreuung, V.endisko (→ Diskothek), V.entreff (von der → Volkssolidarität unterhaltener Treffpunkt für ältere Menschen). Die V.enuniversität ist eine altersspezifische Veranstaltung der Humboldt-Universität Berlin.

Vierseitiges Abkommen über West-Berlin DDR-offizielle Bezeichnung für das Berlin-Abkommen von 1971, dessen Gültigkeit die DDR (wie die Sowjetunion) auf den Westteil der Stadt eingeschränkt sieht.

Vitaminbasar Gelegentlich Bezeichnung für Obst- und Gemüseläden.

Volk Im offiziellen Sprachgebrauch wird der Singular im Sinne von »Volksmassen«, eines Begriffes des → historischen Materialismus, gebraucht und meint die arbeitenden Klassen und Schichten sowie alle → fortschrittlichen Kräfte der Gesellschaft. Der Plural hingegen meint den auch in der Umgangssprache gebräuchlichen Begriff der Gesamtbevölkerung eines Landes.

Volksarmee → Nationale Volksarmee.

Volksaussprache Bezeichnung für eine landesweite Diskussions-Kampagne (→ Diskussion) aus besonderem Anlaß. Nach Art. 65 Abs. 4 der DDR-Verfassung vom April 1968 sollen Gesetze grundlegender Art vor ihrer Verabschiedung der Bevölkerung zur Erörterung vorgelegt werden. Bereits über die Verfassung von 1968 kam es zu einer V., woraufhin diverse (kosmetische) Änderungen vorgenommen wurden. Eine weitere V. fand zum Entwurf des Gesetzes über die örtlichen Volksvertretungen 1972 statt. Das Gesetz zur Ergänzung und Änderung der Verfassung (1974) wurde indessen trotz seiner grundlegenden Bedeutung keiner V. unterworfen.

Volksbildung (eigentl.: Volksbildungswesen) Teilbereich des → einheitlichen sozialistischen Bildungssystems, der die Einrichtungen der Vorschulerziehung, die Schulen und die dazugehörigen Lehrer- bzw. Erzieher-Ausbildungsstätten umfaßt; Ministerium f. V.

Volksbuchhandel Volkseigener Bereich des Bucheinzelhandels. Der V. wird bevorzugt beliefert, was bei den äußerst knappen Auflagen begehrter Lizenzausgaben eine Benachteiligung des privaten und → Kommissionshandels bedeutet, obwohl man hier meist zuvorkommender bedient wird.

Volksdemokratie Sozialistisches Regierungssystem eines Staates im Übergang vom Kapitalismus zum Sozialismus mit einer von der kommunistischen Partei organisierten Volksvertretung. Der Begriff findet nicht nur auf das Regierungssystem, sondern auch auf den Staat selbst Anwendung. Eine Volksdemokratische Republik (Abk.: VDR) ist ein auf o. g. System beruhendes Staatswesen.

volkseigen In den meisten Verbindungen ist »v.« Synonym für »staatlich«, da die DDR im offiziellen Selbstverständnis ein Staat des Volkes ist. Dennoch kann für »Volkseigentum« ebensogut »sozialistisches« oder »gesellschaftliches« Eigentum stehen, nicht aber »staatliches«, obwohl »Vergesellschaftung« der → Produktionsmittel dasselbe wie »Verstaatlichung« bedeutet. Es steht zu vermuten, daß die Vermeidung von »staatseigen« oder »Staatseigentum« propagandistische Gründe hat. 99 Prozent der Arbeiter und Angestellten in der DDR arbeiten in *volkseigenen Betrieben* (Abk.: VEB), die verpflichtet sind, die staatl. Planaufgaben zu

erfüllen (→ Plan). Ein *volkseigenes Gut* (Abk. VEG) ist ein landwirtschaftlicher Großbetrieb, der direkt staatlich geleitet wird.
volkseigenes Kombinat → Kombinat.
Volksfront Form kommunistischer Bündnispolitik, wobei zur → Aktionseinheit aller Teile der → Arbeiterklasse und aller Anhänger der Demokratie und des Friedens aufgerufen wird, um einen gemeinsamen Hauptgegner (faschistische Diktatur, Militärregime) zu überwinden.
Volkskammer Die V. wird in Art. 48 der DDR-Verfassung als oberstes staatliches Machtorgan bezeichnet. In ihr sollen die → Werktätigen gemäß dem Prinzip des → Demokratischen Zentralismus und auf der Basis der → Bündnispolitik der SED Macht ausüben, Macht in ihrem (von der SED) wohlverstandenen Interesse, das nur im → Sozialismus zu verwirklichen sei. Die Bezeichnung der V. als »Volksvertretung« hat eine Alibifunktion in der Staatsform der → Diktatur des Proletariats. Die V. soll ebenso wie die Blockparteien (→ Demokratischer Block) und → Massenorganisationen, deren Fraktionen in ihr vertreten sind, eine möglichst breite Einbeziehung der Bevölkerung in den soz. Aufbau gewährleisten und der Politik der SED einen Schein von Legitimität verleihen. Die meisten V.abgeordneten sind über ihre Fraktionszugehörigkeit hinaus Mitglied der SED (z.B. in der FDJ-Fraktion: 36 von 40, in der FDGB-Fraktion: 61 von 68, in der DFD-Fraktion: 31 von 35, in der KB-Fraktion: 16 von 22). In der V. sind insgesamt 500 auf 5 Jahre gewählte Abgeordnete, die die Plenarsitzungen und die Ausschußarbeit nebenberuflich und unentgeltlich absolvieren. Die V. ist verfassungs- und gesetzgebendes Organ, sie stimmt über die Grundlinien der DDR-Innen- und Außenpolitik ab und wählt den → Staatsrat, den → Ministerrat und andere hohe Gremien (in der Regel einstimmig).
Volkskorrespondent Nebenberuflicher journalistischer Mitarbeiter bei Zeitungen oder dem Rundfunk, der gelegentlich aus seinem Arbeits- und Lebensbereich für die Medien berichtet. Artikel von V.en sind meist mit der Abkürzung (Vk) und dem Namen gezeichnet.
Volksmarine Seestreitkräfte der DDR in der → Nationalen Volksarmee.
Volkspolizei → Deutsche Volkspolizei.
Volksschaffen → künstlerisches Volksschaffen.
Volkssolidarität (Abk.: VS) → Massenorganisation zur freiwilligen solidarischen Hilfe, insbesondere für alte und kranke Menschen. Ihre Mittel bezieht die V. aus den Beiträgen ihrer rund 2

Mill. Mitglieder und aus Spenden (Sammlungen). Nachdem sich die staatliche Altenpolitik in den 70er Jahren wesentlich verbesserte, nimmt die V. vor allem die kulturelle Betreuung alter Menschen wahr. Sie unterhält hierfür »Veteranenklubs« und »-treffpunkte« und hat ein großes Veranstaltungsangebot.

Volksvertretungen → Volkskammer und örtliche V. (Bezirkstag, Kreistag, Stadtverordnetenversammlung, Stadtbezirksversammlung, Gemeindevertretung), die nicht Parlamente im Sinn der Repräsentativsysteme westlicher Demokratien sind, sondern aus Wahlen nach einer von der → Nationalen Front erstellten Einheitsliste hervorgehen (→ Volkswahlen). Die örtlichen V. entscheiden »entsprechend den Prinzipien des [→] Demokratischen Zentralismus ausgehend von den gesamtstaatlichen Interessen... in eigener Verantwortung über alle grundlegenden Angelegenheiten, die ihr Territorium und seine Bürger betreffen.«

Volkswahlen Wahl der → Volksvertretungen im Rhythmus von 5 Jahren. Die Wahlen haben in der DDR eine andere Funktion als in demokratischen Staaten. Eine Entscheidung über die politische Macht steht nicht an, es geht weder um politische noch um personelle Alternativen, sondern um eine Demonstration der → politisch-moralischen Einheit des Volkes. Deshalb wird in der DDR auch nicht von »Wahlkampf«, sondern von »Wahlbewegung« gesprochen: »So wird die Durchführung der Wahlen zu einer Bewegung, in der sich das sozialistische Staatsbewußtsein von Millionen Bürgern manifestiert.« Die von den Parteien und → Massenorganisationen innerhalb der → Nationalen Front vorgeschlagenen Kandidaten werden vom zuständigen SED-Organ bestätigt und auf eine Einheitsliste gesetzt. Neue Kandidaten werden von den Kollektiven, in denen sie tätig sind, »geprüft und vorgeschlagen«. Anschließend stellen sich alle Kandidaten in öffentlichen Veranstaltungen den Fragen der Bevölkerung, wobei auch die Absetzung eines Kandidaten vorgeschlagen werden kann. Bei der späteren feierlichen Stimmabgabe am »Wahlsonntag« hat der Wähler das Recht, auf dem Stimmzettel, der die Einheitsliste der Kandidaten enthält, Änderungen vorzunehmen; jedoch müßten mehr als die Hälfte der Wähler dieselbe Änderung vorgenommen haben, um am Wahlergebnis etwas zu ändern. Die Einheitsliste der Kandidaten der Nationalen Front wird in der Regel mit 98 bis 99 Prozent der Stimmen bestätigt. Für eine sehr hohe Wahlbeteiligung sorgen neben der namentlichen Eintragung in eine

Wählerkartei auch die Wahlhelfer, die säumige Wähler am Wahltag in ihren Wohnungen aufsuchen und zur Wahl auffordern.

Volkswirtschaftliche Masseninitiative (Abk.: VMI) Name für → »freiwillige« Gemeinschaftsaktionen zur Verschönerung des Arbeitsplatzes oder Wohngebietes (→ Rekonstruktion von Parkanlagen, Renovierungen, Anlegen von Spielplätzen u. a.). Zu ähnlichen Arbeiten wurde früher unter der Bezeichnung → Nationales Aufbauwerk (NAW) aufgerufen. VMI-Zentren sind Einrichtungen, wo notwendiges Arbeitsgerät ausgeliehen werden kann.

Volkswirtschaftsplan → Plan.

Vollbeschäftigteneinheit (Abk.: VBE) Rechnerische Durchschnittsgröße des Arbeitskräftepotentials eines Betriebes.

Volvograd Umgangssprachl. Bezeichnung für das Regierungsviertel in Berlin, das seinen Namen den ein- und ausfahrenden schwarzen Volvo-Limousinen verdankt. Der Name erinnert zudem an Wolgograd, das nach der Entstalinisierung umbenannte frühere Stalingrad.

Vopo Umgangssprachl. für Volkspolizist (→ Deutsche Volkspolizei).

vorläufige Arbeitsnorm (Abk.: VAN) → Arbeitsnorm.

vormilitärische Ausbildung Fester Bestandteil der → Lehrpläne der → Erweiterten Oberschule und der Ausbildungspläne für Lehrlinge. Die v. A. bereitet die 16- bis 18jährigen auf den Wehrdienst bei der → Nationalen Volksarmee (NVA) vor und wird sowohl im Unterricht als auch außerunterrichtlich von der → Gesellschaft für Sport und Technik (GST) durchgeführt. Die Leistungen bei der GST-Ausbildung fließen in die Beurteilungen der Schüler und Lehrlinge ein (→ Wehrerziehung).

Vorwärtsstrategie Offizielle Bezeichnung für einen »Hauptbestandteil der Militärdoktrin der NATO«, der die Planungen der Bundeswehr bestimme. Ihr Kern sei das Bestreben, eine → Aggression gegen das soz. Verteidigungsbündnis (→ Warschauer Vertrag) sofort auf dessen Territorium zu tragen und politische Ziele durch atomare Erpressung zu erreichen.

VP-Bereitschaften → Bereitschaftspolizei.

Vylan Kunststoff; Warenbezeichnung für in der DDR hergestellte Chemiefasern mit antirheumatischen Eigenschaften.

W

Waffenbrüder Feierliche Bezeichnung für die Angehörigen der Armeen des → Warschauer Vertrages. Die W.schaft, insbesondere mit der Sowjetarmee, gilt in der DDR offiziell als »Garant« oder »Unterpfand« des ersten → Arbeiter-und-Bauern-Staates auf deutschem Boden. »Waffenbrüder – Klassenbrüder« lautet eine verbreitete Losung, und da man »klassenmäßig« von jeher auf der richtigen Seite war, wird der Anschein erweckt, als sei die Existenz der DDR das Resultat eines Sieges, nicht einer Niederlage und der nachfolgenden Besetzung.

Wahlbewegung → Volkswahl.

Wanderfahne Zeichen für die jeweils besten Leistungen im → sozialistischen Wettbewerb. Es gibt sie zur Auszeichnung ganzer Betriebe (»Siegerbetriebe«) oder einzelner Abteilungen.

Wandzeitung Obligatorisches → Agitprop-Mittel in Betrieben, Institutionen, Lehreinrichtungen, das zumeist ebenso lustlos gestaltet wird, wie es unbeachtet bleibt. (→ Transparent.) Einige → Massenorganisationen wählen zur Gestaltung ihrer W. einen besonderen W.sredakteur.

Warenfonds Im → Plan vorgesehene Gesamtheit der Konsumgüter zur → Versorgung der Bevölkerung z. B. während eines Jahres; der W. muß wertmäßig dem → Kauffonds entsprechen.

Warschauer Vertrag Kurzform für »Vertrag über Freundschaft, Zusammenarbeit und gegenseitigen Beistand«; Militärbündnis der soz. Länder Osteuropas (Bulgarien, ČSSR, DDR, Polen, Rumänien, Sowjetunion, Ungarn). Der W. soll ausschließlich Verteidigungszwecken dienen und hat sein »Vereintes Oberkommando« in Moskau. Die Mitgliedstaaten werden als »Bruderländer«, die befreundeten Armeen als »Bruderarmeen« bezeichnet (→ Waffenbrüder); der Einmarsch von Truppen des W. V.s 1968 in Prag hieß »brüderliche Hilfe«.

»Wartburg« Name des größeren der beiden in der DDR produzierten Pkw (→ Trabbi). Der »W.-353« hat einen 3-Zyl.-2-Takt-Motor, Frontantrieb, 1000 cm^3, 50 PS, Spitze: 130 km/h, Verbrauch: 7,5–11 Liter, Preis: ca. 20000 M. Die Wartezeit auf einen fabrikneuen »W.« beträgt mindestens 10 Jahre.

Waschstützpunkt Kommunale oder betriebliche Wäscherei. Das Quasi-Militärische des Wortes hat mit dem Bestreben der DDR-Staatsmacht zu tun, das zivile Leben möglichst »optimal durchzuorganisieren«, um es höheren Zwecken (der revolutionären Aufgabe des Fortschreitens zum Kommunismus) dienstbar machen zu können (→ Stützpunkt).

Wasserrettungsdienst (Abk.: WRD) Zweig des → Deutschen Roten Kreuzes der DDR, der annähernd der Deutschen Lebensrettungsgesellschaft in der Bundesrepublik entspricht. Der WRD bildet Rettungsschwimmer aus und organisiert ihren Einsatz an öffentlichen Stränden, in → Ferienlagern, Hallenbädern etc.

wegrationalisieren Umgangssprachl. Bezeichnung für eine → Rationalisierung auf Kosten von Annehmlichkeiten, die nur Asketen oder Ideologen für entbehrlich halten.

Wehrbezirkskommando Einrichtung der → Nationalen Volksarmee (NVA) in allen → Bezirken der DDR. Die W.s leiten die Wehrkreiskommandos an und kontrollieren deren Tätigkeit; letztere sind für Musterung und Einberufung Wehrpflichtiger zuständig sowie für die wehrpolitische Arbeit in den → Kreisen.

Wehrerziehung Als Vorbereitung auf den Wehrdienst ist die W. Bestandteil der Bildung und Erziehung von den Vorschuleinrichtungen bis zu den Universitäten und Hochschulen. Auch Betriebe und → Massenorganisationen sind gesetzlich verpflichtet, auf den Wehrdienst vorzubereiten. Nicht zuletzt in den Medien fällt insbesondere die kindgemäße Wehrpropaganda auf (z. B. im Abendgruß des DDR-Fernsehens ›Sandmännchen‹, in den Kinderzeitungen → ›Bummi‹, ›Atze‹, → ›Frösi‹, ›ABC-Zeitung‹). Seit 1978 wird der *Wehrunterricht* für die Klassen 9 und 10 der → polytechnischen Oberschule (→ allgemeinbildende polytechnische Oberschule) schrittweise eingeführt. Das sind in der 9. Klasse 4 Doppelstunden zur »sozialistischen Landesverteidigung« und eine 14tägige Wehrausbildung im Lager (für Mädchen und Jungen, die auf Antrag der Eltern von der Ausbildung an Waffen befreit sind: Ausbildung in → Zivilverteidigung). In der 10. Klasse kommen zu den 4 Doppelstunden »sozialistische Landesverteidigung« 3 »Tage der Wehrbereitschaft« hinzu: ein militärisches Großgeländespiel mit anschließender Abschlußfeier. Schüler der Klassen 11 und 12 sowie Lehrlinge sind zur Teilnahme an der → vormilitärischen Ausbildung gesetzlich verpflichtet. Während der gesamten Schulzeit sind die → Pionierorganisation (u. a. mit dem Pioniermanöver »Schneeflocke«) und die FDJ (u. a. mit den → Hans-Beimler-Wettkämpfen) wehrerzieherisch tätig. Die → Gesellschaft für Sport und Technik (GST) bietet darüber hinaus die Möglichkeit zu *wehrsport*licher Betätigung und veranstaltet für Interessenten sog. Wehrspartakiaden, wehrsportliche Wettkämpfe für Jugendliche. Nach Ausbildungsplänen, die von der GST und dem Ministerium für Hoch- und Fachschulwesen ausgearbeitet werden, setzt sich die W. während des Studiums fort mit Vorlesungen über Militärpolitik und wehrsportlichen Übungen. In einem 4wöchigen Militärlager der → Nationalen Volksarmee (NVA) werden die männlichen Studenten auf den aktiven Wehrdienst vorbereitet (Teilnahmeverweigerung bedeutet Exmatrikulation); die weiblichen Studenten absolvieren einen 4wöchigen Lehrgang der → Zivilverteidigung.

Weihe Außer der sehr verbreiteten, quasi-obligatorischen → Jugendweihe gibt es noch andere, allerdings kaum praktizierte Formen der parareligiösen Vereinigung mit dem Staatswesen, so die Eheweihe, eine der kirchlichen Trauung angeähnelte Zeremonie neben der standesamtlichen Trauung; die Namensweihe, eine Neugeborenen-Feier mit den Arbeitskollegen, wobei die Eltern sich verpflichten, das Kind im Geiste des Sozialismus zu erziehen; die Arbeiterweihe, die feierliche Aufnahme in die Reihen der Arbeiterklasse nach erfolgreich bestandener Facharbeiterprüfung; die Grabweihe, eine verweltlichte Variante der Trauerfeier, wobei ein staatlich bestallter Trauerredner die Verdienste des Verblichenen um den sozialistischen Aufbau zu würdigen hat.

Weißes Haus Umgangssprachl. für das Gebäude der Ständigen Vertretung der Bundesrepublik in der Hannoverschen Straße in Berlin.

Weltbewegung → kommunistische Weltbewegung.

Weltfestspiele (eigentl.: »Weltfestspiele der Jugend und Studenten«) In unregelmäßigen Abständen vom Weltbund der Demokratischen Jugend (WBDJ) in Hauptstädten nicht nur des sozialistischen Lagers veranstaltetes → Festival. Die W. fanden bisher 1947 in Prag, 1949 in Budapest, 1951 in Berlin, 1953 in Bukarest, 1955 in Warschau, 1957 in Moskau, 1959 in Wien, 1962 in Helsinki, 1968 in Sofia, 1973 in Berlin, 1978 in Havanna, 1985 in Moskau statt.

welthistorische Mission → historische Mission.

Weltniveau Beliebtes Schlagwort der Wirtschaftspropaganda in der Ulbricht-Ära, das zumindest manchen Propagandisten die selbstverschuldete Isolation und technologische Rückständigkeit seines Landes vergessen machen konnte; heute wird das Attribut »welthöchststandbestimmend« gleichbedeutend verwandt.

Weltprozeß → Revolution.

Werkstattwochen der FDJ-Singeklubs → Singebewegung.

Werktätiger »Ein Mensch, der durch eigene Arbeit seinen Lebensunterhalt verdient ... und nicht von der [→] Ausbeutung anderer lebt.« Ein W. kann der → Arbeiterklasse, der Bauernschaft, der → Intelligenz angehören, »kleiner Warenproduzent oder Gewerbetreibender« etc. sein. Nach marx.-len. Verständnis haben alle W. im → Kapitalismus eine der → Arbeiterklasse ähnliche Interessenlage, weil sie auch der »Lohnsklaverei« ausgesetzt sind. Insofern gelten alle W., die »werktätigen Massen«, prinzipiell bzw. »objektiv« als Verbündete der Arbeiterklasse bei der Erfüllung ihrer → historischen Mission, weshalb das Wort offiziell positiv bewertend gebraucht wird.

Wessi → Westler.

Westen »Der W.« meint in der Umgangssprache meistens die Bundesrepublik, ausnahmsweise auch die ganze westliche Welt. Komposita mit »West-« werten das Bezeichnete in der Umgangssprache in einer fast mythischen Weise auf, die nicht nur die tatsächlichen Vorzüge westlicher Gebrauchswaren, sondern auch alle möglichen Ideal-Projektionen in eine Welt umfaßt, die in ihrer Lebenswirklichkeit wenig bekannt ist. Beispiele: W.autos, W.fernsehen, W.geld, W.paket, W.pullover, W.sachen, W.zigaretten, W.schokolade etc. etc. Eine Ausnahme macht zumeist der Begriff von »W.verwandtschaft«, weil die → Bundis zu Besuch kommen können und sich trotz der hohen Erwartungen ihrer DDR-Verwandtschaft an »W.menschen« früher oder später als ganz normale Leute entlarven. *Westkontakte* ist die offizielle Bezeichnung für alle brieflichen, telefonischen oder Besuchsverbindungen mit Bürgern des → kapitalistischen Auslandes, also auch der Bundesrepublik. Ausdrücklich unerwünscht sind Westkontakte bei allen Leitungskadern (→ Kader), Angehörigen der bewaffneten Organe und den meisten der in Lehre und Forschung Tätigen. Eine *Westorientierung* zu haben ist ein Vorwurf, der rasch bei der Hand ist, um kritische Intentionen abzustempeln. Er wirkt allerdings zunehmend lächerlich vor dem Hintergrund einer DDR-weiten wissenschaftlich-technologischen, ökonomischen und kulturellen Westorientierung, die, offiziell geleugnet, sich nicht zuletzt am Lebensstandard der politischen Führung ablesen läßt.

Westgoten Umgangssprachl. Bezeichnung für – zumeist arrogant auftretende – Bundesbürger, die das Element gotischer Erhabenheit und Überhobenheit sehr treffend aufnimmt.

Westler Neutrale Bezeichnung für jemanden, der aus dem → Westen kommt, d.h. im Normalfall aus der Bundesrepublik und dann auch vertraulicher als Wessi bezeichnet wird.

Wettbewerb → sozialistischer Wettbewerb.
Widerspruch Nach marx.-len. Auffassung die »Quelle aller Bewegung, Veränderung und Entwicklung« in Natur, Gesellschaft und Denken. Die Lehre vom dialektischen W. ist die Basis des → dialektischen Materialismus, das Gesetz von »Einheit und Kampf der Gegensätze« das erste dialektische → Grundgesetz. Hegelsche Dialektik wird im marx.-len. → Grundstudium als wichtige Quelle des → M.-L. gelehrt. In praxi allerdings ist die Festigkeit eines → Klassenstandpunktes bedeutsamer als die »Flüssigkeit« dialektischen Denkens (→ Dialektik).
Wiedervereinigung → Abgrenzung.
WiKo → Wissenschaftlicher Kommunismus in der Studentensprache, ein Fach des → Grundstudiums.
Winkelement Fähnchen aus Papier, kleiner Wimpel, buntes Tuch. W.e werden z. B. zu Großkundgebungen an die »jubelnden Massen« verteilt, um das Bild für diejenigen zu beleben, die sie von erhöhter Position vorbeimarschieren sehen bzw. in schwarzen Limousinen durch ihr Spalier gleiten.
Wir Umgangssprachlich oft für »wir in der DDR Lebenden«. Dieses Wir-Gefühl schließt die Staats- und Parteifunktionäre in der Regel aus. Die Bildung dieser DDR-internen Solidargemeinschaft ist ihrer politischen Ohnmacht direkt proportional, sie verbreitet den angenehm warmen Mief nörgelnden Sichabfindens. Ein anderes »W.« ist das des offiziellen Sprachgebrauchs, das stets im Sinne der Einheit von Volk und Regierung, von → Partei und → Werktätigen gemeint, so aber von den Angesprochenen kaum akzeptiert ist. Beispiele: »unsere sozialistischen → Errungenschaften«, »unsere → Volksbildung«, »die Schöpferkraft unserer Werktätigen«. (Das W. im letzteren Sinne wird allerdings nicht nur von den → Funktionären in den Mund genommen, sein Gebrauch in Diskussionsbeiträgen, z. B. auf Schulungsveranstaltungen der Parteien und → Massenorganisationen, signalisiert die erwartete Unterwerfung unter das Ritual dieser Veranstaltungen. Die Aufforderung »auch etwas zu sagen« bedeutet, zu dieser Unterwerfung aufgefordert zu werden. Auf diesen Veranstaltungen zu schweigen wird nicht als Einverständnis, sondern als potentielles Außenseitertum gewertet.)
wirtschaftliche Rechnungsführung Dieser harmlos anmutende Begriff steht für die prekäre Verbindung von plan- und marktwirtschaftlichen Prinzipien. Es ist die Hauptmethode der soz. Betriebsführung nach Rentabilitätsgesichtspunkten auf der Basis des Staatsplans (→ Plan). W. R., ein weitverzweigtes, sich ständig

wandelndes System von Anordnungen und Empfehlungen, ist der Versuch, die materiellen Interessen der Betriebe mit den Interessen der Gesellschaft an bestimmten Gebrauchsgütern in dynamische Übereinstimmung zu bringen ohne das Regulativ eines freien Marktes. »Nichtantagonistische Widersprüche zwischen w.R. und Planwirtschaft« werden in diesem Zusammenhang auch in der DDR-Wirtschaftswissenschaft eingestanden (→ Antagonismus, → NÖSPL).

Wismut, die Kurzform für »SDAG Wismut«, Sowjetisch-Deutsche Aktiengesellschaft; einzige Uranbergbaugesellschaft der DDR.

wissenschaftliche Arbeitsorganisation (Abk.: WAO) »Analyse und Gestaltung von Arbeitsprozessen und -plätzen auf der Grundlage neuester wissenschaftlicher Erkenntnisse und fortgeschrittener Arbeitserfahrungen im Interesse eines hohen Nutzeffekts der Arbeit sowie der Entwicklung sozialistischer Persönlichkeiten und Arbeitskollektive«. WAO-Maßnahme; WAO-Vorhaben; u. a.

Wissenschaftlichkeit In der Anwendungsvielfalt (und »-einfalt«) des Wortes drückt sich das Bemühen aus, ein reales Manko auf wissenschaftlichem Gebiet durch verbale Kraftakte wettzumachen. Im Zusammenhang damit, daß die von den → Klassikern erdachte »Weltanschauung der Arbeiterklasse« das Attribut »wissenschaftlich« beansprucht (»wissenschaftlicher Kommunismus«, abgekürzt WiKo), wird W. z. B. auch der richtigen Entscheidung eines Funktionärs zugesprochen und steht damit schlechthin für »Richtigkeit« im Sinne des → Sozialismus. Der »wissenschaftlich-technische Revolution« (WTR) genannte Prozeß der Durchdringung aller Lebensbereiche mit neuen Erkenntnissen und Methoden wird nach wie vor als Grundvoraussetzung des Sozialismus und folglich des Menschheitsfortschritts schlechthin betrachtet. Die Wissenschaftsgläubigkeit des 19. Jh. ist in der DDR konserviert, was terminologische Häufungen z. B. mit »wissenschaftlich-technisch« allerdings eher belegen als wissenschaftliche Höchstleistungen; Beispiele: w.-t. Höchststand, w.-t. Vorlauf, w.-t. Spitzenleistungen, w.-t. Zusammenarbeit etc. Wissenschaftsorganisation meint staatl. Maßnahmen zur systematischen Entwicklung und effektiven Nutzung von Wissenschaft und Forschung. Wissenschaftswissenschaft ist die Erforschung der Geschichte, Funktion und Methoden der Wissenschaften.

Wochenkrippe Betreuungseinrichtung für Kleinkinder berufstätiger Eltern, wo die Kinder während der ganzen 5-Tage-Arbeitswoche durchgehend untergebracht und nur an den Wochenenden nach Hause abgeholt werden.

Wohnbezirk (Abk.: WB) Räuml. und organisator. Gliederungseinheit in Städten. W.e entstanden ursprünglich aus der Zusammenlegung von 2 oder mehreren Stimmbezirken für die → Volkswahlen; sie umfassen 1000 bis 3000 wahlberechtigte Bürger. Als kleinste territoriale Gliederungseinheit in Städten haben W.e Bedeutung für den organisatorischen Aufbau der SED, die hier → Grundorganisationen (Wohngebietsparteiorganisation, Abk.: WPO) unterhält und für die → Nationale Front, die an ihrer Basis über W.sausschüsse verfügt. Die politische Wirksamkeit der SED und der → Massenorganisationen in den W.en, im Bereich der Freizeit und Erholung, blieb jedoch bisher, auch aufgrund der sozialen und altersmäßigen Zusammensetzung der WPO (Rentner, Hausfrauen etc.), hinter den Erwartungen zurück. Einen Hinweis darauf gibt ein ZK-Beschluß (→ Zentral-) »Zur weiteren Erhöhung der politischen Massenarbeit in den städtischen Wohngebieten« von 1979. Wo für W. auch schlicht: »Wohngebiet« steht, nähert sich die Partei der Umgangssprache an; Begriffe wie »Wohngebietsgaststätte« und »Wohngebietsfest« sind Zeichen dieses sprachpolitischen Zugriffs und haben für die im Wohngebiet Lebenden wenig Anheimelndes.

Wohnraumlenkung Staatliche Erfassung und Verwaltung sämtlichen (auch des in Privatbesitz befindlichen) Wohnraumes nach gesetzlichen Bestimmungen, die Mini- und Maximalgrenzen des Anspruchs auf Wohnraum festlegen. Es gibt also in der DDR keinen Wohnungsmarkt, sondern eine staatliche Versorgung mit Wohnraum nach Bedürftigkeit. So muß man sich z. B., um als Ehepaar zu einer größeren Wohnung zu kommen, Kinder anschaffen, um auf die »Dringlichkeitsliste« der W. gesetzt zu werden. Andererseits wird man in eine kleinere Wohnung umgesetzt, wenn man (z. B. nach dem Wegzug der erwachsenen Kinder) zu viel Wohnraum bewohnt. Die Wartezeiten auf Wohnraumzuweisung haben sich im Zuge des großangelegten → Wohnungsbauprogramms der SED (seit 1971), das bis 1990 zur vollständigen Versorgung der Bevölkerung mit Wohnraum (im Rahmen der gesetzlichen Bestimmungen) führen soll, zumindest in den dringenden Fällen auf einen überschaubaren Zeitraum verkürzt (Wohnraumlenkungsverordnung, Abk.: WLVO). Die Entscheidung über die Vergabe von Wohnraum trifft eine Wohnungskommission, ein ehrenamtliches Gremium von Bürgern des entsprechenden Wohngebiets, in Zusammenarbeit mit der → Kommunalen Wohnungsverwaltung (KWV).

Wohnungsbauprogramm Das auf der 9. und 10. Tagung des ZK der SED 1973 beschlossene langfristige Programm zur »Lösung der Wohnungsfrage als soziales Problem« bis 1990. Es sieht vor, daß von 1976 bis 1990 insgesamt 2,8 bis 3,0 Mill. Wohnungen neu gebaut bzw. überholt werden sollen, um damit die Wohnbedingungen für 10 der knapp 17 Mill. Einwohner der DDR wesentlich zu verbessern. Hierfür wurden Kosten in Höhe von insgesamt 200 Mrd. Mark veranschlagt. Bisher wurden die Planziele des W. erfüllt bzw. überboten.

Wohnungsbausystem 70 (Abk.: WBS 70) DDR-weit standardisierter Wohnungsneubau der 70er und 80er Jahre. Das W. wurde zur Realisierung des nach dem VIII. SED-Parteitag beschlossenen → Wohnungsbauprogramms eingeführt und legt den Neubau ganzer Wohnviertel einschließlich der Nachfolgeeinrichtungen wie Schulen, Gaststätten, Kaufhallen, Schwimmbäder auf bestimmte, kaum variable Typen des Fertigteilbaus fest. Der Stereotypie und Verwechselbarkeit der WBS-70-Neubauviertel wegen wird der Begriff in der Umgangssprache oft abwertend gebraucht, wiewohl jede Verbesserung der Wohnungssituation natürlich sehr willkommen ist.

Wohnungskommission → Wohnraumlenkung.

Wohnungsverwaltung → kommunale Wohnungsverwaltung.

Wolpryla Kunstwort aus *Wol*fen, *Pr*emnitz, Polyakrylnitril und *la*na (lat.: Wolle); schafwolleähnliche Synthesefaser, die in Wolfen und Premnitz hergestellt wird. W. entspricht etwa dem in der Bundesrepublik üblichen »Dralon«.

Wunschkindpille Offizielle Bezeichnung für »Anti-Baby-Pille«.

Wurfrotationsflachkegel Eine von mehreren lebensunfähigen Wort-Neuschöpfungen, die das Eindringen grundsätzlich verhaßter Amerikanismen in die DDR-Sprache verhindern sollten; W. steht für das, was man gemeinhin eine Frisbee-Scheibe nennt.

Z

Zahlbox Mechanische Apparatur in öffentlichen Verkehrsmitteln, die bei Betätigung eines Hebels entweder Geld oder Wertmarken oder was man sonst hineinwirft, ihrem »Bauch« einverleibt und zugleich abreißbare Fahrscheine zutage fördert. Da sie auch demjenigen einen Fahrschein anbietet, der gar nichts hineinwirft, ist sie außer Z. auch noch ein öffentliches Erziehungsinstrument, ob zu mehr oder zu weniger staatsbürgerlichem Gewissen, sei dahingestellt.

Zappelfrosch Umgangssprachl. spöttische Bezeichnung für den Pkw »Saporoshez« aus sowj. Produktion.

Zehn Gebote der sozialistischen Moral Von Walter Ulbricht auf dem V. SED-Parteitag 1958 verkündete »Moralgesetze«, die den mosaischen entsprechend mit »Du sollst...« anheben, im übrigen aber nicht von deren Allgemeingültigkeit sind, sondern sich konkret auf sozialistische Verhältnisse beziehen. Nach dem Machtwechsel zu Honecker 1971 wurden die Ulbrichtschen »Moralgesetze« stillschweigend außer Kraft gesetzt.

Zeitkino Nonstopkino, vor allem in größeren Bahnhöfen der DDR mit Dokumentar-, Kultur- und Zeichentrickfilmen.

Zeitwert Restwert eines Gebrauchsgegenstandes nach dem Abzug einer bestimmten Abschreibungssumme. Gebrauchte Kfz dürfen in der DDR nur zum Z. verkauft werden, der Kaufpreis ist im Kaufvertrag zu vermerken. Durch diese administrative Regelung hofft man, den überhöhten Gebrauchtwagenpreisen beizukommen (ein 10 Jahre alter Pkw kann ohne weiteres den Neupreis erzielen), was jedoch eine Illusion ist. Zwar steht der Z. nun in jedem Kaufvertrag, was aber über den wahren Kaufpreis nichts aussagt.

Zentrag Abk. für: »Zentrale Druckerei-, Einkaufs- und Revisionsgesellschaft«; Bezeichnung für die dem ZK (→ Zentral-) der SED unterstehende »Vereinigung organisationseigener Betriebe« (Abk.: VOB), zu der 90 Druckereien und Verlage gehören, die über knapp 65 Prozent der Druck- und Verlagskapazitäten in der DDR verfügen. Es bestehen drei weitere VOB, die den Blockparteien (→ Demokratischer Block) gehören; VOB Aufwärts (LDPD), VOB Union (CDU) und VOB National (NDPD).

Zentral- Die Häufung der Wortverbindungen mit Z.-, aber auch die Vielfalt im Gebrauch des Attributes »zentral« geben beredtes

Zeugnis vom Charakter der politischen, wirtschaftlichen, aber auch aller anderen institutionellen Strukturen in einem zentralistischen Staat. *Zentralbild* heißt die Bildredaktion des → Allgemeinen Deutschen Nachrichtendienstes. *Zentrale Organe* der Staatsmacht sind für das gesamte Gebiet der DDR zuständig, die wichtigsten sind: die → Volkskammer, der → Staatsrat, der → Ministerrat und die von ihm abhängigen Gremien wie Staatsbank oder → Staatliche Plankommission. Die *Zentrale Revisionskommission* der SED (Abk.: ZRK) ist ein vom Parteitag (→ Partei) gewähltes Gremium zur regelmäßigen Kontrolle der organisatorisch-technischen Arbeitsweise und der Finanzangelegenheiten der Partei. Für die Ausgeglichenheit von Bedarf und Angebot in den verschiedenen Sparten des Konsumgüterbereichs sollen die *Zentralen Warenkontore* sorgen. Sie haben die Aufgabe, die ihnen unterstellten Großhandelsbetriebe anzuleiten und die vertraglich vereinbarte Warenproduktion zu sichern. Direkt den zentralen Staatsorganen unterstellte Betriebe und → Kombinate zählen zur *zentralgeleiteten Industrie;* auf sie entfielen 1980 99 Prozent der industriellen Warenproduktion und 98 Prozent der Arbeiter und Angestellten. Ein *zentraler Kurierdienst* (Abk.: ZKD) befördert der Geheimhaltungspflicht unterliegende Sendungen innerhalb der DDR. Das *Zentralhaus für Kulturarbeit* in Leipzig hat die Aufgabe, die politischen und künstlerischen Leitlinien für das → künstlerische Volksschaffen zu erstellen. Es bietet außerdem Fortbildungsveranstaltungen an und gibt eine Vielzahl von Zeitschriften heraus, wie z.B. ›ich schreibe‹ (für → schreibende Arbeiter) oder ›Bildnerisches Volksschaffen‹. *Zentralorgane* sind überregionale Tageszeitungen der SED und der Blockparteien (→ Demokratischer Block), die von den Parteiführungen in Berlin herausgegeben werden. Dies sind: ›Neue Zeit‹ (CDU), ›Der Morgen‹ (LDPD), ›National-Zeitung‹ (NDPD), ›Bauern-Echo‹ (DBD), → ›Neues Deutschland‹ (SED). »Das Zentralorgan« steht umgangssprachl. häufig für ›Neues Deutschland‹, weil die anderen Zentralorgane schon angesichts der Auflage (50000 bis 90000 gegenüber 1 Mill. des ›ND‹) unbedeutender sind (→ Presse). Das höchste Leitungsgremium (ca. 200 Mitglieder) der → Freien Deutschen Jugend (FDJ) ist der *Zentralrat,* er wird alle vier Jahre vom FDJ-Parlament gewählt und entspricht organisatorisch dem *Zentralkomitee* der SED, dem höchsten Leitungsgremium der Partei, das alle fünf Jahre vom Parteitag (→ Partei) gewählt wird und ebenfalls ca. 200 Mitglieder und → Kandidaten zählt. Das Zentralkomitee wählt aus seinen Mitgliedern das Politbüro (politische Arbeit) und das → Sekretariat (organisatorische Arbeit) des Zentralkomitees. Plenartagungen des Zentralkomitees (→ Plenum) finden mindestens zweimal jährlich statt. Die Reihe der Zusammensetzungen mit »zentral...« ließe sich beliebig fortsetzen; z. B.: Zentrales Unternehmen Konsument, zentrale Fertigung, zentralisierter Nettogewinn; Zentralinstitut für sozialistische Wirtschaftsführung (Abk.: ZSW), Zentralinstitut für Schweißtechnik, Zentralinstitut für Hochschulbildung, Zentralinstitut für Jugendforschung etc. etc. *Zentralismus* heißt in der DDR → Demokratischer Zentralismus.

Zielprämie   → Prämie.

Zirkel   Kleine Lern- oder Arbeitsgemeinschaft. Z. Junger Sozialisten: Schulungsveranstaltung im Rahmen des FDJ-Studienjahres (→ Studienjahr). Z. schreibender Arbeiter: Arbeitskreis von Laienpoeten (→ schreibender Arbeiter). Fotoz.; Literaturz.; Theaterz.; Z.arbeit; Z.leiter u. a.

Zivilgesetzbuch   (Abk.: ZGB) Kodifikation des Zivilrechts, die 1975 anstelle des Bürgerlichen Gesetzbuches von 1900 trat.

Zivilverteidigung   (Abk.: ZV) Per Gesetz 1970 ins Leben gerufene und 1978 dem Ministerium für Nationale Verteidigung unterstellte armeeähnliche Organisation, die für den zivilen Katastrophenschutz, Luftschutz und die Erste Hilfe für die Zivilbevölkerung im Kriegsfall zuständig ist. Die ZV soll für die Aufrechterhaltung des staatlichen, wirtschaftlichen und gesellschaftlichen Lebens im Kriegsfall sorgen. Der höchste Dienstgrad ist Generaloberst der Z. Die Z. führt in unregelmäßigen Abständen ZV-Übungen in Wohngebieten durch. ZV-Lehrgänge sind für weibl. Schüler, Lehrlinge und Studentinnen obligatorisch (→ Wehrerziehung).

Zootechnik   Sammelbegriff für Methoden der Tierhaltung. Zootechniker sind speziell ausgebildete Berater an → landwirtschaftlichen Produktionsgenossenschaften (LPG), am Kombinat industrielle Mast (→ Kombinat) oder an volkseigenen Gütern (→ volkseigen).

zukunftsreich   Ein Attribut, das der langjährige Chef-Kundschafter des → Staatssicherheitsdienstes, Markus Wolf, für die sozialistische Gesellschaft fand (siehe ›Der Spiegel‹, Nr. 1/1989, S. 61).

Zulieferbetrieb   Auf die Produktion von Rohstoffen, Halbfertigprodukten, Stufenerzeugnissen oder Einzelteilen spezialisierter Betrieb, dessen Produktion zur Weiterverarbeitung oder Montage geliefert wird.

Zusammenrottung Nach § 217 des DDR-Strafgesetzbuches macht sich der Z. schuldig, wer sich an »einer die öffentliche Ordnung und Sicherheit beeinträchtigenden Ansammlung von Personen beteiligt«. Dafür werden bis zu zwei Jahre Gefängnis angedroht.

zwischenbetriebliche Einrichtung (Abk.: ZBE) Betriebsform in der soz. Landwirtschaft. Die ZBE, meist nicht direkt an der landwirtschaftl. Produktion beteiligt, sind z. B. für die Versorgung mit agrochemischen Erzeugnissen (→ Agrochemisches Zentrum), für Meliorationsbau oder Landwirtschaftsbau allgemein zuständig. Der Begriff verweist darauf, daß die ZBE zwischen den verschiedenen landwirtschaftlichen Betrieben stehen als gemeinsame Investitionsobjekte und Zulieferer.

Abkürzungsverzeichnis

ABF	Arbeiter-und-Bauern-Fakultät (→ Arbeiter-und-Bauern-)
ABI	Arbeiter-und-Bauern-Inspektion (→ Arbeiter-und-Bauern-)
ABV	→ Abschnittsbevollmächtigter
ÄBK	→ Ärzteberatungskommission
ACZ	→ Agrochemisches Zentrum
AdK	Akademie der Künste der DDR
ADN	→ Allgemeiner Deutscher Nachrichtendienst
AdW	Akademie der Wissenschaften der DDR
AE	→ Arbeitseinheit
AfA	→ Amt für Arbeit
AfG	Akademie für → Gesellschaftswissenschaften beim ZK der SED
AG	Arbeitsgemeinschaft
AGL	→ Abteilungsgewerkschaftsleitung
AIK	Agrar-Industrie-Komplex (→ Komplex)
AN	→ Arbeitsnorm
APO	→ Abteilungsparteiorganisation
APW	Akademie der Pädagogischen Wissenschaften der DDR
ASK	Armeesportklub (→ Armee)
ASMW	Amt für Standardisierung, Meßwesen und Warenprüfung (→ Gütezeichen)
ASV	Armeesportvereinigung (→ Armee)
AWA	→ Anstalt zur Wahrung der Aufführungsrechte
AWG	Arbeiterwohnungsbaugenossenschaft (→ Arbeiter-)
BAM	Baikal-Amur-Magistrale (→ BAM)
BDVP	Bezirksbehörde der → Deutschen Volkspolizei
BE	→ Berliner Ensemble
BFC	Berliner Fußballklub
BfN	Büro für Neuererwesen
BGL	→ Betriebsgewerkschaftsleitung
BGO	→ Betriebsgewerkschaftsorganisation
BHG	Bäuerliche Handelsgenossenschaft (→ Vereinigung der gegenseitigen Bauernhilfe)
BKK	Braunkohlekombinat (→ Kombinat)
BKV	→ Betriebskollektivvertrag
BMK	→ Bau- und Montagekombinat
BNZ	Bezirksneuererzentrum (→ Neuerer)
BPO	→ Betriebsparteiorganisation
BSG	Betriebssportgemeinschaft

CAD/CAM	Computer Aided Design/Computer Aided Manufacturing (→ CAD/CAM)
CDU	→ Christlich-Demokratische Union Deutschlands
CKB	Chemiekombinat Bitterfeld
DBD	→ Demokratische Bauernpartei Deutschlands
DEFA	Deutsche Film-AG (→ DEFA)
DEUTRANS	Deutsche Transporte (→ DEUTRANS)
DEWAG	Deutsche Werbe- und Anzeigengesellschaft (→ DEWAG)
DFD	→ Demokratischer Frauenbund Deutschlands
DHfK	→ Deutsche Hochschule für Körperkultur
DLB	→ Dienstleistungsbetrieb
DLK	Dienstleistungskombinat (→ Dienstleistungsbetrieb)
DMH	Dringende Medizinische Hilfe (→ Schnelle Medizinische Hilfe)
DP	→ Deutsche Post
DR	→ Deutsche Reichsbahn
DSF	→ Gesellschaft für Deutsch-Sowjetische Freundschaft
DT 64	Jugendradio DT 64 (→ Deutschlandtreffen)
DTSB	→ Deutscher Turn- und Sportbund der DDR
DVP	→ Deutsche Volkspolizei
EK	→ Entlassungskandidat
EKO	Eisenhüttenkombinat Ost (→ Kombinat)
ELG	→ Einkaufs- und Liefergenossenschaft
ELN	Erzeugnis- und Leistungsnomenklatur (→ Erzeugnisgruppe; → Nomenklatur)
EOS	→ Erweiterte Oberschule
ESER	Einheitliches System der elektronischen Rechentechnik der sozialistischen Länder
ESG	1. → entwickelte sozialistische Gesellschaft, 2. evangelische Studentengemeinde
ESP	Einführung in die sozialistische Produktion (→ polytechnischer Unterricht)
EVP	→ Einzelhandelsverkaufspreis
FDGB	→ Freier Deutscher Gewerkschaftsbund
FDJ	→ Freie Deutsche Jugend
FFP	→ Frauenförderungsplan
FGB	→ Familiengesetzbuch
FIR	Fédération internationale des résistants – Internationale Vereinigung der Widerstandskämpfer
FSG	Fachschulsportgemeinschaft

FZR	Freiwillige Zusatzrentenversicherung (→ Sozialversicherung)
GAN	→ Generalauftragnehmer
GBA	→ Gesetzbuch der Arbeit
Gewi	→ Gesellschaftswissenschaften
GG	→ Gesellschaftliche Gerichte
GHG	→ Großhandelsgesellschaft
GO	→ Grundorganisation
GPG	Gärtnerische Produktionsgenossenschaft (→ Produktionsgenossenschaft)
GST	→ Gesellschaft für Sport und Technik
GVP	Gaststättenverkaufspreis
HdJT	Haus der → Jungen Talente
HdL	→ Haus des Lehrers
HdL	Hauptdispatcherleitung (→ Dispatchersystem)
HGL	Hausgemeinschaftsleitung (→ Hausgemeinschaft)
HO	→ Handelsorganisation
HOG	HO-Gaststätte
HSG	Hochschulsportgemeinschaft
IBWZ	Internationale Bank für wirtschaftliche Zusammenarbeit (→ Transfer-Rubel)
IF	→ Interflug
IFA	Industrieverband Fahrzeugbau der DDR
iga	Internationale Gartenbau-Ausstellung (→ iga)
IHB	Industrie- und Handelsbank
IHK	Industrie- und Handelskammer
IML	Institut für Marxismus-Leninismus beim ZK der SED
IPW	Institut für Internationale Politik und Wirtschaft
IW	Industrieller Wohnungsbau
JP	Junge Pioniere (→ Pionier)
KA	kapitalistisches Ausland (→ Kapitalismus)
KAP	→ Kooperative Abteilung Pflanzenproduktion
KAT	Kooperative Abteilung Tierproduktion (→ Kooperative Einrichtung Tierproduktion)
KB	Kulturbund (→ Kultur)
KdgH	→ Kasse der gegenseitigen Hilfe
KDT	→ Kammer der Technik
KET	→ Kooperative Einrichtung Tierproduktion
KfJ	Kreisausschuß für → Jugendweihe
KfL	Kreisbetrieb für Landtechnik
KGD	→ Konzert- und Gastspieldirektion

KGL	Kombinatsgewerkschaftsleitung (→ Kombinat)
KH	Kulturhaus (→ Kultur)
KIM	Kombinat industrielle Mast (→ Kombinat)
KIZ	Kultur- und Informationszentrum
KJS	Kinder- und Jugendsportschule
KK	→ Konfliktkommission
KKH	Kreiskulturhaus (→ Kultur)
KKW	→ Kernkraftwerk
KOE (T)	ältere Abk. für → Kooperative Einrichtung Tierproduktion
KOG	→ Kooperationsgemeinschaft
KOM	→ Kraftomnibus
KOV	→ Kooperationsverband
KTW	Komitee für Touristik und Wandern
K.-und-S.-Fonds	Kultur-und-Sozialfonds (→ Kultur)
KVK	Kraftverkehrskombinat (→ Kombinat)
KWV	→ Kommunale Wohnungsverwaltung
LBK	Landbaukombinat (→ Kombinat)
LDPD	→ Liberal-Demokratische Partei Deutschlands
LEW	Lokomotivbau – Elektronische Werke Henningsdorf
LN	Landwirtschaftliche Nutzfläche
LPG	→ Landwirtschaftliche Produktionsgenossenschaft
LPG P	→ Landwirtschaftliche Produktionsgenossenschaft Pflanzenproduktion
LPG T	→ Landwirtschaftliche Produktionsgenossenschaft Tierproduktion
LVG	→ Lehr- und Versuchsgut
LVO	Lieferverordnung
M	→ Mark der DDR
MAH	Ministerium für Außenhandel
MdI	Ministerium des Innern
MdK	Mitglied des Kreistages
MDN	Mark der Deutschen Notenbank (bis 1967; → Mark der DDR)
MEGA	Marx-Engels-Gesamtausgabe
MEW	Marx-Engels-Werke
MfAA	Ministerium für Auswärtige Angelegenheiten
MfS	Ministerium für → Staatssicherheit
M.-L.	→ Marxismus-Leninismus (auch: M-L, ML)
MMM	→ Messe der Meister von morgen
MTS	→ Maschinen-Traktoren-Station
NAW	→ Nationales Aufbauwerk
NBI	›Neue Berliner Illustrierte‹

ND	→ ›Neues Deutschland‹
NDPD	→ National-Demokratische Partei Deutschlands
NF	→ Nationale Front der DDR
NFG	Nationale Forschungs- und Gedenkstätten der klassischen deutschen Literatur in Weimar
NÖSPL	Neues Ökonomisches System der Planung und Leitung der Volkswirtschaft (→ NÖSPL)
NPT	Nationalpreisträger (→ Nationalpreis)
NSW	→ nichtsozialistisches Wirtschaftsgebiet
n. u. Z.	nach unserer Zeitrechnung (siehe auch v. u. Z.)
NVA	→ Nationale Volksarmee
NVO	Neuererverordnung (→ Neuerer)
OG	→ Oberstes Gericht der DDR
OJM	Olympiade junger Mathematiker der DDR (→ Mathematik-Olympiade)
PA	produktive Arbeit der Schüler in soz. Betrieben (→ polytechnischer Unterricht)
PdVP	Präsidium der Volkspolizei (→ Deutsche Volkspolizei)
PGH	Produktionsgenossenschaft des Handwerks (→ Produktionsgenossenschaft)
PH	Pädagogische Hochschule
PKZ	→ Personenkennzahl
PMB	→ Postmietbehälter
Pol-Ök	→ Politische Ökonomie
POS	polytechnische Oberschule (→ allgemeinbildende polytechnische Oberschule)
PU	→ polytechnischer Unterricht
PWF	Produktionsgenossenschaft werktätiger Fischer (→ Produktionsgenossenschaft)
PWT	Plan Wissenschaft und Technik
PZV	→ Postzeitungsvertrieb
Q	Qualitätsprodukt (→ Q)
QSS	Qualitätssicherungssystem (→ Qualitätskennziffer)
RAW	Reichsbahnausbesserungswerk (→ Deutsche Reichsbahn)
Rba	Reichsbahnamt (→ Deutsche Reichsbahn)
Rbd	Reichsbahndirektion (→ Deutsche Reichsbahn)
RBI	Radio Berlin International (Auslandsfunk der DDR)
RFT	Volkseigene Betriebe für Rundfunk- und Fernmeldetechnik

RGW	→ Rat für gegenseitige Wirtschaftshilfe
RKV	→ Rahmenkollektivvertrag
RLN	Rat für Landwirtschaft und Nahrungsgüterwirtschaft
SDAG Wismut	Sowjetisch-Deutsche Aktiengesellschaft → Wismut
SED	Sozialistische Einheitspartei Deutschlands (→ Partei)
Sero	→ Sekundärrohstoff
SG	Sportgemeinschaft
SGB	Seminargruppenberater (→ Seminargruppe)
SMAD	Sowjetische Militäradministration in Deutschland
SMH	→ Schnelle Medizinische Hilfe
SPK	→ Staatliche Plankommission
SSD	→ Staatssicherheitsdienst
SSG	Schulsportgemeinschaft
Stabü	→ Staatsbürgerkunde
StGB	Strafgesetzbuch
StPB	→ Ständige Produktionsberatung
StVO	Straßenverkehrsordnung
StVZO	Straßenverkehrszulassungsordnung
SU	Sowjetunion
SV	→ Sozialversicherung
SVK	Sozialversicherungskasse
SW	Sozialistisches Wirtschaftsgebiet
TAKRAF	(Kombinat bzw. Außenhandelsbetrieb) Tagebauausrüstungen, Krane und Förderanlagen
TAN	technisch begründete Arbeitsnorm (→ Arbeitsnorm)
TGL	Technische Normen, Gütevorschriften und Lieferbedingungen (→ Standard)
TH	Technische Hochschule
TKO	Technische Kontrollorganisation
TN	→ Tagesarbeitsnorm
TÖK	technisch-ökonomische Kennziffer (→ Kennziffer)
TOM	technisch-organisatorische Maßnahmen
TU	Technische Universität Dresden
TWK	technisch-wissenschaftliche Kennziffer (→ Kennziffer)
UdSSR	Union der Sozialistischen Sowjetrepubliken
UPL	Universitätsparteileitung
UTP	Unterrichtstag in der sozialistischen Produktion (→ polytechnischer Unterricht)
VAN	vorläufige Arbeitsnorm (→ Arbeitsnorm)

VBE	→ Vollbeschäftigteneinheit
VBK-DDR	Verband Bildender Künstler der DDR
VdgB	→ Vereinigung der gegenseitigen Bauernhilfe
VDJ	Verband der Journalisten der DDR (bis 1972: Verband der Deutschen Journalisten)
VDK	Verband Deutscher → Konsumgenossenschaften
VDR	Volksdemokratische Republik (→ Volksdemokratie)
VEAB	Volkseigener Erfassungs- und Aufkaufbetrieb landwirtschaftlicher Erzeugnisse (→ Erfassungsbetrieb)
VEB	volkseigener Betrieb (→ volkseigen)
VEB (B)	volkseigener Betrieb (bezirksgeleitet)
VEB (K)	volkseigener Betrieb (kommunalgeleitet)
VEB (Z)	volkseigener Betrieb (zentralgeleitet)
VEG	volkseigenes Gut (→ volkseigen)
VEH	volkseigener Handel od. Handelsbetrieb
VEK	volkseigenes Kombinat (→ Kombinat)
VEP	Verbraucherendpreis (→ Einzelhandelsverkaufspreis)
VHZ	volkseigene Handelszentrale
VK	1. → Volkskammer, 2. → Vergaserkraftstoff
Vk	Volkskorrespondent
VKA	Volkskontrollausschuß
VKM	Verband der Komponisten und Musikwissenschaftler der DDR
VKSK	Verband der Kleingärtner, Siedler und Kleintierzüchter der DDR
VM	1. → Valutamark, 2. → Volksmarine
VMI	→ Volkswirtschaftliche Masseninitiative
VO	Verordnung
VOB	Vereinigung organisationseigener Betriebe
VP	Volkspolizei (→ Deutsche Volkspolizei)
VPB	Volkspolizei-Bereitschaft
VPI	Volkspolizei-Inspektion
VPKA	Volkspolizei-Kreisamt (→ Deutsche Volkspolizei)
VPR	Volkspolizei-Revier
VR	Volksrepublik (→ Volksdemokratie)
VS	→ Volkssolidarität
VSA	→ Verkehrssicherheitsaktiv
v. u. Z.	vor unserer Zeitrechnung (siehe auch n. u. Z.)
VVB	→ Vereinigung Volkseigener Betriebe
VVEAB	Vereinigung Volkseigener Erfassungs- und Aufkaufbetriebe (→ Erfassungsbetrieb)
VVG	Verwaltung Volkseigener Güter
VVH	Vereinigung Volkseigener Handelsbetriebe
VVN	Vereinigung der Verfolgten des Naziregimes

WAO	→ wissenschaftliche Arbeitsorganisation
WB	→ Wohnbezirk
WBDJ	Weltbund der Demokratischen Jugend (→ Festival, → Weltfestspiele)
WBK	1. Wohnungsbaukombinat (→ Kombinat), 2. → Wehrbezirkskommando
WBS 70	→ Wohnungsbausystem 70 (der 70er Jahre)
W 50	DDR-Lastkraftwagen aus Ludwigsfelde
WGA	Wohngebietsausschuß (→ Nationale Front)
WiKo	Wissenschaftlicher Kommunismus (→ Wissenschaftlichkeit)
WKK	Wehrkreiskommando (→ Wehrbezirkskommando)
WLVO	Wohnraumlenkungsverordnung (→ Wohnraumlenkung)
WÖZ	Wissenschaftlich-ökonomisches Zentrum
WPO	Wohngebietsparteiorganisation (→ Wohnbezirk)
WRD	→ Wasserrettungsdienst
WtB	Waren des täglichen Bedarfs
WTR	wissenschaftlich-technische Revolution (→ Wissenschaftlichkeit)
ZBE	→ zwischenbetriebliche Einrichtung
ZBO	→ zwischenbetriebliche bzw. zwischengenossenschaftliche Bauorganisation (→ zwischenbetriebliche Einrichtung)
Zentrag	Zentrale Druckerei-, Einkaufs- und Revisionsgesellschaft (→ Zentrag)
ZGB	→ Zivilgesetzbuch
ZGE	zwischengenossenschaftliche Einrichtung (→ zwischenbetriebliche Einrichtung)
ZK	Zentralkomitee der SED (→ Zentral-)
ZKD	Zentraler Kurierdienst (→ Zentral-)
ZR	Zentralrat der FDJ (→ Zentral-)
ZRK	Zentrale Revisionskommission der SED (→ Zentral-)
ZSGL	zentrale Schulgruppenleitung (der FDJ)
ZSW	Zentralinstitut für Sozialistische Wirtschaftsführung (beim ZK der SED)
ZV	→ Zivilverteidigung
ZWK	Zentrales Warenkontor

Auswahlbibliographie

Aus der Vielzahl der Bücher über die DDR sind in nachstehender Bibliographie Titel genannt, die sich hauptsächlich mit der Geschichte, der Gesellschaft und der Sprache der DDR beschäftigen oder Parallelen und Unterschiede zur Bundesrepublik aufzeigen.

Adamiak, Josef, Rudolf Pillep: Kunstland DDR – Ein Reiseführer. Verlag C. H. Beck, 4. Auflage, München 1988

Behn, Manfred (Hrsg.): Geschichten aus der Geschichte der DDR. Luchterhand Verlag, Frankfurt am Main 1989

Berenberg, Heinrich von, Klaus Wagenbach (Hrsg.): Deutsche Demokratische Reise – Ein literarischer Führer durch die DDR. Wagenbach Verlag, Berlin 1989

Besteher-Hegenbart, Axel, Peter Gärtner: Reisebuch DDR – Unterwegs zwischen Oder und Elbe. Haude & Spenersche Verlagsbuchhandlung, Berlin 1989

Bölling, Klaus: Die fernen Nachbarn – Erfahrungen in der DDR. Verlag Gruner und Jahr, Hamburg 1983

Bundesministerium für Innerdeutsche Beziehungen (Hrsg.): DDR-Handbuch. Verlag Wissenschaft und Politik, 3. Auflage, Köln 1985

Constantin, Theodor: Plaste und Elaste – Ein deutsch-deutsches Wörterbuch. Haude & Spenersche Verlagsbuchhandlung, 4. Auflage, Berlin 1988

Eckart, Gabriele: So sehe ick die Sache – Protokolle aus der DDR – Leben im Havelländischen Obstanbaugebiet. Verlag Kiepenheuer und Witsch, Köln 1984

Filmer, Werner, Heribert Schwan (Hrsg.): Alltag im anderen Deutschland. Econ Verlag, Düsseldorf 1985

Gerig, Uwe: Unterwegs im anderen Deutschland – Reisen zwischen Fichtelgebirge und Kap Arkona. Umschau Verlag, Frankfurt am Main 1986

Kinne, Michael, Birgit Strube-Edelmann: Kleines Wörterbuch des DDR-Wortschatzes. Cornelsen Verlag, Berlin 1980

Kirsch, Sarah: Die Pantherfrau – Fünf Erzählungen aus dem Kassetten-Recorder. Verlag Langewiesche-Brandt, Ebenhausen 1975

Krüger, Ingrid (Hrsg.): Kommen wir zur Tagesordnung – Literarische Reportagen aus der DDR. Luchterhand Verlag, Darmstadt 1985

Langenbucher, Wolfgang R., Ralf Rytlewski, Bernd Weyergraf (Hrsg.): Handbuch zur deutsch-deutschen Wirklichkeit – Bundesrepublik Deutschland/Deutsche Demokratische Republik im Kulturvergleich. J. B. Metzlersche Verlagsbuchhandlung, Stuttgart 1988

Melis, Roger, Günther Drommer: Schau ins Land – Ein Foto-Lese-Buch über die DDR. Luchterhand Verlag, Frankfurt am Main 1989

Menge, Marlies: Die Sachsen – Das Staatsvolk der DDR. Piper Verlag, München 1985

Panskus, Hartmut (Hrsg.): Zweimal Deutschland – Fakten und Funde zur geteilten Lage der Nation. List Verlag, München 1986

Staritz, Dietrich: Die Gründung der DDR – Von der sowjetischen Besatzungsherrschaft zum sozialistischen Staat. Deutscher Taschenbuch Verlag, München 1984

Weber, Hermann: DDR – Dokumente zur Geschichte der Deutschen Demokratischen Republik 1945– 1985. Deutscher Taschenbuch Verlag, München 1986

Weber, Hermann: Geschichte der DDR. Deutscher Taschenbuch Verlag, München 1985

Weidenfeld, Werner, Hartmut Zimmermann (Hrsg.): Deutschland-Handbuch – Eine doppelte Bilanz 1949–1989. Hanser Verlag, München 1989

Zimmer, Dieter: „Auferstanden aus Ruinen..." – Von der SBZ zur DDR. Deutsche Verlags-Anstalt, Stuttgart 1989

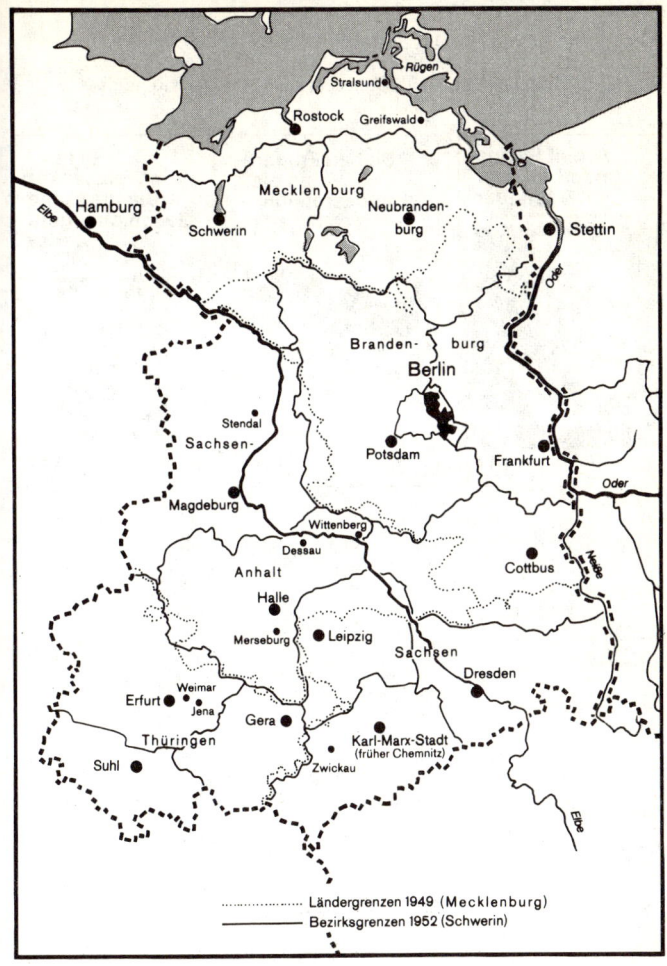

Karte der DDR

Wo Deutschland liegt

Bundesrepublik Deutschland – Deutsche Demokratische Republik

 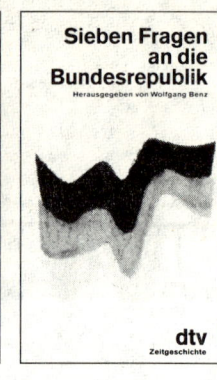 

Martin Ahrends:
Allseitig gefestigt
Stichwörter
zum Sprachgebrauch
der DDR
dtv 11126

Arnulf Baring:
Im Anfang war
Adenauer
dtv 10097

DDR
Dokumente zur
Geschichte der
Deutschen
Demokratischen
Republik 1945-1985
Herausgegeben von
Hermann Weber
dtv 2953

Ralf Dahrendorf:
Reisen nach innen
und außen
dtv 10672

Günther Gaus:
Wo Deutschland liegt
Eine Ortsbestimmung
dtv 10561

Alfred Grosser:
Geschichte Deutschlands seit 1945
dtv 1007

Alfred Grosser:
Das Deutschland im
Westen
Eine Bilanz nach
40 Jahren
dtv 10948

Michael Holzach:
Zeitberichte
Herausgegeben von
Freda Heyden
dtv 11071

Christine Lambrecht:
Und dann nach
Thüringen absetzen
Männer in der DDR –
zwölf Protokolle
dtv 11127

Wilfried Loth:
Ost-West-Konflikt
und deutsche Frage
dtv 11074

Sieben Fragen an
die Bundesrepublik
Herausgegeben von
Wolfgang Benz
dtv 11114

Hermann Weber:
Geschichte der DDR
dtv 4430

Richard v. Weizsäcker:
Die deutsche
Geschichte geht
weiter
dtv 10482

Richard v. Weizsäcker:
Von Deutschland aus
Reden des
Bundespräsidenten
dtv 10639